Paris à pied®

Traversée de Paris n°1 du Bois de Boulogne au Bois de Vincennes (19 km)
Traversée de Paris n°2 de la Porte de la Villette au Parc Montsouris (20 km)
Bois de Boulogne : Le Grand circuit (12 km),
la Diagonale des Ruisseaux (4,7 km)
Bois de Vincennes : Le Grand circuit (11 km), le Petit circuit (7 km)

MAIRIE DE PARIS

AGENCE DES ESPACES VERTS
DE LA REGION D'ILE DE FRANCE
19, rue Barbet de Jouy, 75007 Paris
01.53.85.67.57

Fédération Française de la Randonnée Pédestre
association reconnue d'utilité publique

14 rue Riquet, 75019 Paris

Sommaire

Les itinéraires

Couverture : square Capitan/Tour Eiffel.
Photos Patrice Hémond.

Armes traditionnelles de la ville de Paris. *Photo Anne-Marie Minvielle.*

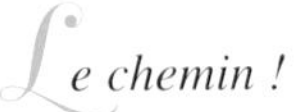*e chemin !*

Il est ancré dans la mémoire de chacun.

Qu'il soit campagnard ou urbain, montagnard ou littoral, il est héritage.

Pour chacun d'entre nous, il constitue un patrimoine attaché à son passé.

Le chemin est racine.

A l'origine, Lutèce puis Paris ont été parcourus par un réseau de chemins denses qui sont devenus ruelles puis rues, puis aujourd'hui boulevards.

Mais l'idée de chemin a survécu car chaque artère accueille promeneurs, randonneurs ou passants.

Derrière les façades subsistent des jardins, des courettes, des arbres, des statues...

Partout niche l'histoire, sous les ponts, sur les rives de la Seine, sur les trottoirs des boulevards et des rues.

Paris a ses chemins.

Ce guide invite chacun, randonneurs et promeneurs citadins, à les découvrir et à les partager.

Jean Tibéri
Maire de Paris

Un sentier de «grande randonnée» dans Paris, cela peut prêter à sourire.

Et pourtant, relier les deux bois de Boulogne et de Vincennes à pied, en évitant (presque) les voitures, refaire la traversée de la Capitale dans les pas de Bourvil et Gabin par la tranquille rue Poliveau, c'est aujourd'hui possible et facile en suivant un itinéraire de 17 kilomètres conçu par la Fédération française de la randonnée pédestre et balisé en jaune et rouge avec le concours de la Direction des Parcs, Jardins et Espaces verts de la Ville de Paris.

Ruban magique qui se déroule à travers un Paris riche de grands arbres et de petits squares, ce sentier permet toutes les flâneries, toutes les rêveries.

Avec le topo-guide de la FFRP, partez du bon pied à la découverte d'un Paris aux mille séductions.

F. de Panafieu

Françoise de Panafieu
Adjoint au Maire de Paris,
chargé des Parcs, Jardins, et Espaces verts

AGENCE DES ESPACES VERTS
DE LA REGION D'ILE DE FRANCE

Créée en 1976, l'Agence des Espaces Verts de la Région d'Ile-de-France met en œuvre la politique régionale en matière d'espaces verts. Elle protège, met en valeur et ouvre au public le maximum d'espaces verts ; que ce soient les forêts, les terres agricoles menacées ou les vallées et sites naturels remarquables.
Elle a pour ambition, à travers son plan vert régional, composé d'une trame verte d'agglomération, de la ceinture verte, des vallées et coulées vertes et de la couronne rurale, de participer à une croissance équilibrée de la région. Ainsi sera amélioré le cadre de vie quotidien des franciliens.
Ses moyens d'action sont diversifiés : acquisitions, subventions, contrats d'ouverture, aménagements, études, publications, expositions...

On croit parfois connaître Paris. Or il reste encore à découvrir.

En marchant le long des rues, conduit par ce nouveau sentier de randonnée, volontairement «égaré» loin des vastes espaces naturels d'Ile-de-France, le promeneur fait connaissance avec la capitale : de rues calmes en sentiers verts, de fontaines ombragées en jardins historiques, il découvre un autre Paris, qui se donne à voir à celui qui en prend le temps.

Poussant plus loin sa marche, le randonneur pourra emprunter les sentiers qui parcourent le Bois de Vincennes et le Bois de Boulogne. Là encore, des découvertes inattendues seront au rendez-vous, permettant de connaître des aspects paradoxalement méconnus de ces lieux.

Voilà un programme qui satisfera les amateurs d'art et d'histoire, de même que les amoureux de la nature.

Car c'est aussi en pensant à eux que l'Agence des Espaces Verts subventionne, depuis près de 20 ans, la création d'itinéraires de randonnée en Ile-de-France. Au travers de son action, plus de 2 000 km ont déjà été créés, des berges de fleuves sont réhabilitées, et de multiples cheminements verts voient le jour. Il ne restait plus qu'à faire pénétrer la randonnée dans la capitale. C'est désormais chose faite.

C'est pourquoi l'Agence des Espaces Verts ne peut qu'approuver cette initiative originale, qui crée un précédent dans l'univers jusqu'ici exclusivement forestier et campagnard de la randonnée. Gageons qu'elle saura donner le goût à tous, randonneurs avertis ou simples promeneurs, de partir à la rencontre de l'histoire de Paris et de ses jardins.

Pierre-Charles Krieg
Président de l'Agence des Espaces Verts d'Ile-de-France

La Fédération Française de la Randonnée Pédestre

c'est aussi...

 **1600 clubs et associations** prêts à vous faire découvrir la France par les sentiers balisés.
Leurs animateurs passionnés sauront vous guider sur les plus beaux chemins de votre région.
Ces associations proposent des sorties programmées «à la carte» toute l'année. C'est un lieu de rencontre où l'on peut randonner comme on aime et en toute sécurité grâce à la licence FFRP.
Elles participent à l'entretien et à l'aménagement des chemins.

 **Le 3615 RANDO** (2,23 F/mn) pour connaître :
- les associations proches de chez vous,
- les randonnées prévues dans les régions,
- la mise à jour des topo-guides,
- les petites annonces.

 **Le Centre d'information Sentiers et Randonnée :**
- des conseils pour organiser vos randonnées,
- des informations sur les associations FFRP en France.

Centre d'Information Sentiers et Randonnée

14, rue Riquet 75019 Paris

Tél. : 01 44 89 93 93

Fédération **F**rançaise de la **R**andonnée **P**édestre

Infos pratiques

Le guide et son utilisation

La description des itinéraires est présentée en regard de la reproduction de plans de Paris ou des Bois de Boulogne et Vincennes où le tracé de l'itinéraire est porté en rouge.

En règle générale, les cartes sont orientées Nord-Sud (le Nord étant donc en haut de la carte). Dans le cas contraire, la direction Nord est indiquée par une flèche en rouge.

Sur les cartes et dans la description des itinéraires, à côté de certains points de passage, sont mentionnés des repères ; ils permettent de situer ces lieux avec plus de précision.

Seules les voies empruntées par les itinéraires sont reportées dans l'index ; elles figurent en **gras** dans la description.

Un plan de situation, dans le rabat de la couverture, permet de localiser les itinéraires.

Les temps de parcours, pour les circuits dans les deux bois, sont calculés sur la base de 4 km/h. Ils ne tiennent pas compte de la fréquence et de la durée des arrêts : à chacun d'évaluer. Pour les traversées de Paris, aucune indication ne saurait être donnée, chacun étant libre de s'arrêter pour visiter ou observer les monuments et les curiosités.

Réalisation. Les traversées de Paris, ainsi que les sentiers des Bois de Boulogne et de Vincennes, ont été conçus et créés par Philippe Dangeville, Président de la Commission Sentiers du Comité départemental de Paris de la FFRP, qui a également rédigé les textes.
Ont également participé à la réalisation René Bruges, Président du Comité Régional Ile-de-France de la FFRP, les permanents du CORANDIF : Michel Maillet, Patrick Dauphin, Brigitte Arduin, ainsi que les bénévoles.

Ces itinéraires ont été réalisés avec le concours de l'Agence des Espaces Verts de la région d'Ile-de-France et de la Mairie de Paris, qui a, en particulier, effectué le balisage des traversées.
La FFRP remercie Monsieur Jacques Chirac, alors Maire de Paris, et Madame Jacqueline Nebout, Maire-adjoint, pour leur aide dans l'élaboration de ce projet, ainsi que l'ensemble des services de la Mairie de Paris, la Questure du Sénat, le Muséum d'histoire naturelle, l'Etablissement public du Parc de la Villette et l'Administration générale de l'Assistance publique-Hôpitaux de Paris.

Balisage et itinéraires

Les itinéraires sont, comme toujours, balisés dans les deux sens.

• **La traversée de Paris n°1,** du Bois de Boulogne au Bois de Vincennes (GR de Pays)

• **La traversée de Paris n°2**, du Parc de la Villette au Parc Montsouris (GR de Pays)

Pour ces itinéraires, la Ville de Paris a autorisé un balisage GR de Pays, par marques jaune-rouge placées assez haut, sur les candélabres essentiellement. Cependant, par souci de discrétion, les changements de rue ne sont pas annoncés par la double marque habituelle : seule, une flèche en surimpression prévient le promeneur.
Par ailleurs, le manque de support en certains endroits peut rendre l'espacement irrégulier, voire même provoquer des discontinuités apparentes.

Il faut savoir également que les fréquents travaux de toute nature peuvent provoquer des bouleversements momentanés dans le balisage, si ce n'est dans le parcours lui-même.

Le balisage est interrompu dans l'enceinte du jardin du Luxembourg et dans la traversée de la Salpêtrière.

• **Les bois de Boulogne et de Vincennes**

Les parcours décrits pourront paraître soit ambitieux pour qui n'a jamais marché plus d'une heure d'affilée, soit passablement modestes aux yeux d'un randonneur pratiquant.

Leur but est seulement de conduire les promeneurs un peu partout dans les bois, et surtout dans les endroits agréables, de les leur faire découvrir dans leur grande variété et de leur en faire apprécier les compositions arborées et florales tout en leur épargnant au mieux les nuisances dues aux véhicules et en évitant les points de concentration de la foule.

Ils procurent calme, détente, silence, fraîcheur des ombrages et des rivages en été. Tel qui se sent de l'énergie à dépenser se lancera coup sur coup sur les deux circuits du Bois de Vincennes (19 km au total), tel autre qui vient en promeneur tranquille s'offrira une après-midi de courtes balades à allure modérée entrecoupées de haltes au soleil sur une pelouse accueillante ou au bord d'un lac, ou d'une visite du Parc floral ou du Parc de Bagatelle.

Si ces itinéraires surprennent parfois par leur tracé inattendu, c'est précisément que non seulement ils ont été conçus au maximum à l'écart du bruit et de l'agitation, mais qu'une certaine fantaisie devait renforcer leur agrément.

Dans les bois, les réseaux ont été conçus pour permettre, en partant de n'importe quel secteur, aussi bien de courtes promenades que de plus longs trajets, du type du tour complet du bois, et pour offrir des parcours commodes tant aux promeneurs venus en voiture qu'à ceux empruntant les transports publics.

Le réseau décrit du Bois de Boulogne comprend :

- le Grand circuit qui parcourt approximativement la frange du massif du repère (A) au même repère (A), et est balisé en jaune sur rouge dans le sens des aiguilles d'une montre (sens de la description), et en rouge sur jaune en sens inverse ;

- les itinéraires d'accès aux stations de métro Porte-Maillot, Porte-Dauphine, Porte-d'Auteuil, Boulogne - Jean-Jaurès, Pont-de-Neuilly, balisées en jaune du métro vers le Bois et en rouge du Bois vers le métro ;

- la Diagonale des Ruisseaux qui relie : le repère (A) (métro Porte-Maillot) au repère (F) (Porte de Boulogne, métro Jean-Jaurès) en suivant au maximum le cours des ruisseaux d'Armenonville et de Longchamp jusqu'à la Grande Cascade, balisée en jaune sur bleu de (A) vers (F) (sens de la description) et en bleu sur jaune (sens inverse) ;

- deux liaisons transversales Est-Ouest balisées en jaune.

Le réseau décrit du Bois de Vincennes comprend :

- le Grand circuit, qui parcourt approximativement la bordure du massif du repère (A) au repère (Z), avec interruption du balisage pour le retour de (Z) à (A) le long du château. Il est balisé en jaune sur rouge dans le sens des aiguilles d'une montre (sens de la description), et en rouge sur jaune en sens inverse ;

- des itinéraires d'accès aux stations RER de Fontenay-sous-Bois, Nogent-sur-Marne et Joinville ainsi qu'aux stations de métro Charenton-Ecoles, Porte-Dorée et Saint-Mandé-Tourelle, toutes balisées en jaune dans le sens du métro vers le Bois et en rouge dans le sens du Bois vers le métro ;

- le Petit circuit, balisé en jaune sur bleu dans le sens des aiguilles d'une montre et en bleu sur jaune en sens inverse. Il commence au repère (A') et se termine au repère (Z'). Concentrique au Grand circuit, il comporte un tronçon commun de 500 m avec ce dernier (entre (D) et (E)) et lui est raccordé en deux autres repères ((P) et (Q)) par deux brèves jonctions balisées en jaune, permettant ainsi des boucles nombreuses en jouant sur les deux circuits.

• **Les sentiers de grande randonnée GR 1, GR 14 et GR 14 A**
Ces itinéraires balisés en blanc et rouge sillonnent les bois de Boulogne et de Vincennes. Ils sont signalés dans la description et mentionnés sur les cartes.

Cartographie

Les cartes reproduites dans ce guide sont, pour les bois de Boulogne et Vincennes, au 1 : 10 000, d'après les plans des bois au 1 : 5 000 de la Mairie de Paris.

Les plans du Champ-de-Mars, du jardin du Luxembourg et du jardin des Plantes, qui proviennent également de la Mairie de Paris, sont au 1 : 5 000.

La Mairie de Paris a autorisé ces reproductions dans l'ouvrage. On peut se les procurer à la Conservation du Plan de Paris, Immeuble Morland, 17, boulevard Morland, 75004 Paris, ☎ 01 42 76 35 01. Les cartes concernant les traversées sont extraites du plan de Paris (n°10) au 1 : 10 000 de la société Michelin, laquelle en a autorisé la reproduction.

Nos suggestions d'équipement

Pour une marche de plusieurs heures, des chaussures basses à bonne semelle ou des tennis sont recommandés.

Dans les bois de Paris, en saison humide, quelques passages boueux ou spongieux existent par endroits. Pour une sortie d'une demi-journée, il n'est pas superflu d'emporter un vêtement de pluie.

Les quelques restaurants situés dans les deux bois relèvent plutôt du haut de gamme et exigent une tenue soignée. Mais pour le petit «creux» ou le goûter des enfants, on trouve par endroits des kiosques ou chalets proposant pâtisseries et boissons ; leur ouverture est toutefois fonction de la saison, du jour de la semaine, de l'heure, et aussi du temps qu'il fait.

Les bois sont équipés de bornes-fontaines d'eau potable, qui sont indiquées sur les plans (à signaler qu'elles sont sans eau pendant l'hiver).

Dans Paris intra muros, les toilettes publiques rencontrées sur le parcours (en voirie et dans les espaces verts) sont signalées.

Recommandations concernant les propriétés privées

De nombreux points d'intérêt sont inaccessibles autrement qu'en pénétrant dans une enceinte privée (habitation, établissement d'enseignement ou toute autre) : escalier remarquable, façade sur cour, etc.

Les guides classiques et les ouvrages spécialisés, par souci d'information complète, ne manquent pas de les signaler tous. Cependant, il n'existe aucun droit d'accès ; il est donc souhaitable, quand on le peut, de demander l'autorisation au propriétaire.

Le promeneur individuel, pénétrant dans les lieux privés sous sa propre responsabilité et avec le maximum de discrétion, saura se conduire correctement.

Adresses utiles

Centre d'information *Sentiers et randonnée,* 14, rue Riquet, 75019 Paris, ☎ 01 44 89 93 93.
Mairie de Paris, Service des visites. Direction des Parcs, Jardins, Espaces Verts : ☎ 01 40 71 75 23.

• Comité départemental de Paris de la FFRP, CODERANDO 75, ☎ 01 46 56 12 52.
• Comité Régional Ile-de-France de la FFRP, CORANDIF, 64, rue de Gergovie, 75014 Paris, ☎ 01 45 45 31 02.
• Agence des Espaces Verts de la Région d'Ile-de-France, AEV, 19, rue Barbet-de-Jouy, 75007 Paris, ☎ 01 53 85 67 57.
• Marie de Paris, Hôtel de Ville, 75196 Paris RP, ☎ 01 42 76 40 40. Accueil du public : 29, rue de Rivoli, Paris 4e, ☎ 01 42 76 43 43.
• Mairie de Paris, Direction des Parcs, Jardins et Espaces Verts, DPJEV, 3, avenue de la Porte d'Auteuil, 75016 Paris, ☎ 01 40 71 74 00.
• Comité régional du tourisme d'Ile-de-France, 26 avenue de l'Opéra, 75002 Paris, ☎ 01 42 60 28 62.
• Office de tourisme de Paris, Bureau d'accueil central, 127, avenue des Champs-Elysées, 75008 Paris, ☎ 01 49 52 53 54.
• Etablissement Public du Parc de la Villette, Service des visites, ☎ 01 40 03 75 64.

Transports en commun

• **RATP :**

Renseignements, ☎ 08 36 68 77 14.

• **Métro :**

Un certain nombre de lignes permettent l'accès aux itinéraires. Elles sont signalées dans la description de chaque circuit par une flèche bleue.

• **RER :**

• ligne A (branche Est) : stations de Vincennes, Fontenay-sous-Bois, Nogent et Joinville-le-Pont.
• ligne C (branche Argenteuil) : stations Neuilly-Porte Maillot, Avenue Foch, Boulainvilliers.
• (tronc commun) : stations Champ-de-Mars-Tour-Eiffel, Paris-Austerlitz.

• **Autobus :**

Trois ou quatre lignes traversent les bois : leurs points d'arrêt sont signalés dans la description. Les lignes rencontrées sur les traversées de Paris sont également mentionnées.

• **Parcs de stationnement automobile**

L'accès aux abords des bois est aisé. Cependant, il est déconseillé d'y pénétrer les jours d'affluence, car la recherche d'une place de stationnement s'y révèle difficile.

A signaler, les parcs souterrains de :

- Porte-Maillot/Palais-des-Congrès pour le Bois de Boulogne (accès souterrain rejoignant le couloir du métro pour déboucher sur le terre-plein central d'où part le balisage jaune de l'itinéraire d'accès vers le repère (A) ;
- Cours-des-Maréchaux pour le bois de Vincennes, à proximité immédiate du métro Château-de-Vincennes (repère (A)) et de l'Esplanade-Saint-Louis (repère (Z')).

Bibliographie

Les ouvrages de toute nature sur Paris sont nombreux, et il en paraît sans cesse de nouveaux : à chacun de chercher et choisir en fonction de ses goûts et pôles d'intérêt.

La liste ci-après est proposée à titre de suggestion.

• *Guide Vert Paris,* éd. Michelin.

• *Guide Bleu Paris,* éd. Hachette.

• *Guide du Routard Paris,* éd. Hachette.

• *Guide du Promeneur dans le ...,* éd. Parigramme, un volume par arrondissement.

• Barozzi (Jacques), *Guide des 400 jardins publics de Paris*, éd. Hervas.

• Conte (Gérard), *C'était hier... le XIIIe arrondissement,* L.M. Le Point.

• Hillairet (Jacques), Dictionnaire historique des rues de Paris, Editions de Minuit.

• Le Dantec, *Splendeurs des jardins de Paris,* éd. Flammarion.

• Raveneau (Alain) et Courtat (Emilie), *Guide de la campagne à Paris et en Ile-de-France,* éd. Parigramme.

• *Dictionnaire des monuments de Paris, éd.* Hervas, 1993 (178 rubriques sur les traversées de Paris et 17 sur les bois).

• *Vie et histoire des arrondissements de Paris*, éd. Hervas, un volume par arrondissement.

• *Connaissance du Vieux Paris,* éd. Le Rivage.

• *Passy, Auteuil, Chaillot,* éd. Mairie de Paris, Délégation à l'action artistique.

• *Une ville dans Paris* (sur le XIIIe arrondissement), éd. Mairie de Paris, Délégation à l'action artistique.

• Catherine Vialle : *Je me souviens du XIIIe arrondissement,* éd. Parigramme.

Traverser Paris à pied

L'idée primitive de proposer aux amateurs de marche à pied des itinéraires balisés dans Paris même est née d'abord, en 1988, du désir de relier entre eux les réseaux de sentiers des bois de Boulogne et de Vincennes (créés en 1986). Si ce n'était plus de la randonnée comme en pleine nature, ce devait être une manière agréable de découvrir beaucoup d'aspects méconnus de la capitale et de mieux comprendre le cadre de vie des Parisiens tel qu'il apparaît dans des quartiers d'une grande variété. L'exercice physique devenait alors un moyen au service d'un loisir culturel attrayant.
L'accord spontané donné par le maire de Paris le 18 avril 1991 a lancé la réalisation de cette entreprise novatrice et quelque peu audacieuse.

C'est pour le plaisir et l'agrément qu'ont été imaginés les deux itinéraires de «traversée», pour la sensation séduisante de traverser les siècles, et pas seulement des quartiers, très différents les uns des autres - cela chacun à son propre rythme. Le promeneur capable de marcher une heure ou deux, ou un peu plus, va pouvoir découvrir un Paris insoupçonné.

Il fallait tout de même définir un premier itinéraire cohérent et continu : la liaison entre les deux bois en a été le prétexte, et non pas la recherche systématique de monuments ou lieux de prestige. Le souci majeur qui a guidé le choix des voies empruntées a été celui, pour sauvegarder l'agrément, d'éviter tous les grands axes, dont le niveau de bruit et les odeurs d'échappement automobile sont dissuasifs, au profit de rues et ruelles calmes et d'un maximum d'espaces verts.

C'est pourquoi ne sont mentionnés dans le descriptif que les monuments et pôles d'intérêt réellement rencontrés par le promeneur. Les commentaires sont limités à l'essentiel. En revanche, on apprendra

Jardin du Luxembourg. *Photo Anne-Marie Minvielle.*

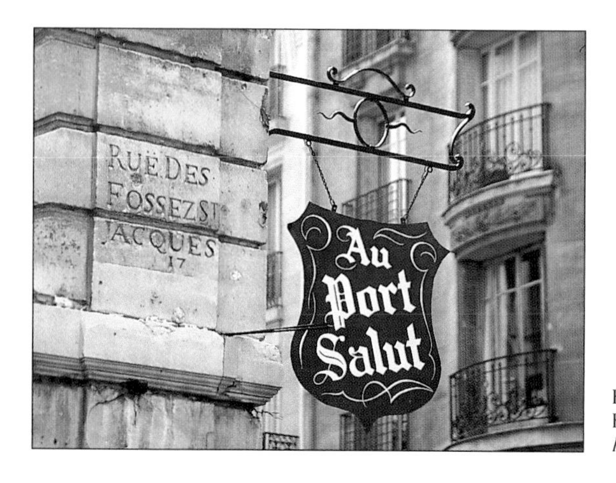

Enseigne, rue des Fossés Saint-Jacques. *Photo Patrice Hémond.*

l'origine et le nom primitif de certaines rues et voies caractéristiques, dont beaucoup ont été des chemins séculaires. Telle rue aujourd'hui d'apparence assez banale se révèle alors comme ayant été l'axe important d'un hameau ou le chemin conduisant à un moulin. Et si l'époque moderne a pendant longtemps honoré, pour baptiser les rues, des hommes politiques de second plan oubliés des générations actuelles, on appréciera de retrouver des appellations charmantes ou pittoresques telles que la "rue des Morfondus" ou le chemin de "la Brèche aux Loups".

Il va sans dire que l'itinéraire doit finalement être considéré comme une invitation à en connaître plus : le curieux qui aura été charmé par les rues calmes de la montage Sainte-Geneviève ne manquera pas d'y revenir flâner pour découvrir lui-même ce que nous ne lui aurons pas montré.

Document fourni par Anne-Marie Minvielle.

Découvrir les bois de Paris

Ruisseau artificiel du Bois de Vincennes. *Photo Anne-Marie Minvielle.*

Les deux bois parisiens, à mi-chemin de la forêt et du parc public, espaces d'accueil et d'agrément pour l'aération et la détente des citadins, ne connaissent cet aspect civilisé que depuis 1855-1860. Ils furent bien entendu partie intégrante, au début de notre ère, de cette grande sylve sauvage qui encerclait quasiment la future Lutèce. L'un comme l'autre connurent tour à tour la sollicitude de nos princes successifs et les heures sombres des invasions, des guerres et des famines, avec leur cortège de déboisements, de destruction de la faune, de ravages et de désolation. Après avoir été longtemps biens de la Couronne, aménagés et réservés pour la chasse royale (allées rectilignes, carrefours en étoile), ils furent plus tard ouverts au public bien que clos d'une muraille continue, avant de devenir domaines de l'Etat et enfin, par la volonté de l'empereur Napoléon III, territoire de la Ville de Paris. Avec ce dernier, favorablement impressionné par les grands parcs urbains anglais, ils furent convertis en 1852-1860 en espaces d'accueil et d'agrément pourvus de plantations décoratives et d'essences rares, de pelouses et terrains de jeux, parcourus de voies sinueuses et d'allées de promenade, ainsi que de lacs artificiels reliés et alimentés par des ruisseaux créés à cet effet. Les deux bois sont sites classés depuis 1957 et 1960.

Leur superficie se répartit comme suit, respectivement pour le Bois de Boulogne, puis pour le Bois de Vincennes :
massifs boisés (315 ha et 365 ha) ; pelouses rustiques (150 ha et 200 ha) ; plaines de jeux (25 ha et 80 ha) ; lacs, pièces d'eau, rivières (40 ha et 32 ha) ; routes de transit et de desserte (61 ha et 43 ha) ; concessions diverses (157 ha et 88 ha) ; trottoirs et allées + divers (70 ha et 44 ha) ; soit au total 846 ha et 995 ha.

La circulation automobile, naguère très diffuse en tous secteurs de par l'abondance des voies carrossables de pénétration et de promenade, a été ces dernières années restreinte au minimum incompressible des voies de transit irremplaçables (voiries nationale et départementale) et à de rares voies d'accès et de stationnement en périphérie.
On remarquera dans les deux bois nombre de chaussées bitumées - certaines pourvues de trottoirs, voire de réverbères - aujourd'hui neutralisées pour la circulation motorisée et propices à la pratique du cyclisme.

Le plan de reboisement

L'exploitation rationnelle des massifs forestiers, en vue non pas de la production à objectif économique, mais simplement de leur maintien en état satisfaisant, doit obéir à des règles appropriées.

Le piétinement intensif des sous-bois est une donnée inéluctable : la fréquentation des deux bois, à raison de 6 à 7 000 visiteurs annuels par hectare (soit trois fois et demie plus qu'en forêt de Meudon et vingt-cinq fois plus qu'en forêt de Rambouillet), est très nuisible à l'équilibre biologique, en raison du tassement du sol qui réduit notablement son aération. Après les échecs de plantation libre éprouvés dans les années 1930, il est apparu que seule la pratique systématique des enclos de reboisement permettait une regénération avec quasiment 100 % de chances de succès.

La norme adoptée consiste à créer annuellement environ six hectares dans les deux bois (soit en permanence 15 à 20 % de la surface des massifs boisés) d'espaces clos où, après abattage de tous les arbres et arbustes et traitement du sol, on met en place de jeunes plants forestiers, judicieusement choisis. De 2 000 à 2 500 plants à l'hectare initialement, on arrive progressivement en 80 ans à 100 à 200 arbres à l'hectare définitifs. Parallèlement, on libère pour le public une surface équivalente d'enclos datant d'environ quinze ans. La regénération est ainsi assurée en cent ans au Bois de Boulogne et en cent-vingt ans au Bois de Vincennes.

Des oiseaux dans les bois parisiens

Les deux grands bois de Paris : de Boulogne et de Vincennes, offrent gîte à de nombreux oiseaux.

Au cours d'une promenade, c'est l'occasion d'écouter attentivement les voix (cris et chants) qui signalent la présence des diverses espèces. Peu à peu, de sortie en sortie, on apprend à reconnaître les oiseaux les plus courants. Bien sûr, il ne faut pas oublier une paire de jumelles.

A la fin de l'hiver ou au tout début du printemps, non seulement il n'y a pas ou peu de feuilles aux arbres, facteur propice à l'observation, mais seulement deux ou trois espèces chantent régulièrement (le rouge-gorge et le troglodyte avec assez souvent un accenteur mouchet),ànditons idéales pour un apprentissage.

Certains beaux jours, froids mais ensoleillés, d'autres chanteurs peuvent se manifester (mésange charbonnière, grive draine et musicienne, merle noir, sittelle, grimpereau des jardins, voire même à l'approche du printemps, le verdier, le pinson des arbres, l'étourneau...).
Les sédentaires chantent les uns après les autres tout au long des jours qui passent.

De même, les migrateurs vont arriver et se faire entendre échelonnés dans le temps. En premier, le pouillot véloce et la fauvette à tête noire dès les premiers jours de mars, si le temps est clément (15-20 mars si le froid persiste). Peu à peu les autres espèces revenant de leur hivernage en Afrique vont se faire entendre, qu'elles s'installent pour la saison ou un instant de leur migration.

D'après Jacques Penot ■

Ouvrages sur les oiseaux

• Guides de terrain :
- *Guide des oiseaux d'Europe, d'Afrique du Nord et du Proche-Orient* de Heinzel. Editions Delachaux et Niestlé. Adaptation française de Michel Cuisin.
- *Guide des oiseaux d'Europe* de Roger Peterson. Editions Delachaux et Niestlé. Adaptation française de Paul Géroudet.
• *Les oiseaux des villes et des villages* de J.-P. Dejonghe. Editions du Point Vétérinaire.
• *Les oiseaux de la région parisienne et de Paris* de N. Normand et G. Lesaffre. Ouvrage sur l'avifaune d'Ile-de-France. Association Parisienne Ornithologique.
• *Guide des oiseaux*. Edition Sélection du Reader's Digest.
• *Regardez vivre les oiseaux* de J.-F. Alexandre et G. Lesaffre. Tome 1. Editions Falco.

Des promenades de découverte des oiseaux sont organisées chaque dimanche (sauf en août) dans le secteur sud du Bois de Boulogne, à Paris.
Pour y participer, renseignez-vous auprès de la Ligue pour la protection des oiseaux, 51, rue Laugier, 75017 Paris, ☎ 01 42 67 04 03.

Les sentiers nature dans les bois et dans Paris

La Mairie de Paris a créé dans les bois de Boulogne et de Vincennes deux sentiers Nature (marqués sur le terrain par des piquets de bois biseautés et peints d'une flèche). Ces itinéraires ont été tracés en des lieux permettant de découvrir et d'observer, pendant une heure environ, arrêts compris, de nombreux aspects intéressants de la flore, de la faune et du boisement. Pour les suivre avec profit, il est préférable de disposer du dépliant édité par la Direction des Parcs, Jardins et Espaces Verts de la Mairie de Paris.

Documents édités par la Direction des Parcs, Jardins et Espaces Verts de la Mairie de Paris :
Guide avec 24 cartes des arrondissements et bois, des itinéraires verts de Paris, avec des indications sur la faune et la flore du bois de Boulogne ou de Montmartre. En vente à la maison Paris-Nature, au parc floral du bois de Vincennes.
Les sentiers Nature sont aussi disponibles, gratuitement, arrondissement par arrondissement dans les différentes mairies.
Programme des visites, gratuit, remis à jour chaque année.
Renseignements : Service des visites, 3 av. de la Porte-d'Auteuil, 75016 Paris, tél. 01 40 71 75 23 ou sur Minitel au *3615 Paris* ou par téléphone au 01 40 71 76 47.
Brochure gratuite, avec photos en couleurs et plan, du Parc André-Citroën, 16 pages, 1992 (français et anglais).
Brochure gratuite, avec photos en couleurs et plan, du Jardin Atlantique, 16 pages, 1994.
Les arbres des rues de Paris, fiches techniques réalisées par la circonscription des études végétales de la DPJEV.

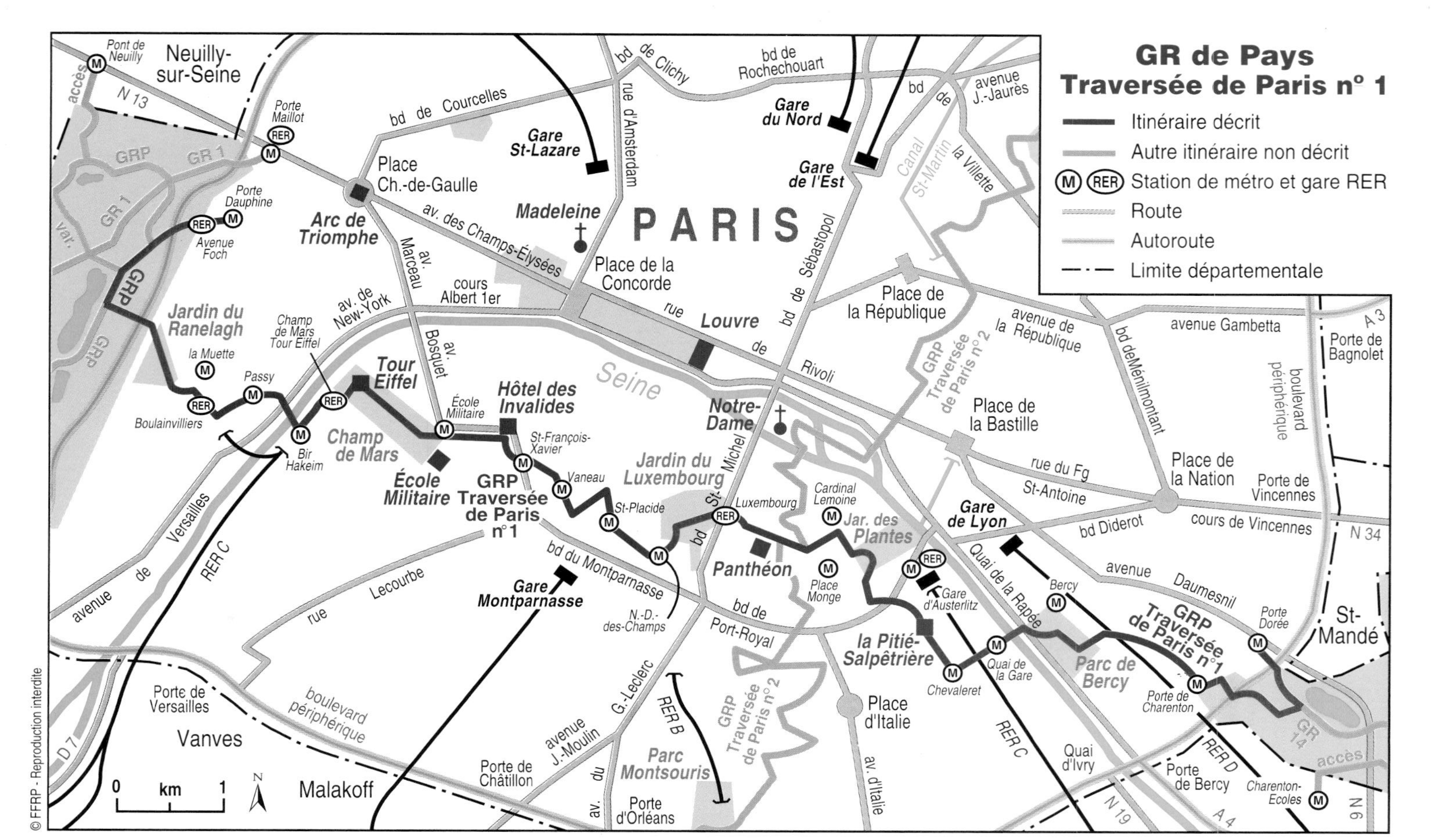

GR de Pays
Traversée de Paris n° 1
Itinéraire décrit
Autre itinéraire non décrit
M RER Station de métro et gare RER
Route
Autoroute
Limite départementale
PARIS
Neuilly-sur-Seine
Pont de Neuilly
Porte Maillot
Porte Dauphine
Avenue Foch
Place Ch.-de-Gaulle
Arc de Triomphe
bd de Courcelles
Gare St-Lazare
rue d'Amsterdam
bd de Clichy
bd de Rochechouart
Gare du Nord
Gare de l'Est
avenue J.-Jaurès
bd de la Villette
Canal St-Martin
Madeleine
Place de la Concorde
av. des Champs-Élysées
av. Marceau
cours Albert 1er
av. de New-York
Jardin du Ranelagh
la Muette
Passy
Boulainvilliers
Bir Hakeim
Champ de Mars Tour Eiffel
Tour Eiffel
Champ de Mars
av. Bosquet
École Militaire
Hôtel des Invalides
St-François-Xavier
Vaneau
St-Placide
GRP Traversée de Paris n°1
Louvre
rue de Rivoli
Seine
Notre-Dame
bd de Sébastopol
bd St-Michel
Jardin du Luxembourg
Luxembourg
Panthéon
Cardinal Lemoine
Jar. des Plantes
Place Monge
Place de la République
avenue de la République
GRP Traversée de Paris n°2
Place de la Bastille
rue du Fg St-Antoine
Gare de Lyon
Gare d'Austerlitz
bd Diderot
Place de la Nation
bd de Ménilmontant
avenue Gambetta
Porte de Bagnolet
boulevard périphérique
Porte de Vincennes
cours de Vincennes
N 34
avenue Daumesnil
Porte Dorée
St-Mandé
Bercy
Quai de la Rapée
Quai de la Gare
Chevaleret
la Pitié-Salpêtrière
Parc de Bercy
Porte de Charenton
GR 14
accès
Charenton-Ecoles
N 6
RER D
A 4
Porte de Bercy
Quai d'Ivry
N 19
RER C
Place d'Italie
av. d'Italie
bd de Port-Royal
bd du Montparnasse
Gare Montparnasse
N.-D.-des-Champs
RER B
Parc Montsouris
Porte d'Orléans
av. du G.-Leclerc
avenue J.-Moulin
Porte de Châtillon
Malakoff
rue Lecourbe
avenue de Versailles
Porte de Versailles
Vanves
D 7
N 13
GR 1
GRP
var.
A 3
0 km 1
N

La traversée de Paris n°1

...du bois de Boulogne au bois de Vincennes

L'itinéraire chemine à travers des quartiers pittoresques, tels le Quartier Latin et la Montagne Sainte-Geneviève...

■

Présentation

Cet itinéraire de liaison entre les bois de Boulogne et de Vincennes, orienté approximativement Ouest-Est, est presque rectiligne et se situe en grande partie sur la rive gauche de la Seine. Il parcourt les 16e et 12e arrondissements rive droite, et les 7e, 6e, 5e et 13e rive gauche (effleurant à peine le 15e) et traverse de ce fait la Seine à deux reprises. Sa longueur entre les portes de la Muette et de Reuilly est de 17,4 km. Les seuls monuments majeurs aperçus sont la Tour Eiffel, l'Ecole Militaire, l'église du Dôme des Invalides, le Palais du Luxembourg (Sénat), le Panthéon et la Salpêtrière. Plusieurs grands espaces verts sont traversés : le parc du Champ de Mars, le jardin du Luxembourg, le jardin des Plantes, le tout nouveau grand parc de Bercy. On peut aussi y ajouter le jardin de Ranelagh et les arènes de Lutèce, et même cette ville intérieure qu'est l'hôpital de la Salpêtrière, pourvue elle aussi de verdure.
L'itinéraire chemine à travers des quartiers pittoresques, tels que le Quartier Latin et la Montagne Sainte-Geneviève, évoquant l'enceinte de Philippe-Auguste, et, au plus bas, la Bièvre.

Document fourni par Anne-Marie Minvielle.

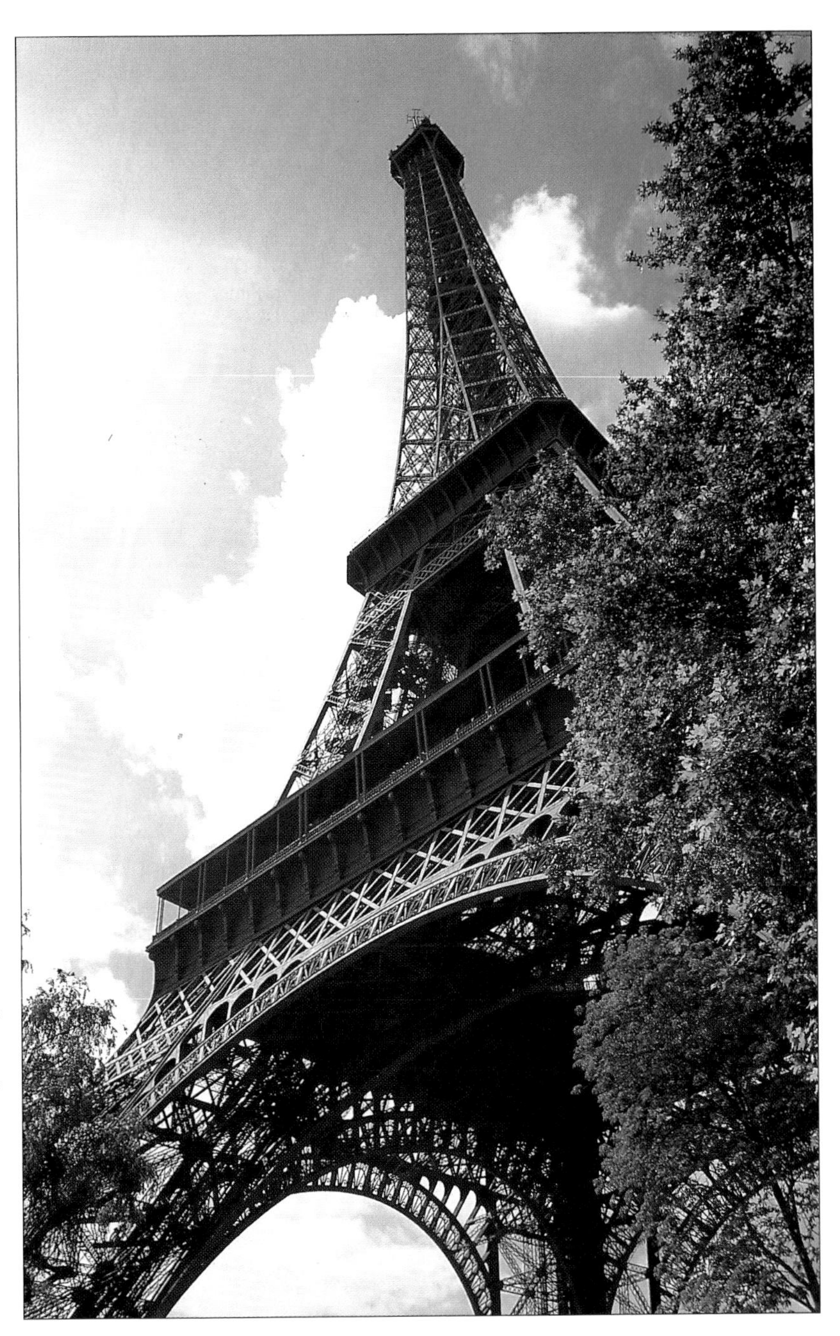

Tour Eiffel. *Photo Dominique Gengembre.*

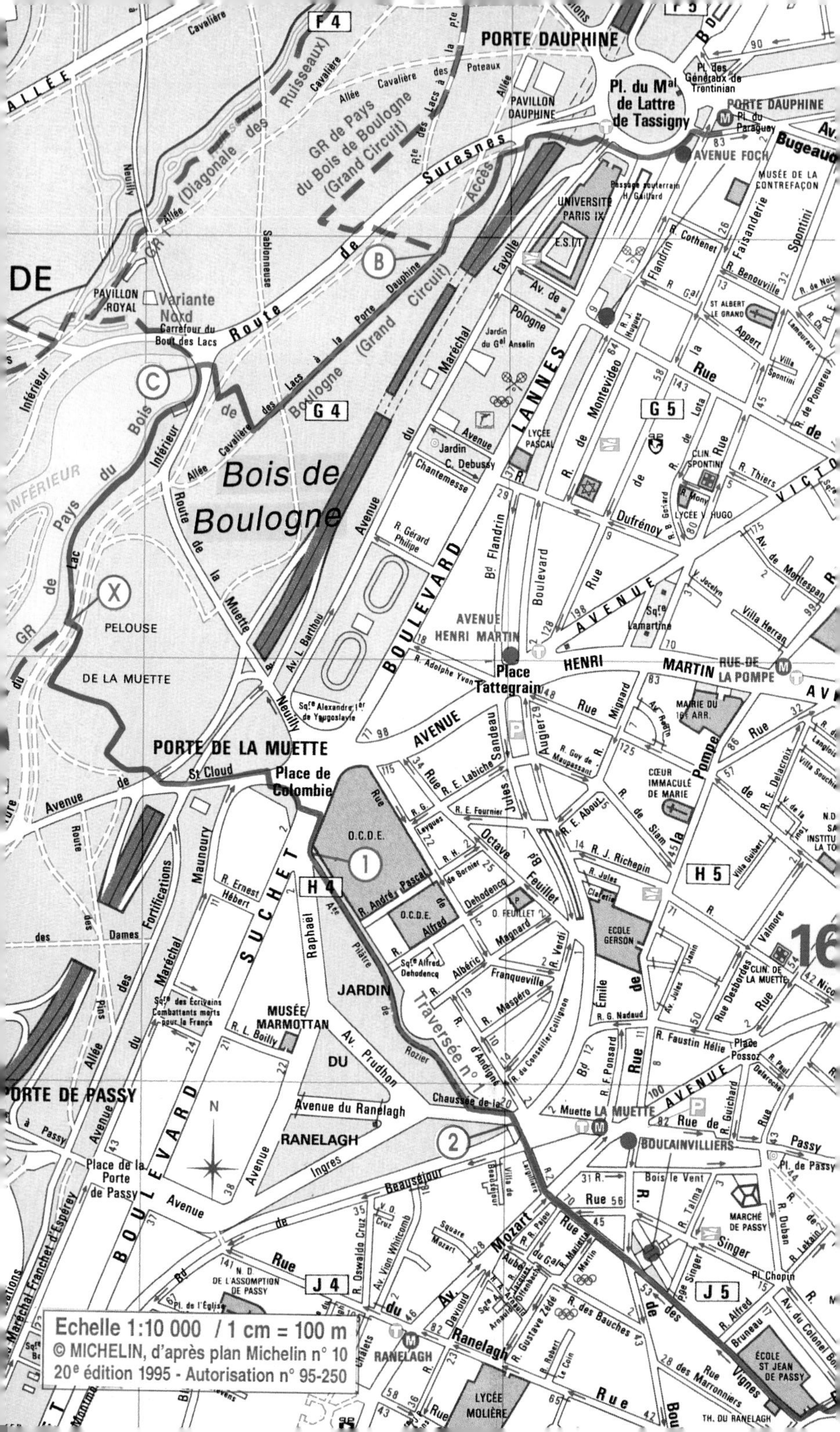

PORTE DAUPHINE
Pl. du Mal de Lattre de Tassigny
PAVILLON DAUPHINE
Pl. des Généraux de Trentinian
Pl. du Paraguay
AVENUE FOCH
Bugeaud
MUSÉE DE LA CONTREFAÇON
UNIVERSITÉ PARIS IX
E.S.I.T.
Passage souterrain H. Gaillard
GR de Pays du Bois de Boulogne (Grand Circuit)
Allée (Diagonale des Ruisseaux)
Route de Suresnes
Accès
Route de la Porte Dauphine
Cavalière des Lacs à la Porte Dauphine
PAVILLON ROYAL
Variante Nord
Carrefour du Bout des Lacs
Bois de Boulogne
PELOUSE DE LA MUETTE
INFÉRIEUR
GR de Pays du Lac Inférieur
Route de la Muette à Neuilly
Av. L. Barthou
Sqre Alexandre Ier de Yougoslavie
Boulevard Lannes
Jardin du Gal Anselin
LYCÉE PASCAL
Jardin C. Debussy
R. Chantemesse
R. Gérard Philipe
Avenue du Maréchal Fayolle
Av. de Pologne
R. de Montevideo
R. Dufrénoy
Rue de Lota
CLIN. SPONTINI
LYCÉE V. HUGO
ST ALBERT LE GRAND
Rue de la Faisanderie
R. Spontini
R. Cothenet
R. Benouville
R. Appert
R. Thiers
Av. de Montespan
Villa Herran
Sqre Lamartine
AVENUE HENRI MARTIN
Place Tattegrain
RUE DE LA POMPE
MAIRIE DU 16E ARR.
CŒUR IMMACULÉ DE MARIE
Rue de la Pompe
R. Mignard
R. Guy de Maupassant
R. de Siam
R. J. Richepin
Rue Octave Feuillet
ÉCOLE GERSON
R. Jules Claretie
Bd Émile Augier
Rue Jules Sandeau
R. E. Labiche
PORTE DE LA MUETTE
Place de Colombie
Avenue de St Cloud
O.C.D.E.
R. André Pascal
Rue Alfred Dehodencq
Boulevard Suchet
R. Ernest Hébert
Av. Raphaël
Maunoury
Sqre des Écrivains Combattants morts pour la France
MUSÉE MARMOTTAN
R. L. Boilly
JARDIN DU RANELAGH
Av. Prudhon
Avenue du Ranelagh
Avenue Ingres
Traversée n° 1
Chaussée de la Muette
Rue Franqueville
R. Maspéro
Rue Magnard
R. Verdi
Rue de l'Assomption
CLIN. DE LA MUETTE
Rue Desbordes Valmore
Place Possoz
R. Faustin Hélie
Bd Émile Augier
Avenue Mozart
LA MUETTE
BOULAINVILLIERS
Rue de Passy
Pl. de Passy
MARCHÉ DE PASSY
R. Singer
Pl. Chopin
R. Duban
ÉCOLE ST JEAN DE PASSY
Rue des Vignes
Rue des Marronniers
TH. DU RANELAGH
Rue du Ranelagh
LYCÉE MOLIÈRE
R. Gustave Zédé
R. des Bauches
RANELAGH
N. D. DE L'ASSOMPTION DE PASSY
Rue de Boulainvilliers
Av. Vion Whitcomb
R. Oswaldo Cruz
Avenue de Beauséjour
PORTE DE PASSY
Place de la Porte de Passy
Boulevard Suchet
Bd Maréchal Franchet d'Espèrey
Allée des Fortifications
Route des Dames
F 4
F 5
G 4
G 5
H 4
H 5
J 4
J 5
16

La traversée n°1

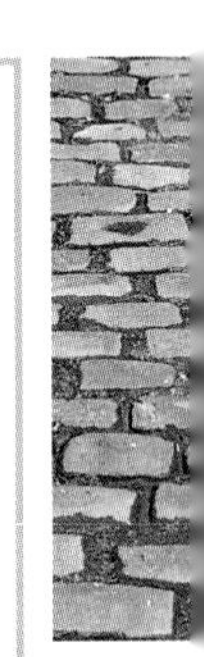

Départ : métro Porte-Dauphine
Arrivée : métro Porte de Charenton
Longueur : 19 km
Durée : aucune indication ne saurait être donnée, chacun étant libre de s'arrêter pour visiter ou observer les monuments et les curiosités.
Balisage : jaune-rouge
Accès : métro Porte Dauphine (ligne 2)
métro Porte de Charenton (ligne 8)
bus PC

Les stations de métro et arrêts d'autobus intermédiaires permettant l'accès à une section de l'itinéraire sont mentionnés dans la description.

1. De la Porte Dauphine à Boulainvilliers 3,3 km

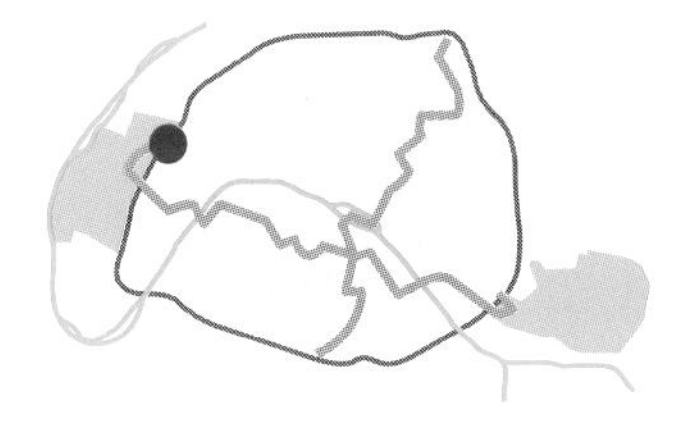

Le point de départ de la traversée se situe dans le bois de Boulogne (au repère Ⓧ) dans la partie qui longe le lac Inférieur.

Pour rejoindre ce point de départ à partir du **métro Porte-Dauphine** ou du RER C Avenue-Foch, on peut suivre l'itinéraire d'accès balisé en *jaune* jusqu'au repère Ⓑ, d'où l'on poursuit par le Grand circuit *(jaune-rouge)* dans la même direction. Après le repère Ⓒ, le sentier suit la berge du lac Inférieur sur 300 m.

Ⓧ Abandonner le sentier à l'endroit où il remonte au niveau du chemin de Ceinture, pour en traverser la chaussée et longer la pelouse de la Muette (autrefois parc aux daims). Se rapprocher du bosquet qui laisse apparaître deux constructions *(W-C publics)* et poursuivre au-delà en sous-bois.

Traverser une chaussée carrossable au niveau d'un feu de circulation. Longeant la pelouse au bord de **l'avenue de Saint-Cloud**, passer au-dessus du boulevard périphérique *(ici en souterrain)*. Couper une autre chaussée et, au premier passage pour piétons équipé d'un feu, traverser à droite l'avenue en direction des immeubles. C'est ici la **place de Colombie**.

Bus PC *sur le boulevard, et* **Bus 63** *avenue Henri-Martin à gauche à 150 m.*

METROPOLITAIN

Nous étions déjà, dans le bois, à Paris - **16e arrondissement** (quartier de la Muette) - mais venons de quitter le domaine du bois de Boulogne pour pénétrer dans Paris «intra muros» (car les fortifications voulues par Thiers en 1841, établies à l'époque sur les communes suburbaines, passaient en ce lieu). A l'extrémité opposée de la place : monument élevé à Pierre Ier de Serbie et Alexandre Ier de Yougoslavie. Le parc verdoyant derrière la clôture sombre abrite l'OCDE (Organisation de coopération et de développement économique) dans un édifice moderne de 1921 dit «château de la Muette», qui a remplacé le vrai château historique du 18e siècle.

On pénètre en ville par la **Porte de la Muette**, en traversant le boulevard Suchet vers l'OCDE ; en longer la clôture à droite pour le contourner. A l'angle, un repère du nivellement général de la France (NGF)/Ville de Paris (il y en a des centaines dans Paris) a conservé sa plaquette de cote : 52,895 ; ailleurs, elles ont disparu. On entre ainsi dans le **jardin du Ranelagh.**

Ce lieu fut un bal de plein air créé en 1774 avec le même succès que celui de lord Ranelagh à Londres (la reine Marie-Antoinette ne le dédaigna point).

① S'engager dans l'**allée Pilâtre-de-Rozier** en bordure du jardin.

D'ici partit en 1783 le premier vol en ballon libre monté ; Pilâtre de Rozier et le marquis d'Arlandes s'envolèrent dans leur montgolfière de papier chauffée au feu de paille pour se poser 25 minutes plus tard à la Butte-aux-Cailles (13ème arrondissement) *(voir itinéraire n°2 p. 139)* entre deux moulins. ▶

A la sortie du jardin, rejoindre la **chaussée de la Muette** au carrefour Beauséjour/Augier.

Document fourni par Gérard Conte.

Ici, ancienne gare en briques de l'ex-chemin de fer de Petite-Ceinture, qui est déclassé définitivement sur cette section.

▶ **Métro Muette** (ligne 9) *en face à 150 m.*
▶ **Bus 22, 32, 52.**

On se situe sur le territoire de l'ancien village de Passy annexé par Paris en 1860.

② Tourner à droite et passer devant l'ancienne gare pour s'engager dans la **rue Largillière** et traverser l'avenue Mozart pour emprunter la **rue des Vignes** (ex-ruelle Saint-Pol, c'est un très ancien chemin tracé en corniche sur le flanc Sud de la colline de Chaillot). Au passage, on côtoie la

▶ **Gare RER Boulainvilliers** *(ligne C, branche Champ-de-Mars - Argenteuil).*

Gare au style d'époque conservé lors de la réutilisation de la ligne en 1988 (ce fut, pendant plus de cinquante ans, un pavillon d'habitation).

▶ **Bus 22, 52.**

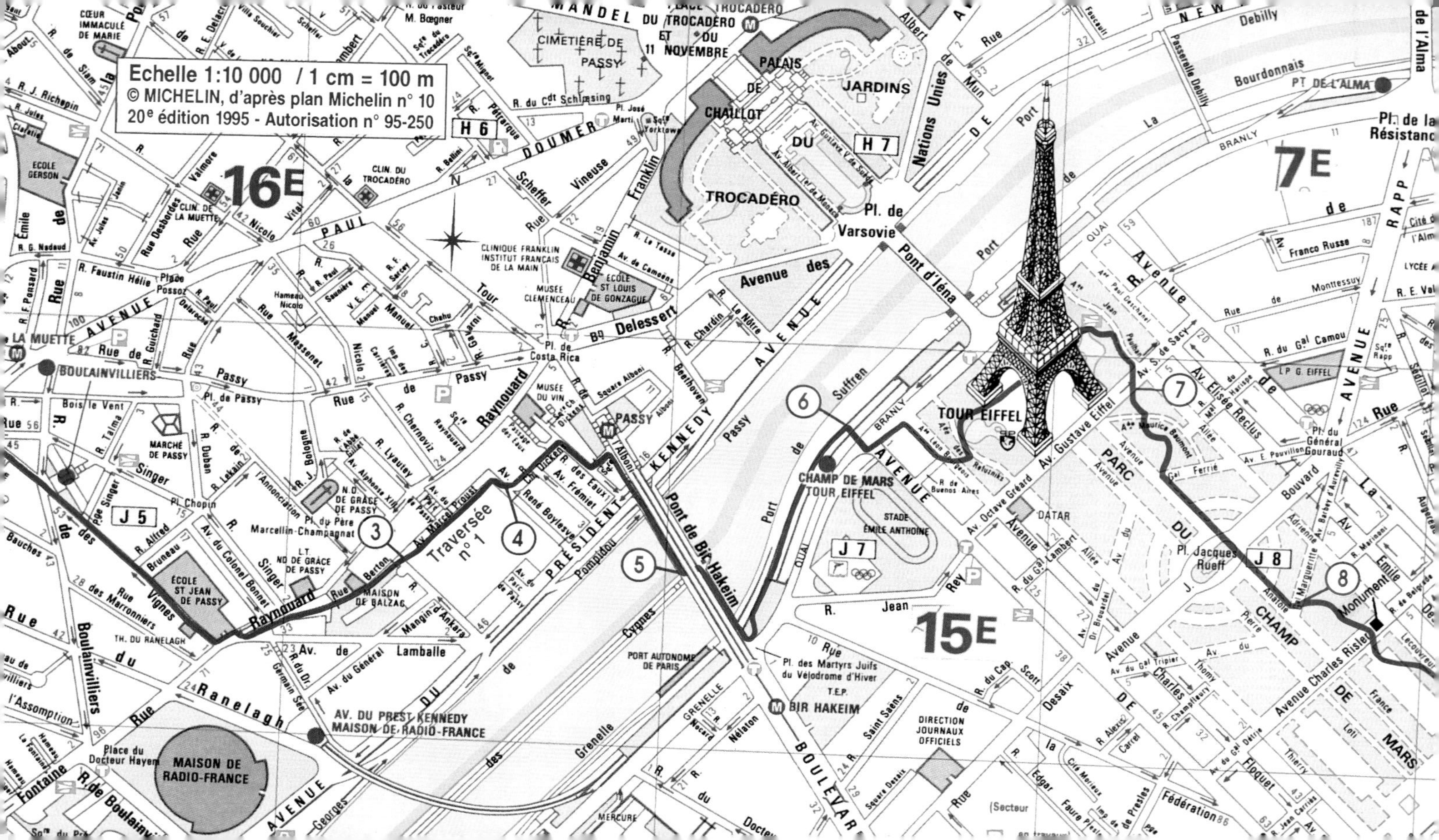
Echelle 1:10 000 / 1 cm = 100 m
© MICHELIN, d'après plan Michelin n° 10
20e édition 1995 - Autorisation n° 95-250
16E
7E
15E
H 6
H 7
J 5
J 7
J 8
PALAIS DE CHAILLOT
JARDINS DU TROCADÉRO
CIMETIÈRE DE PASSY
TOUR EIFFEL
PARC DU CHAMP DE MARS
Pont d'Iéna
Pont de Bir Hakeim
PT DE L'ALMA
Pl. de Varsovie
Traversée n° 1
MAISON DE RADIO-FRANCE
AV. DU PREST KENNEDY MAISON DE RADIO-FRANCE
CHAMP DE MARS TOUR EIFFEL
BIR HAKEIM
PASSY
LA MUETTE
BOULAINVILLIERS
MAISON DE BALZAC
MUSÉE DU VIN
MUSÉE CLEMENCEAU
CLINIQUE FRANKLIN INSTITUT FRANÇAIS DE LA MAIN
ÉCOLE ST LOUIS DE GONZAGUE
ÉCOLE ST JEAN DE PASSY
ÉCOLE GERSON
STADE ÉMILE ANTHOINE
PORT AUTONOME DE PARIS
DIRECTION JOURNAUX OFFICIELS
MARCHÉ DE PASSY
TH. DU RANELAGH
DATAR
Avenue du Président Kennedy
Avenue de Suffren
Avenue Paul Doumer
Rue Raynouard
Rue de Passy
Av. Gustave Eiffel
Quai Branly
Avenue Charles Risler
Monument
3
4
5
6
7
8

2. De Boulainvilliers au Champ-de-Mars 1,5 km

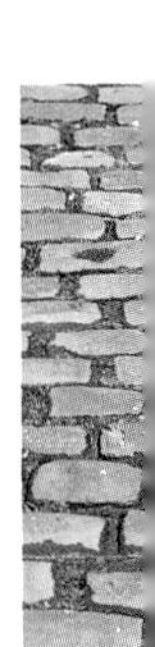

Poursuivre la rue des Vignes, puis emprunter à gauche la **rue Raynouard** (au 15e siècle : chemin de Passy à Paris), pour bifurquer aussitôt à droite, en contrebas (on appréciera ici le relief évident) vers un passage étroit nommé **rue Berton.**

C'était autrefois la rue du Roc. Vue dans l'axe de l'avenue de Lamballe : le dôme des Invalides, et, en se retournant : l'observatoire de Meudon au loin.
Ce cheminement romantique en vieux pavés, entre mur vétuste aux herbes et mousses spontanées et maison campagnarde, est un des très rares vestiges du Paris-village d'autrefois. La maison du n° 24 avec courette n'est autre que celle qu'habita Balzac entre 1841 et 1847 (ancienne dépendance de la folie Bertin), de nos jours musée Balzac (entrée au 47 rue Raynouard). Le parc situé derrière le grand mur abrite l'ambassade de Turquie ; c'est l'ancien domaine de Lamballe, dont le château est du 17e siècle. A remarquer, devant la maison de Balzac, une borne de 1731 qui marquait (avant 1860) la limite séparant les seigneuries d'Auteuil et de Passy.

(3) Au débouché sur la rue d'Ankara - où s'ouvre l'entrée avec grande grille de l'ambassade de Turquie - (voir un vieux puits à gauche encastré dans un mur), poursuivre par l'**avenue Marcel-Proust.**

Cette dernière longe un grand quadrilatère promis à une opération d'urbanisme de prestige. Un espace jardiné ouvert au public devrait relier au quai de la Seine l'escalier monumental descendant de la colline depuis 1930, réalisant enfin la continuité de l'actuelle «avenue du Parc-de-Passy» coupée en deux. En ce lieu furent exploitées avec succès pendant 150 ans cinq sources thermales découvertes et promues dès 1720 - sources qui perdirent toutes leurs vertus du jour où l'eau fut, par philanthropie, distribuée gratuitement...

L'avenue tourne à droite, devenant l'**avenue René-Boylesve**.

(4) S'engager à gauche pour franchir un portillon donnant accès à la **rue Charles-Dickens.**

Après le débouché discret du pittoresque escalier de la rue des Eaux à gauche (où fut découverte la toute première source), les grands immeubles du pied de la colline dissimulent (au 5 square Charles-Dickens) l'actuel **Musée du vin**, qui occupe les anciens celliers du couvent des Minimes de Chaillot (frères «Bonshommes»), établis à Passy fin 15e siècle, lesquels avaient développé la culture de la vigne (voir la rue Vineuse proche et notre chemin des Vignes) en privilégiant entre autres des cépages nobles.

Emprunter à droite la **rue des Eaux** puis à gauche le **square Alboni** qui mène sous le viaduc du métro aérien.

▶ **Métro Passy** (ligne 6). **Bus 32** *(en haut) vers Trocadéro et le centre.*

L'enceinte des Fermiers Généraux

Les deux dernières enceintes fortifiées que connut Paris au cours des siècles et au fur et à mesure de son développement furent : l'enceinte de Louis XIII de 1636 (soit agrandissement vers l'ouest, et sur la rive droite seulement, de l'enceinte de Charles V conservée pour le reste), et la ceinture de fortifications de Thiers de 1844 qui devait marquer le contour définitif du territoire de Paris.

Dans l'intervalle, Louis XIV, satisfait de la paix durable qui mettait la capitale à l'abri des assauts ennemis, avait entrepris la démolition de tous les murs et de toutes les tours fortifiées de Louis XIII, suppression achevée totalement en 1754. Paris devint alors "ville ouverte". Mais le droit d'octroi récemment créé sur les marchandises était malaisé à percevoir aux entrées de Paris, marquées par de simples barrières de bois avec cabanes pour les percepteurs. De plus, la fraude était des plus faciles. Cela conduisit les "fermiers généraux" chargés du recouvrement de la taxe à demander à Louis XVI l'établissement d'une muraille continue ceinturant la ville. Cet ouvrage fut achevé en 1787.

C'était un mur de 3,30 m à 5,50 m de haut, qui se développait sur 24 km et était percé de 54 "barrières" avec bureaux (dont 24 principales sur les routes de sortie de Paris).

Compte tenu d'un chemin de ronde intérieur de 12 m et d'un "boulevard" extérieur de 60 m, mais aussi d'une interdiction de bâtir sur 100 m, on disposa, lors de la suppression du mur décidée à l'occasion des annexions de 1860, d'un anneau large d'environ 115 m prêt à être réutilisé. C'est là que, de nos jours, se déroule la série des boulevards qui contiennent le long de leur axe médian les deux lignes de rocade du métro : la 2 et la 6.

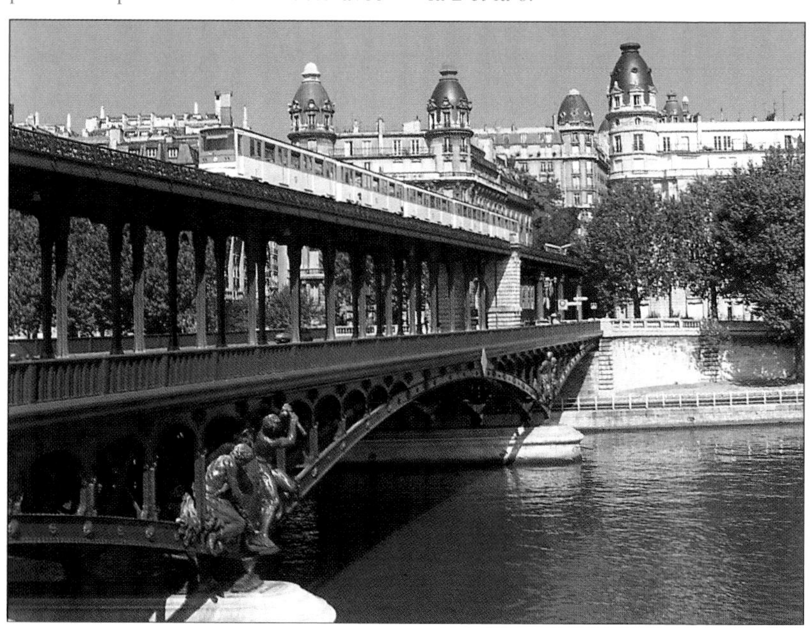

Métro aérien sur le pont de Bir-Hakeim. *Photo Anne-Marie Minvielle.*

Prendre, à droite sous le viaduc, la **rue de l'Alboni** pour franchir par une passerelle l'avenue du Président-Kennedy et gagner le **pont de Bir-Hakeim** (ex-de Passy), trottoir de droite, jusqu'à l'escalier descendant sur l'allée des Cygnes.

L'ex-viaduc de Passy fut édifié en 1903 comme pont routier prévu en outre pour supporter le viaduc supérieur destiné au métro ; ce dernier, dû à Jean-Camille Formigé, se signale par l'élégance de ses colonnes cannelées en fonte.

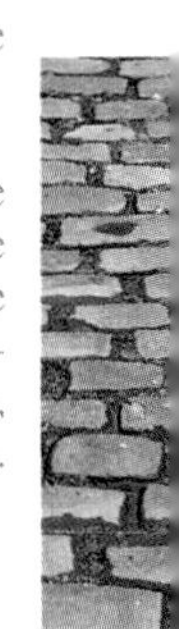

On quitte alors en ce point précis, avec la rive droite, le 16e arrondissement pour le **15e arrondissement** (quartier Grenelle) dont dépend l'allée des Cygnes, digue créée en 1825 pour délimiter le port de Grenelle ; c'est une agréable promenade dans l'axe de la Seine, loin du bruit, plantée d'arbres aux essences variées. D'ici, la vue très dégagée vers l'aval montre notamment une réplique de la statue de la Liberté de New-York, le front de Seine, la maison de Radio-France, et, à l'horizon, les hauteurs de Meudon. Les tours alignées rive gauche constituent le Front de Seine.

(5) Traverser alors les deux chaussées pour rejoindre le belvédère central côté de l'amont.

Il est garni d'un groupe offert en 1930, «la France renaissante», par la colonie danoise de Paris. La vue, d'ici, porte sur la tour Eiffel proche, le Sacré-Cœur au loin, le coteau allongé dit «colline de Chaillot» où trône l'imposant palais de Chaillot de 1937 entouré de ses beaux jardins, et d'où émergent plus à droite les tours des églises voisines de Saint-Pierre de Chaillot et de l'American Cathedral in Paris.

Sur la rive gauche, face au pont, se trouve le

▶ **Métro Bir-Hakeim** (ligne 6), ainsi que le

▶ **RER Champ-de-Mars - Tour-Eiffel** (ligne C) - *(entrée sur le quai côté Seine).*

On ne fait que frôler le 15e arrondissement, principalement situé au Sud du boulevard de Grenelle en face de nous, et l'on se trouve maintenant «intra muros» à l'égard de l'enceinte des Fermiers Généraux établie sur ce boulevard en circonscrivant depuis 1784 le Paris d'avant les annexions de 1860 (hors-enceinte : villages de Grenelle, Passy, etc.). Ici, on entrait dans Paris - avant 1860 - par la barrière de la Cunette.

Rejoindre la promenade côté Seine du **quai Branly** (ex-quai d'Orsay Sud).

Cette belle allée jardinée, créée en 1941, a été établie au-dessus de l'ancien chemin de fer Invalides-Versailles (devenu RER C).

(6) La quitter par l'escalier pour traverser le quai, puis l'avenue de Suffren.

▶ On trouve en ce point un autre accès au **RER C Champ-de-Mars**, celui du côté «Tour Eiffel».

▶ **Bus 82.**

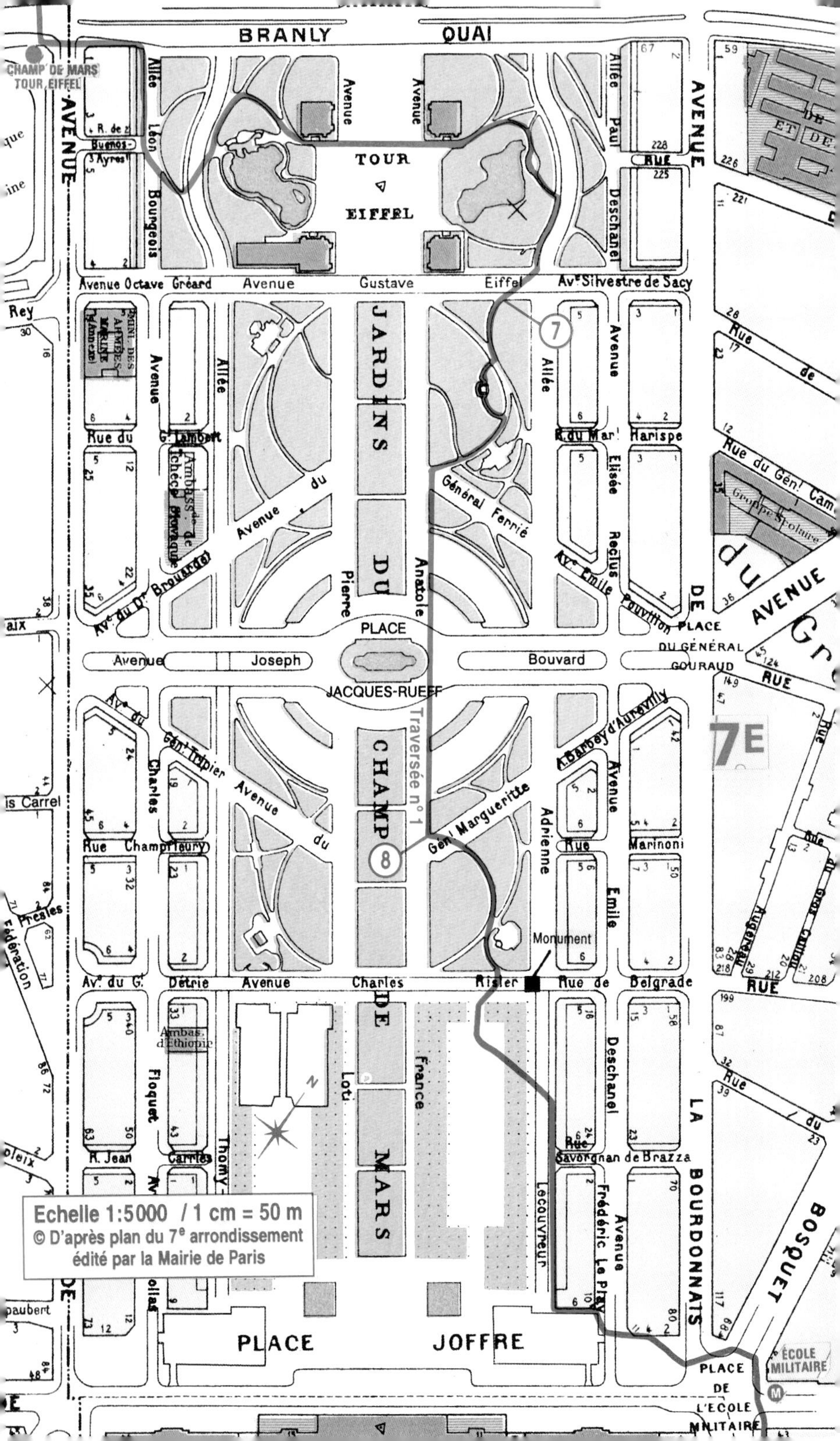

BRANLY
QUAI
CHAMP DE MARS
TOUR EIFFEL
TOUR
EIFFEL
Avenue Octave Gréard
Avenue
Gustave
Eiffel
Av. Silvestre de Sacy
JARDINS DU CHAMP DE MARS
Traversée n° 1
7
8
PLACE
JACQUES-RUEFF
Avenue
Joseph
Bouvard
PLACE DU GÉNÉRAL GOURAUD
Général Ferrié
Anatole
Pierre
Av. Émile Pouvillon
Av. du Dr Brouardel
Avenue du Gén. Tripier
Avenue Charles Floquet
Gén. Marguerite
A. Barbey d'Aurevilly
Avenue Adrienne
Rue Marinoni
Avenue Émile Deschanel
Monument
Risler
Rue de Belgrade
Av. du G. Détrie
Avenue
Charles
Rue Champfleury
Rue Savorgnan de Brazza
Avenue Frédéric Le Play
Lécouvreur
Loti
France
Thomy
PLACE
JOFFRE
AVENUE
DE
LA
BOURDONNAIS
BOSQUET
PLACE DE L'ÉCOLE MILITAIRE
ÉCOLE MILITAIRE
7E
Echelle 1:5000 / 1 cm = 50 m
© D'après plan du 7e arrondissement édité par la Mairie de Paris

3. Du Champ-de-Mars à l'Ecole Militaire 1,7 km

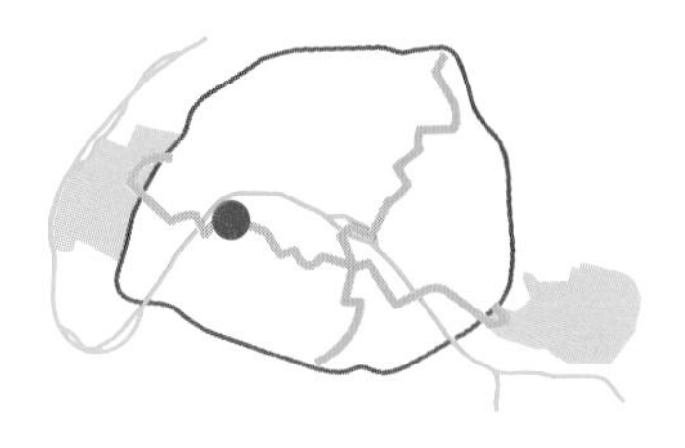

On n'est plus dans le 15e arrondissement, mais désormais dans le **7e arrondissement** (quartier du Gros-Caillou).

Suivre le trottoir du **quai Branly** jusqu'après le dernier immeuble pour parvenir à l'angle du **Parc du Champ-de-Mars.**

Longer les immeubles par l'allée Léon-Bourgeois, puis s'écarter à gauche en direction de la pièce d'eau romantique, où se remarquent un peuplier blanc, et, à l'autre extrémité, un beau marronnier. Contourner la grotte par la gauche ; on aperçoit ensuite, une très vieille cheminée de briques, trapue et sombre : c'est un vestige de la machine à vapeur qui, à l'origine, entraînait l'ascenseur de la tour Eiffel. Aller au centre même de l'emprise de la tour, et là, lever les yeux vers l'imposante masse.

On croise ici la grande perspective - à apprécier au mieux du haut de la terrasse du palais de Chaillot - qui déroule tout le champ de Mars jusqu'à l'Ecole militaire, derrière laquelle se profile en outre la tour Montparnasse.

Continuer au-delà sur la gauche pour contourner la deuxième pièce d'eau ornée d'un grand saule blanc centenaire ; on passe devant trois ginkgos biloba (arbres aux quarante écus). D'autres arbres rares ou intéressants sont à voir sur la suite du parcours : observer les petits panonceaux verts qui les signalent en bordure d'allées. Redescendre du petit tertre en longeant les pelouses et aboutir avenue Gustave-Eiffel (*W-C publics à droite*) : la traverser en biais à droite.

Champ-de-Mars et tour Eiffel. *Photo Roger Perrier.*

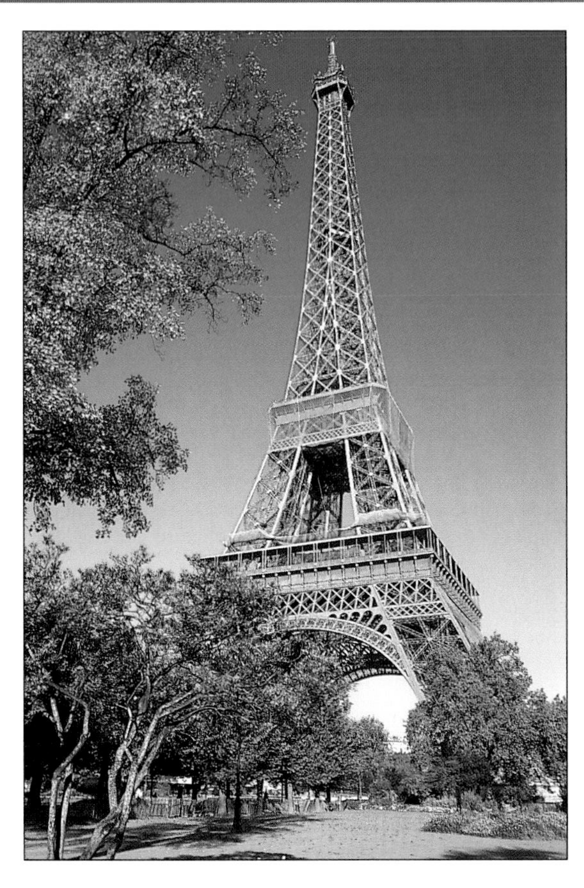

Au pied de
la tour Eiffel.
Photo Christophe Marcouly.

Le parc du Champ de Mars et la tour Eiffel

Cet espace jardiné a été traité en jardin à la française en partie centrale et jardins dits à l'anglaise dans les bosquets latéraux. Il se présente ainsi depuis 1928, réduit à 21 hectares après les lotissements qui grevèrent son pourtour. Le grand terrain de manœuvre du 18e siècle de l'Ecole militaire pouvait contenir aisément dix mille hommes en ordre de bataille. C'est ici que se déroula en 1780 (année de son ouverture au public), la première course de chevaux publique.

La tour Eiffel, construite de janvier 1887 à mars 1889 par l'ingénieur Gustave Eiffel, pèse 7 000 tonnes et est composée de 15 000 pièces assemblées par deux millions et demi de rivets. Elle permit la première liaison radio-électrique, par Eugène Ducretet, en 1898. Du haut des 274 m de la troisième plate-forme, la vue porte par temps clair jusqu'à 90 km et la portée du phare-balise pour les avions est de 180 km. On peut encore ajouter que la pression au sol de ses appuis n'excède par 4kg/cm (celle d'un siège supportant un homme...), et que le chantier de peinture de sa structure dure dix-huit mois et revient tous les sept ans.

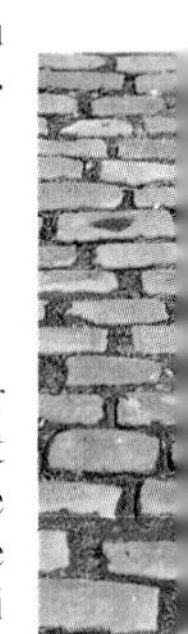

(7) S'engager dans une allée courbe, entre un gros if et cinq mûriers blancs pleureurs ; continuer en décrochant à droite vers un petit bassin orné d'une statue, qui évoque la «chaste Suzanne au bain» (épisode biblique connu).
La pelouse de droite se termine avec un tulipier de Virginie (aux fleurs en forme de tulipe).

Rejoindre la grande allée (**avenue Anatole-France**) longeant la pelouse axiale. Au passage pour piétons, traverser l'avenue Joseph-Bouvard (c'est ici la **place Jacques-Rueff**, centre du parc).

- **Bus 42, 69, 87**.
- *W-C publics à 100 m à gauche.*

(8) Peu après, tourner à gauche dans l'avenue du Général-Margueritte pour repartir aussitôt à droite sur une allée courbe qui, après un grand sophora, puis un manège et des balançoires, mène vers un monument ésotérique érigé en 1989 sur l'avenue Charles-Risler. Laissant à droite un beau micocoulier et un curieux *abelia* de l'Himalaya, poursuivre le long des immeubles par l'**allée Adrienne-Lecouvreur**, qui se termine sur la **place Joffre** ornée de la statue du maréchal Joffre.

L'Ecole Militaire, qui ferme l'une des plus belles perspectives de Paris, est une des grandes oeuvres de Jacques-Ange Gabriel, qui l'entreprit en 1751 pour l'achever en 1773. Depuis leur agrandissement au 19e siècle, les bâtiments couvrent 116 500 mètres carrés. Louis XV, inspiré en cela par la Pompadour, fonda cette institution sous le nom d'Hôtel royal militaire pour former au métier des armes cinq cents gentils-hommes pauvres, et la finança en partie grâce aux taxes perçues sur les jeux de cartes.

Quitter le Champ de Mars sur la gauche et traverser l'avenue Frédéric-Le-Play pour arriver **place de l'Ecole-Militaire.**

- **Métro Ecole-Militaire** (ligne 8)
- **Bus 28, 49, 80, 82, 87, 92.**

L'Ecole-Militaire et la tour Eiffel dans le prolongement du dôme. *Photo Anne-Marie Minvielle.*

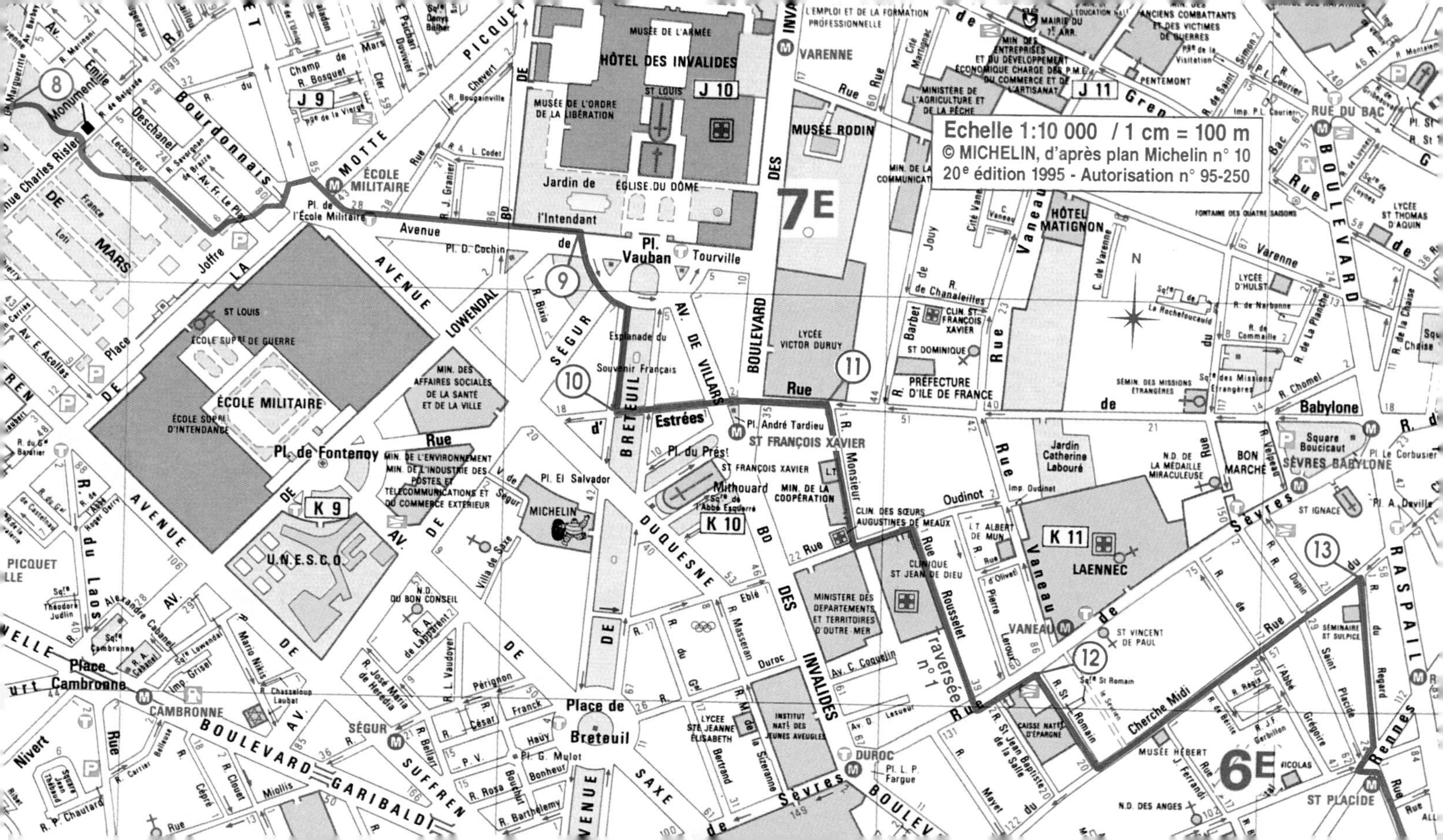

Echelle 1:10 000 / 1 cm = 100 m
© MICHELIN, d'après plan Michelin n° 10
20e édition 1995 - Autorisation n° 95-250
Traversée n° 1
7E
6E
HÔTEL DES INVALIDES
MUSÉE DE L'ARMÉE
MUSÉE DE L'ORDRE DE LA LIBÉRATION
ÉGLISE DU DÔME
MUSÉE RODIN
HÔTEL MATIGNON
LYCÉE VICTOR DURUY
ÉCOLE MILITAIRE
U.N.E.S.C.O.
MICHELIN
LAENNEC
BON MARCHÉ
Square Boucicaut
SÈVRES BABYLONE
PRÉFECTURE D'ILE DE FRANCE
INSTITUT NATL DES JEUNES AVEUGLES
MINISTERE DES DEPARTEMENTS ET TERRITOIRES D'OUTRE-MER
CLINIQUE ST JEAN DE DIEU
Place de Breteuil
Pl. Vauban
Pl. de Fontenoy
Place Cambronne
BOULEVARD DES INVALIDES
BOULEVARD GARIBALDI
BOULEVARD RASPAIL
AVENUE DE LA MOTTE PICQUET
AV. DE VILLARS
AV. DE SÉGUR
AV. DE SAXE
AVENUE DE SUFFREN
AVENUE LOWENDAL
AVENUE DE BRETEUIL
Rue de Babylone
Rue de Varenne
Rue Vaneau
Rue de Sèvres
Rue du Cherche Midi
Rue Rousselet
Rue Oudinot
Rue Monsieur
Rue d'Estrées
Rue de Rennes
Rue du Regard
J 9
J 10
J 11
K 9
K 10
K 11

4. De l'Ecole Militaire à Saint-Placide 2,6 km

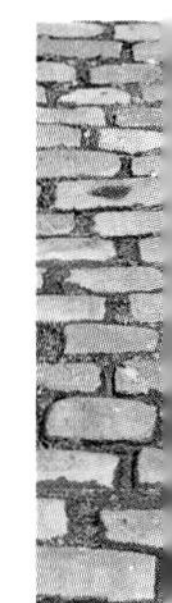

Contourner le carrefour en traversant les avenues de La Bourdonnais, Bosquet, et de La-Motte-Picquet pour emprunter sur la gauche l'**avenue de Tourville**.

A l'issue de cette dernière, se démasque, imposante dans un parfait dégagement, l'église du Dôme des Invalides.

Continuer au-delà du boulevard de La-Tour-Maubourg en longeant le **jardin de l'Intendant.**

(9) Contourner par la droite la **place Vauban** pour gagner l'**avenue de Breteuil.**

Située dans l'axe des Invalides et percée en 1680 à travers la plaine, large de 70 m, c'est une des plus prestigieuses avenues de Paris.

Cheminer le long du large terre-plein central.

(10) Au premier croisement, tourner à gauche dans la **rue d'Estrées** (ex-rue Neuve-de-Babylone), qui débouche **place André-Tardieu.**

Monument à François Coppée. De là, on aperçoit la tour Montparnasse. A droite, église Saint-François-Xavier, construite en 1861, curieusement selon un axe Nord-Est - Sud-Ouest, celui d'un boulevard projeté qui ne fut jamais percé.

- **Métro Saint-François-Xavier** (ligne 13).
- **Bus 82, 87, 92.**

Au-delà du boulevard des Invalides, partie intégrante des boulevards du Midi décidés en 1704, se manifeste le saisissant contraste entre les quartiers modernes à habitat de qualité (19e-20e siècles) que l'on quitte à ce moment, et la ville ancienne qu'on aborde, aux rues étroites toutes chargées d'histoire. Ce secteur calme, aux nombreux jardins et congrégations religieuses, était le lieu d'élection des littérateurs ; déjà aristocratique, il est l'antichambre du faubourg Saint-Germain.

Emprunter en face la **rue de Babylone** (ex-vieux chemin de Guarnelle) qui pénètre dans ce quartier.

Elle doit son nom au fondateur du séminaire des Missions étrangères (1663), évêque «in partibus» de Babylone.

Cette rue longe d'abord à gauche le parc du lycée Victor-Duruy.

Le jardin de l'Intendant et les Invalides

Le jardin de l'Intendant, reconstitué ou plutôt créé en 1980, soit avec deux siècles de retard, d'après le plan original de Robert de Cotte (surintendant des bâtiments et jardins de Louis XV), met ainsi en valeur les bâtiments de l'**Hôtel royal des Invalides** dont c'est ici l'extrémité Sud, et qui occupent au total un terrain de 127 000 mètres carrés (390 m sur 450 m).

Œuvre de Libéral Bruant édifiée en 1671-1676, et achevé par Jules Hardouin-Mansart en 1677, cet hôtel avait été voulu par Louis XIV pour accueillir 5 à 7 000 soldats blessés et amputés. L'église du Dôme (qui précède l'église Saint-Louis ou des soldats accolée derrière), due aussi à Jules Hardouin-Mansart et achevée en 1708, présente le plus beau dôme qui ait été construit en France. Sa flèche culmine à 107 mètres de hauteur. Il a été redoré en 1937 puis en 1989. L'entrée publique donne accès aux deux églises, donc au tombeau de Napoléon Ier, dont les cendres ont été rapatriées et déposées ici en 1840, ainsi qu'à celui de l'Aiglon (1940), et d'autres grands hommes, tels Turenne et Foch, à la cour d'honneur et au musée de l'Armée.
L'Institution nationale des Invalides, qui occupe l'aile Est, perpétue de nos jours la fonction initiale.

L'église du Dôme des Invalides. *Photo Anne-Marie Minvielle.*

Remarquer peu après, à droite, une curiosité : la **Pagode.** Actuellement cinéma d'art et d'essai, elle ne date que de 1896. C'est un authentique temple japonais reconstruit par l'un des directeurs du Bon-Marché pour son épouse, entichée d'orientalisme. Si les réceptions privées cessèrent vers 1905, l'édifice, aujourd'hui classé, a été utilisé par la légation de Chine lorsqu'elle était proche.

Il convient désormais de porter une attention soutenue aux façades des immeubles, car nombre d'entre elles ont du caractère - au minimum un aspect «siècle dernier» ou «province» souligné par des volets en bois, des éléments décoratifs simples, mais de bon goût - et montrent de belles portes cochères monumentales caractéristiques des entrées d'hôtels particuliers. Nous nous bornerons à citer les numéros des immeubles intéressants.

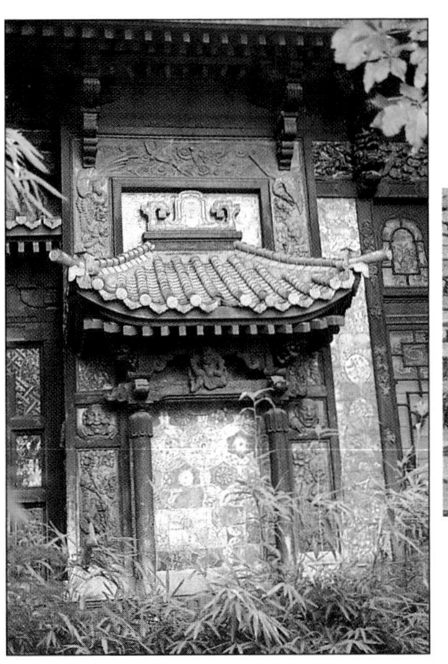

La Pagode. *Photo Anne-Marie Minvielle.*

(11) Juste avant la Pagode, prendre à droite la **rue Monsieur**.

Elle fut ouverte en 1779 pour desservir les écuries de Monsieur, frère du roi et comte de Provence. Numéros 3 : hôtels de Saint-Simon, 8 : de Jarnac, 12 : de Bourbon-Condé, 20 : de Montesquiou-Fezensac (architecte Brongniard, 1781). Remarquer également les 7, 9, 11.

Emprunter à gauche la **rue Oudinot** (ex-chemin Blomet devenu rue Plumet, citée dans Les Misérables), la quitter aussitôt pour s'engager à droite dans la **rue Rousselet** (ancien chemin des Vaches). Au bout de cette rue, se profile la tour Montparnasse au-dessus d'un édifice du 18e siècle.

Le long mur de droite dissimule le grand jardin de la maison de santé des frères de Saint-Jean-de-Dieu. Remarquer les numéros 35,32 à 34 et la maison d'angle au bout.

Aboutir sur la **rue de Sèvres** (c'était un très ancien chemin «menant à Sèvres», ou de Meudon ou des Charbonniers, - appelé à ce niveau «de la Maladrerie»).

La traverser et s'y engager à gauche.

Bus 39, 70, 87.

Cette portion de la rue de Sèvres est particulièrement commerçante. En face, vieilles maisons, notamment le 58. A ce niveau se démasque à droite, car en retrait, l'hôtel de Choiseul-Praslin (1732).

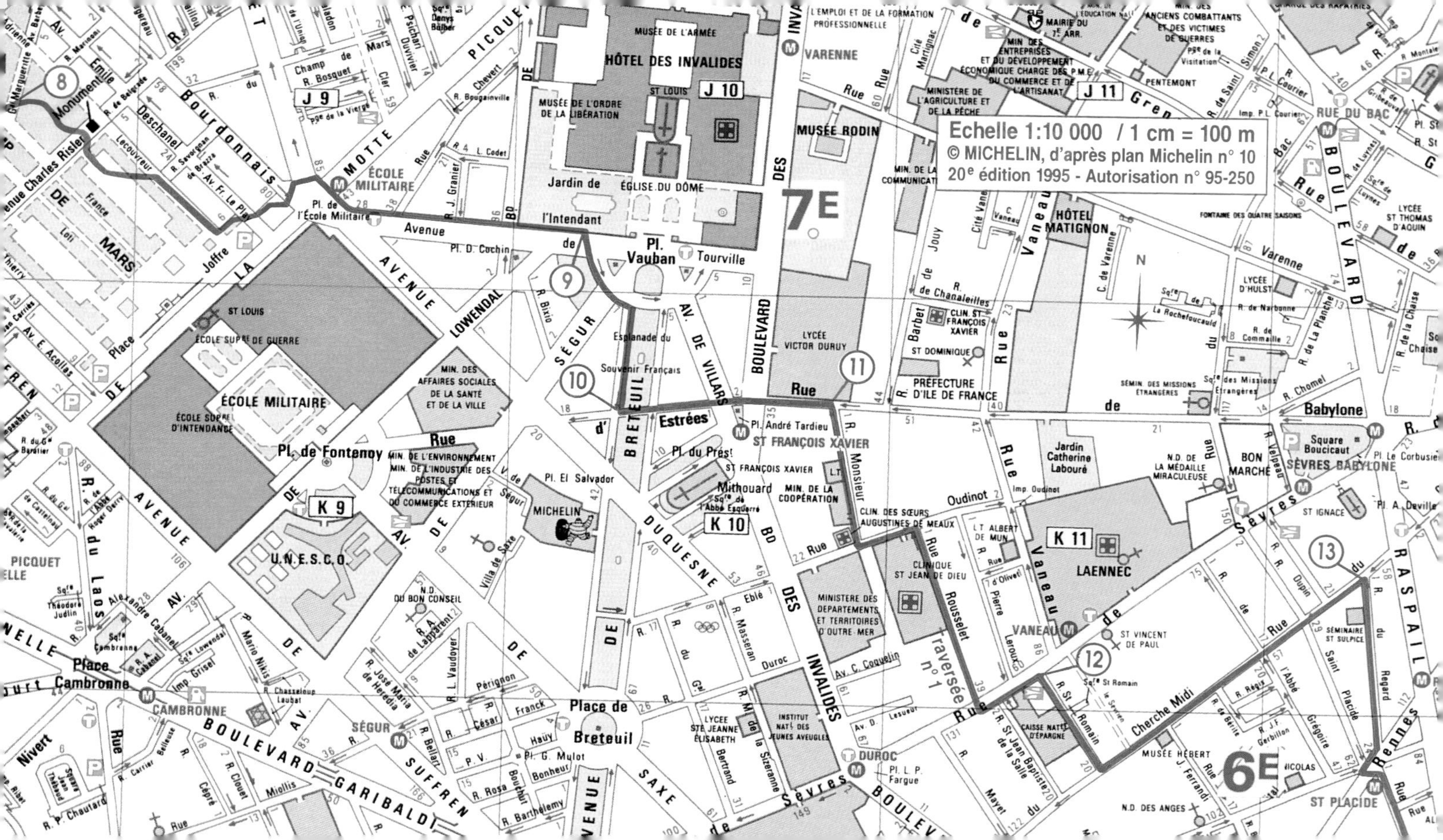
Echelle 1:10 000 / 1 cm = 100 m
© MICHELIN, d'après plan Michelin n° 10
20e édition 1995 - Autorisation n° 95-250
7E
6E
HÔTEL DES INVALIDES
MUSÉE DE L'ARMÉE
MUSÉE DE L'ORDRE DE LA LIBÉRATION
ÉGLISE DU DÔME
Jardin de l'Intendant
MUSÉE RODIN
HÔTEL MATIGNON
LYCÉE VICTOR DURUY
ÉCOLE MILITAIRE
U.N.E.S.C.O.
LAENNEC
BON MARCHÉ
Square Boucicaut
Jardin Catherine Labouré
PRÉFECTURE D'ILE DE FRANCE
MICHELIN
Traversée n° 1
BOULEVARD RASPAIL
BOULEVARD DES INVALIDES
AVENUE DE SÉGUR
AVENUE DE BRETEUIL
AV. DE VILLARS
AVENUE DUQUESNE
AVENUE DE LOWENDAL
AV. DE SAXE
BOULEVARD GARIBALDI
AV. DE SUFFREN
AVENUE DE LA MOTTE PICQUET
Place de Breteuil
Pl. de Fontenoy
Pl. Vauban
Pl. de l'École Militaire
Place Cambronne
Rue de Babylone
Rue de Sèvres
Rue de Varenne
Rue Vaneau
Rue Oudinot
Rue Rousselet
Rue Monsieur
Rue d'Estrées
Rue du Cherche Midi
Rue du Regard
Rue Saint Placide
Rue Mayet
Rue Pierre Leroux
Rue de Bourdonnais
Rue du Laos
CHAMP DE MARS

▶ 100 m plus loin dans la rue de Sèvres, côté gauche juste après la fontaine du Fellah ou de l'Egyptien de 1810, se trouve la station du **Métro Vaneau** (ligne 10) *(entrée en retrait des façades).*

(12) Tourner à droite dans la **rue Saint-Romain.**

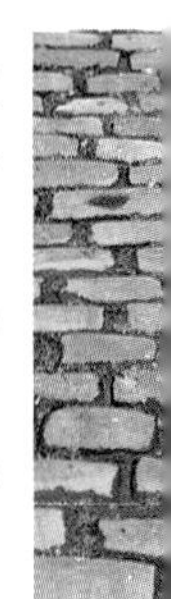

Ex-Champ-Malouin. On découvre ainsi la belle façade opposée de l'hôtel de Choiseul, à avant-corps et balcon à ferronneries. On vient de quitter le 7e arrondissement pour le **6e arrondissement** (quartier Notre-Dame-des-Champs) ; le Quartier latin est donc tout proche.

Dans l'axe de la rue, vue sur la tour Montparnasse, et au débouché sur la rue du Cherche-Midi (n°95) : hôtel de 1805.

Tourner à gauche dans la très vieille **rue du Cherche-Midi**, d'où l'on aperçoit sur la fin la flèche de l'église Saint-Germain-des-Prés.

Cette artère a pu être la voie romaine de Lutèce à Vaugirard, en tout cas, elle a été le chemin de la Vieille Tuilerie. Ce fut sans doute la rue allant de l'hôtel de la Chasse au Midi (de Paris). La portion qui va être parcourue est très marquée par les maisons ou hôtels anciens, et les boutiques de libraires d'art et d'antiquaires.

Au n°92, passage donnant accès à un ensemble hétéroclite, havre de calme où l'on distingue au fond la chapelle de la maison-mère des Lazaristes, qui renferme les restes de saint Vincent de Paul ; ici, une galerie marchande rejoint la rue de Sèvres devant le métro Vaneau.

Hôtels de Montmorency-Bours (1756) au 89 et au 85-87 (ce dernier de 1743) ; angle rue Jean-Ferrandi : anciens noms de rues gravés dans la pierre. Au 83 : hôtel de Clermont-Tonnerre. Au 81 : hôtel du 17e. Au 86 : fontaine avec un Neptune au fond de la deuxième cour (cour de la Vieille-Thuillerie).

Rue de l'Abbé-Grégoire à gauche : vieux nom «rue (saint) Maur» gravé à l'angle ; humble petite maison au n°17.

Après le n°58 (curieuse enfilade de cours), on dépasse la rue Saint-Placide et l'on remarque la vieille bâtisse de l'angle de la rue Dupin, et la maison du 19.

(13) Quitter la rue du Cherche-Midi sur la droite pour la **rue du Regard.**

Egalement intéressante, cette très ancienne voie était à l'origine le «petit chemin herbu». Dès le n°1 : hôtel du marquis de Dreux-Brézé (1740). Au n°5, sur cour : hôtel de Croye, de 1728, au n°7 : hôtel de Beaune (1719), et au n°13 : hôtel de 1739. Aboutir sur le carrefour des rues de Rennes (vues à gauche sur Saint-Germain-des-Prés et à droite sur la tour Montparnasse), de Vaugirard et Saint-Placide. Là se situait en 1636 un regard de fontaine (d'où le nom de rue du Regard), et en 1810 y fut édifiée une fontaine monumentale, déplacée ensuite pour être adossée à la fontaine Médicis du Luxembourg (voir p. 47 (17)).

▶ **Métro Saint-Placide** (ligne 4).
▶ **Bus 48, 89, 94, 95, 96.**

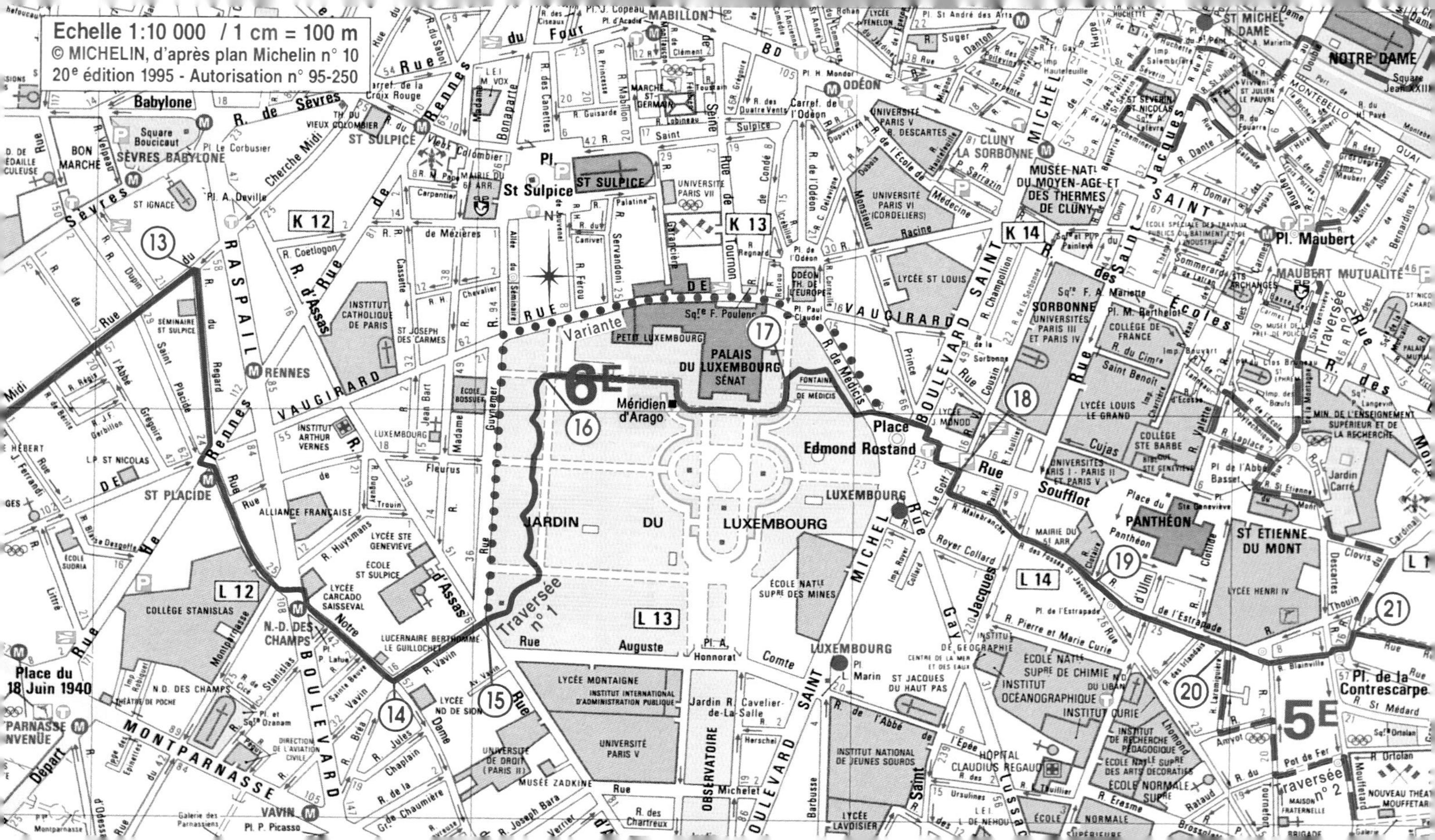
Echelle 1:10 000 / 1 cm = 100 m
© MICHELIN, d'après plan Michelin n° 10
20e édition 1995 - Autorisation n° 95-250
JARDIN DU LUXEMBOURG
PALAIS DU LUXEMBOURG SÉNAT
PETIT LUXEMBOURG
Variante
Traversée n° 1
Traversée n° 2
6E
5E
PANTHÉON
ST ETIENNE DU MONT
NOTRE DAME
SORBONNE
ST SULPICE
OBSERVATOIRE
BOULEVARD SAINT MICHEL
BOULEVARD MONTPARNASSE
RASPAIL
VAUGIRARD
Place Edmond Rostand
Rue Soufflot
Méridien d'Arago
K 12
K 13
K 14
L 12
L 13
L 14
13
14
15
16
17
18
19
20
21

5. De Saint-Placide au RER Luxembourg 1,6 km

La suite du parcours emprunte en face la **rue Notre-Dame-des-Champs** (ancien «grand chemin herbu», du 14e siècle).

Au n°5, l'actuelle boulangerie a conservé l'enseigne d'époque, plaquée le long du mur au premier étage. Au n°16 : hôtel de Mailly de 1750. Au niveau du 23, existait, avant la construction du mur des Fermiers Généraux, une barrière d'octroi.

Traverser le boulevard Raspail.

- **Métro Notre-Dame-des-Champs** (ligne 12).
- **Bus 68, 82**.

Continuer la rue Notre-Dame-des-Champs.

Au n°53 : complexe à l'enseigne «Le Lucernaire»(Centre national d'Art et d'Essai) réunissant théâtres, cinémas, café-restaurant.

(14) Arriver au carrefour de la **rue Vavin** : remarquer à droite une placette caractéristique du quartier Montparnasse (pittoresque atelier d'artiste en pan coupé) et l'immeuble à gradins, revêtu de céramique blanche, construit en 1912 par Henri Sauvage.

Prendre à gauche la **rue Vavin** (ancien passage de l'Ouest) qui débouche rue d'Assas (anciennement de l'Ouest) devant le **jardin du Luxembourg** pourvu ici d'une entrée.

- **Bus 58, 82, 83.**

*L'actuel **jardin du Luxembourg** est ouvert tous les jours de 7h30 à une demi-heure avant le coucher du soleil, soit au plus tard jusqu'à 21h15 en été. Il est équipé de toilettes publiques à plusieurs endroits. (Pas de balisage dans le jardin).*

Le jardin du Luxembourg. *Photo Roger Perrier.*

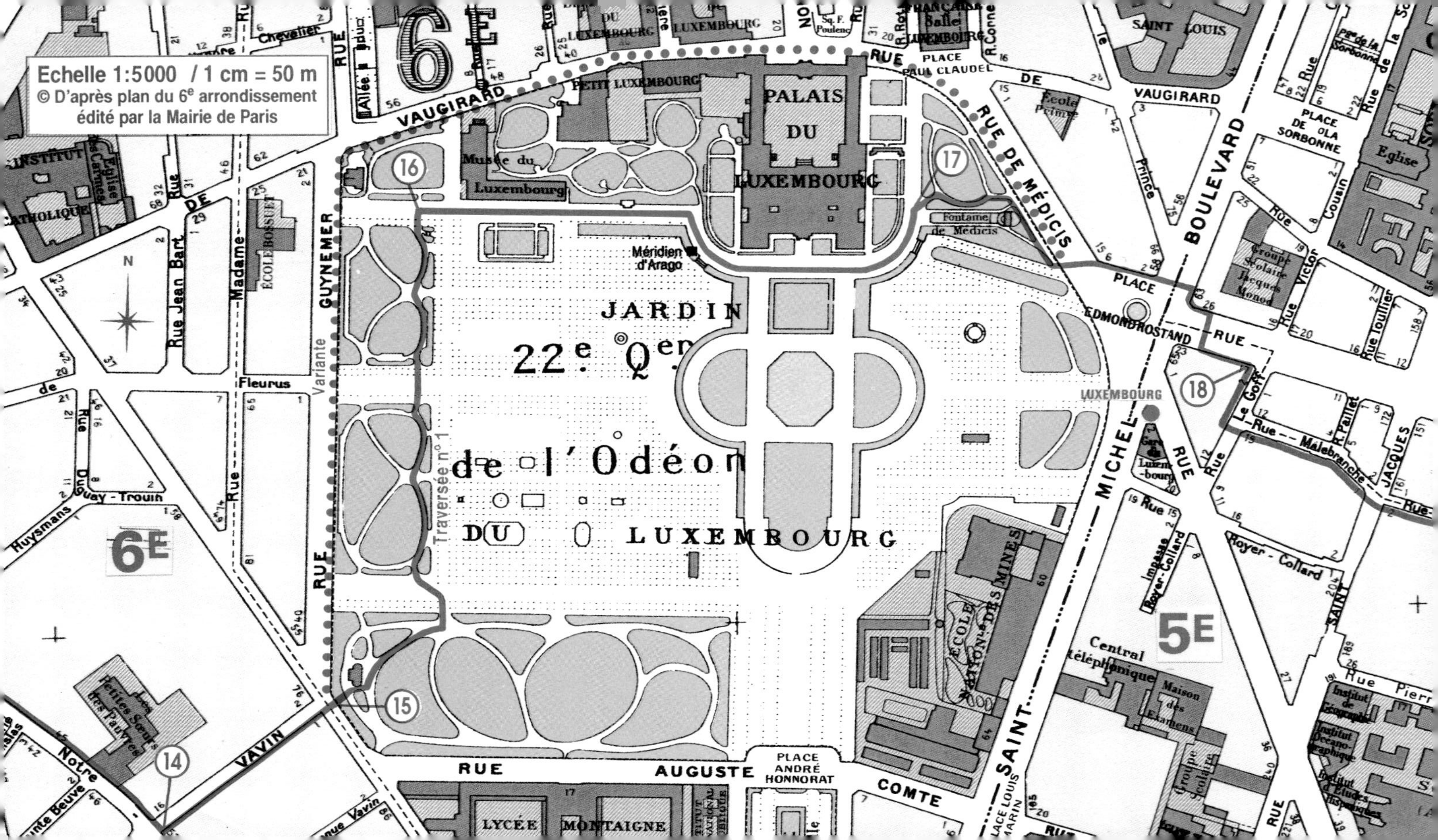
Echelle 1:5000 / 1 cm = 50 m
© D'après plan du 6e arrondissement édité par la Mairie de Paris
6E
5E
JARDIN DU LUXEMBOURG
22e Qer de l'Odéon
PALAIS DU LUXEMBOURG
PETIT LUXEMBOURG
Musée du Luxembourg
Fontaine de Médicis
Méridien d'Arago
Traversée n°1
Variante
RUE DE VAUGIRARD
RUE DE MÉDICIS
BOULEVARD SAINT-MICHEL
RUE GUYNEMER
RUE AUGUSTE COMTE
PLACE ANDRÉ HONNORAT
PLACE EDMOND ROSTAND
PLACE PAUL CLAUDEL
RUE LE GOFF
Rue Malebranche
Rue Royer-Collard
Impasse Royer-Collard
Rue Victor Cousin
Rue Toullier
Rue Jean Bart
Rue de Fleurus
Rue Madame
Rue Duguay-Trouin
Rue Huysmans
Rue Vavin
Rue Notre-Dame-des-Champs
Rue de Chevreuse
Rue Monsieur le Prince
PLACE DE LA SORBONNE
ÉCOLE NATIONALE DES MINES
ÉCOLE BOSSUET
École Primaire
Groupe Scolaire Jacques Monod
Groupe Scolaire
Central téléphonique
Maison des Examens
Les Petites Sœurs des Pauvres
LYCÉE MONTAIGNE
INSTITUT CATHOLIQUE
Église des Carmes
Église
SAINT LOUIS
LUXEMBOURG
Gare du Luxembourg
Sq. F. Poulenc
14
15
16
17
18

15 Pour le contourner, pendant les heures de fermeture, emprunter la rue Guynemer à gauche puis la rue de Vaugirard pour retrouver l'itinéraire à la fin de la rue de Médicis.

Après le kiosque d'information, se diriger vers un beau hêtre pourpre d'au moins 130 ans, puis à gauche pour passer devant le rucher.

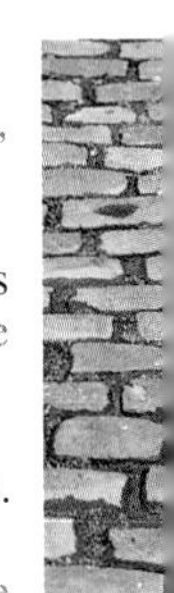

Vingt ruches abritent un million d'abeilles qui profitent au mieux du verger voisin, assurant en retour une bonne pollinisation des fleurs (ici cours publics d'apiculture).

Poursuivre à gauche, parallèlement à la rue Guynemer, par les allées sinueuses des bosquets du jardin à l'anglaise, où l'on remarque au passage une réplique de la statue de la Liberté de New York.

16 En arrivant sur une large allée transversale, tourner à droite pour longer l'orangerie.

Elle jouxte le musée du Luxembourg, accessible au 19 rue de Vaugirard. Derrière le monument à Eugène Delacroix, se devine le jardin privé du Petit Luxembourg, avant 1612 hôtel du duc François de Luxembourg et actuellement résidence du président du Sénat. L'allée aux grands platanes contourne ensuite l'avancée du palais du Luxembourg ; dans l'axe de celui-ci s'amorce une perspective de 1 400 m qui court, au-delà de la grille sud du jardin, par la large avenue de l'Observatoire jusqu'au palais de l'Observatoire (astronomique) de Paris. L'orientation de ce dernier, strictement Nord-Sud, n'est pas le fait du hasard, puisque ce palais fut précisément axé sur le méridien de Paris de l'époque. Le méridien déterminé plus tard par le savant Arago, demeuré méridien officiel de Paris, frôle l'angle Sud-Ouest du palais du Luxembourg ; un petit médaillon discret, scellé dans le trottoir avant la fin de la courbe de la clôture marque son passage (c'est l'un des 135 disséminés du Nord au Sud de Paris).

L'Observatoire, voulu par Colbert et Louis XIV, fut construit (sans fer ni bois) en 1672.

17 Après le palais et l'angle suivant, quitter l'allée pour longer, à droite, le bassin de la fontaine Médicis.

La pelouse voisine est ornée d'un «arbre de la Liberté» (planté en 1989), d'espèce peu répandue : c'est un chêne des marais. Vue sur le théâtre de l'Odéon.

Le bassin de la fontaine Médicis est bordé de platanes géants plantés vers 1840. La fontaine même, édifiée en 1620 par Salomon de Brosse, a vu adosser à son revers le bas-relief qui, avant 1864, agrémentait la fontaine de la rue du Regard (thème : Léda, et Jupiter métamorphosé en cygne).

Longer vers la droite la grille de clôture, le long de la rue de Médicis, jusqu'à une petite sortie (au niveau d'un faune dansant de belle facture, récemment restauré) donnant sur la **place Edmond-Rostand.**

- **RER Luxembourg** (ligne B).
- **Bus 21, 27, 38, 82, 84, 85, 89.**

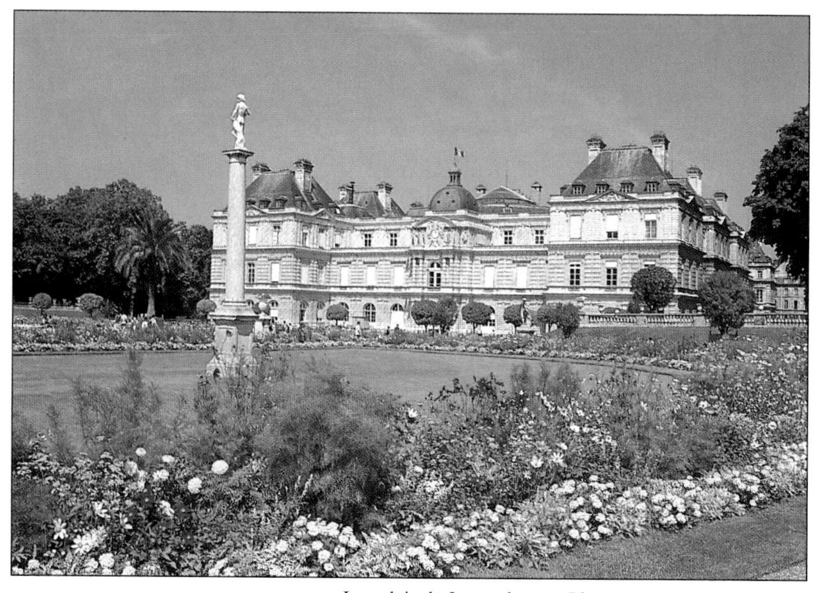

Le palais du Luxembourg. *Photo Anne-Marie Minvielle.*

Le palais et le jardin du Luxembourg

Le jardin du Luxembourg est le plus central des grands espaces verts de la rive gauche : 21 hectares ouverts au public. Inséparable du palais du Luxembourg, où siège le Sénat, il est le fruit d'une gestation compliquée. Au moment de son ouverture au public, peu après 1780, il connaît un succès immédiat en raison de son charme, du calme et de l'air lénifiant des lieux. Depuis, il a été et demeure apprécié par des générations d'étudiants du Quartier latin, qui l'entoure.

Le faubourg lutécien de Lucotitius serait à l'origine de notre diminutif familier «le Luco». L'histoire n'a retenu du mystérieux château de Vauvert (du 10e siècle) qu'une ruine perdue dans un lieu isolé, objet de légendes inquiétantes entretenues par les brigands qui y avaient élu domicile ; il en subsiste l'expression «aller au diable Vauvert». Mais, en 1257, les Chartreux de saint Bruno s'établirent en ces lieux et se consacrèrent à développer la culture des fruits et légumes.

En 1564 fut construit un hôtel qui fut vendu à François de Luxembourg : il existe encore, sous le nom de «petit Luxembourg». La reine Marie de Médicis l'acquit en 1612, mais voulut mieux et fit édifier en 1615, par Salomon de Brosse, le palais actuel, dans le style florentin qui lui était cher. Elle agrandit également le domaine.

Enfin, sous la Révolution furent incorporés les terrains des Chartreux chassés de là, et en 1841 fut réalisé un agrandissement du palais côté jardin.

L'entrée Assas du jardin donne sur un long parterre avec roseraie et jardin fruitier : c'est un vestige bien diminué des anciennes pépinières ; on y trouvait aux 17e-18e siècles toutes les variétés connues d'arbres fruitiers, et aujourd'hui encore deux cents variétés de pommes et de poires y sont présentes.

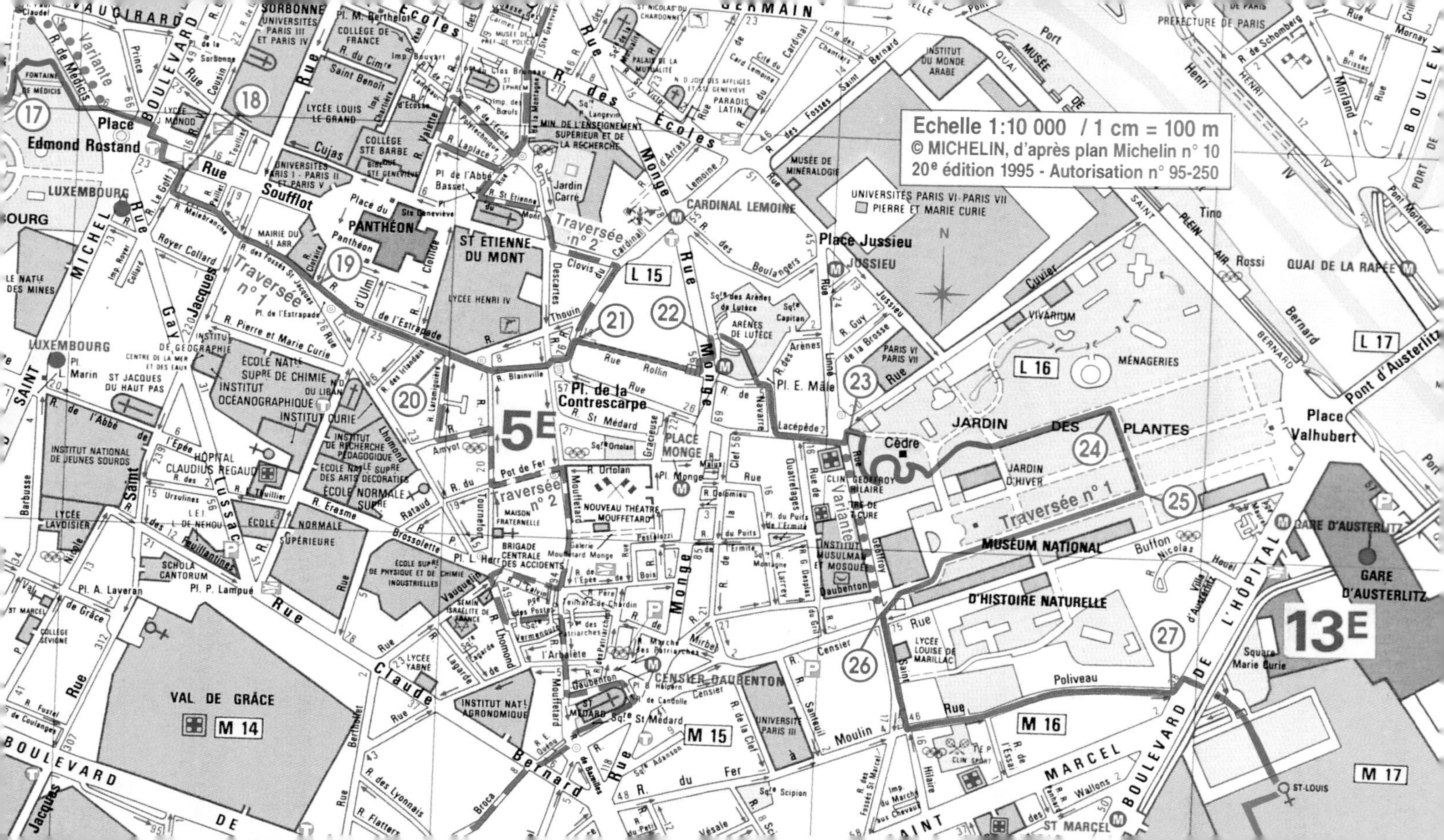

Echelle 1:10 000 / 1 cm = 100 m
© MICHELIN, d'après plan Michelin n° 10
20e édition 1995 - Autorisation n° 95-250
5E
13E
L 15
L 16
L 17
M 14
M 15
M 16
M 17
17
18
19
20
21
22
23
24
25
26
27
Traversée n° 1
Traversée n° 2
Variante
Place Edmond Rostand
LUXEMBOURG
BOULEVARD SAINT MICHEL
Rue Soufflot
PANTHÉON
Place du Panthéon
ST ETIENNE DU MONT
LYCÉE HENRI IV
LYCÉE LOUIS LE GRAND
COLLÈGE DE FRANCE
COLLÈGE STE BARBE
SORBONNE
UNIVERSITÉS PARIS III ET PARIS IV
UNIVERSITÉS PARIS I - PARIS II ET PARIS V
MAIRIE DU 5E ARR.
Rue des Écoles
Rue Monge
CARDINAL LEMOINE
Place Jussieu
JUSSIEU
UNIVERSITÉS PARIS VI-PARIS VII PIERRE ET MARIE CURIE
MUSÉE DE MINÉRALOGIE
INSTITUT DU MONDE ARABE
QUAI DE LA RAPÉE
PRÉFECTURE DE PARIS
Pont d'Austerlitz
Place Valhubert
JARDIN DES PLANTES
MÉNAGERIES
VIVARIUM
JARDIN D'HIVER
Cèdre
MUSÉUM NATIONAL D'HISTOIRE NATURELLE
GARE D'AUSTERLITZ
BOULEVARD DE L'HÔPITAL
BOULEVARD SAINT MARCEL
Rue Poliveau
Rue Geoffroy Saint Hilaire
INSTITUT MUSULMAN ET MOSQUÉE
ARÈNES DE LUTÈCE
PI. de la Contrescarpe
PLACE MONGE
Rue Mouffetard
NOUVEAU THÉATRE MOUFFETARD
Rue Rollin
Rue Lacépède
Rue Censier
CENSIER DAUBENTON
ST MÉDARD
UNIVERSITÉ PARIS III
INSTITUT NATL AGRONOMIQUE
Rue Claude Bernard
ÉCOLE NORMALE SUPÉRIEURE
ÉCOLE NATLE SUPRE DE CHIMIE
INSTITUT OCÉANOGRAPHIQUE
INSTITUT CURIE
INSTITUT DE GÉOGRAPHIE
HÔPITAL CLAUDIUS REGAUD
Rue Gay Lussac
Rue Saint Jacques
ST JACQUES DU HAUT PAS
INSTITUT NATIONAL DE JEUNES SOURDS
LYCÉE LAVOISIER
SCHOLA CANTORUM
VAL DE GRÂCE
Boulevard de Port Royal
ÉCOLE SUPRE DE PHYSIQUE ET DE CHIMIE INDUSTRIELLES
LYCÉE LOUISE DE MARILLAC
Square Marie Curie

6. Du RER Luxembourg à la gare d'Austerlitz 3,4 km

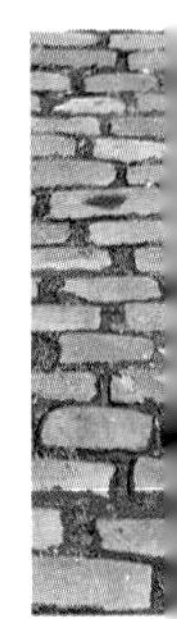

Traverser la rue de Médicis, puis le boulevard Saint-Michel, le célèbre «Boul'Mich'» des étudiants.

On quitte maintenant le **6e** pour entrer dans le **5e arrondissement** (quartier de la Sorbonne), en demeurant plus que jamais dans le Quartier latin.

Emprunter sur quelques mètres la **rue Soufflot** en direction du **Panthéon**.

(18) Prendre à droite la **rue Le Goff** (ex-rue Sainte-Catherine-d'Enfer - Enfer provenant de «via inferior») et la quitter à gauche pour la **rue Malebranche** (ex-rue Saint-Thomas-d'Enfer ou des Fossés-Saint-Michel) aux belles façades sur son côté droit.

Couper la rue Saint-Jacques.

C'est le plus ancien cheminement Nord-Sud gallo-romain traversant Paris, c'est-à-dire allant de Lutèce à Gennabum (Orléans). Vue à gauche sur la tour d'observatoire de la Sorbonne. Noms de rues gravés dans la pierre.

Continuer par la **rue des Fossés-Saint-Jacques**. Cette enfilade longeait le fossé extérieur de l'enceinte de Philippe Auguste/Charles V (12e et 14e siècles). Au n°4, façade du 18e.
De la rue Clotaire, vue sur la proche façade du Panthéon.

(19) Arriver sur la **place de l'Estrapade** (ex-carrefour de Braque et ex-place de Fourcy, nom gravé), qui vient d'être réaménagée avec création d'une fontaine. Poursuivre à gauche par la **rue de l'Estrapade** (ex-des Fossés-Saint-Marcel). Au 17e siècle, les soldats déserteurs subissaient ici le supplice de l'estrapade : lâché d'une haute potence, le corps était retenu par une corde juste avant le sol, et à chaque fois se disloquait un peu plus. Ici fut créé au 18e siècle le «bureau central des Falots» pour faire raccompagner chez eux les habitants sortis nuitamment.

Couper la rue d'Ulm. Peu après se découvre, à l'angle de la rue Clotilde, le lycée Henri IV qui occupe presque tout l'îlot, et entre autres de nombreux vestiges de l'abbaye Sainte-Geneviève. On peut d'ailleurs apercevoir, en raccourci rue Clotilde, les contreforts qui marquent l'ancien réfectoire ; de même, par-delà les bâtiments, le sommet de la tour dite de Clovis du 15e siècle (base du 11e siècle). Aux n°5-7 et 11, maisons du 18e siècle. Le n°9 montre une belle enseigne de 1914 («brûlerie Saint-Jacques») ainsi qu'une cour en contre-bas (puits à ferronnerie) témoin de l'ancien niveau de la rue.

(20) Dépasser la rue Laromiguière.

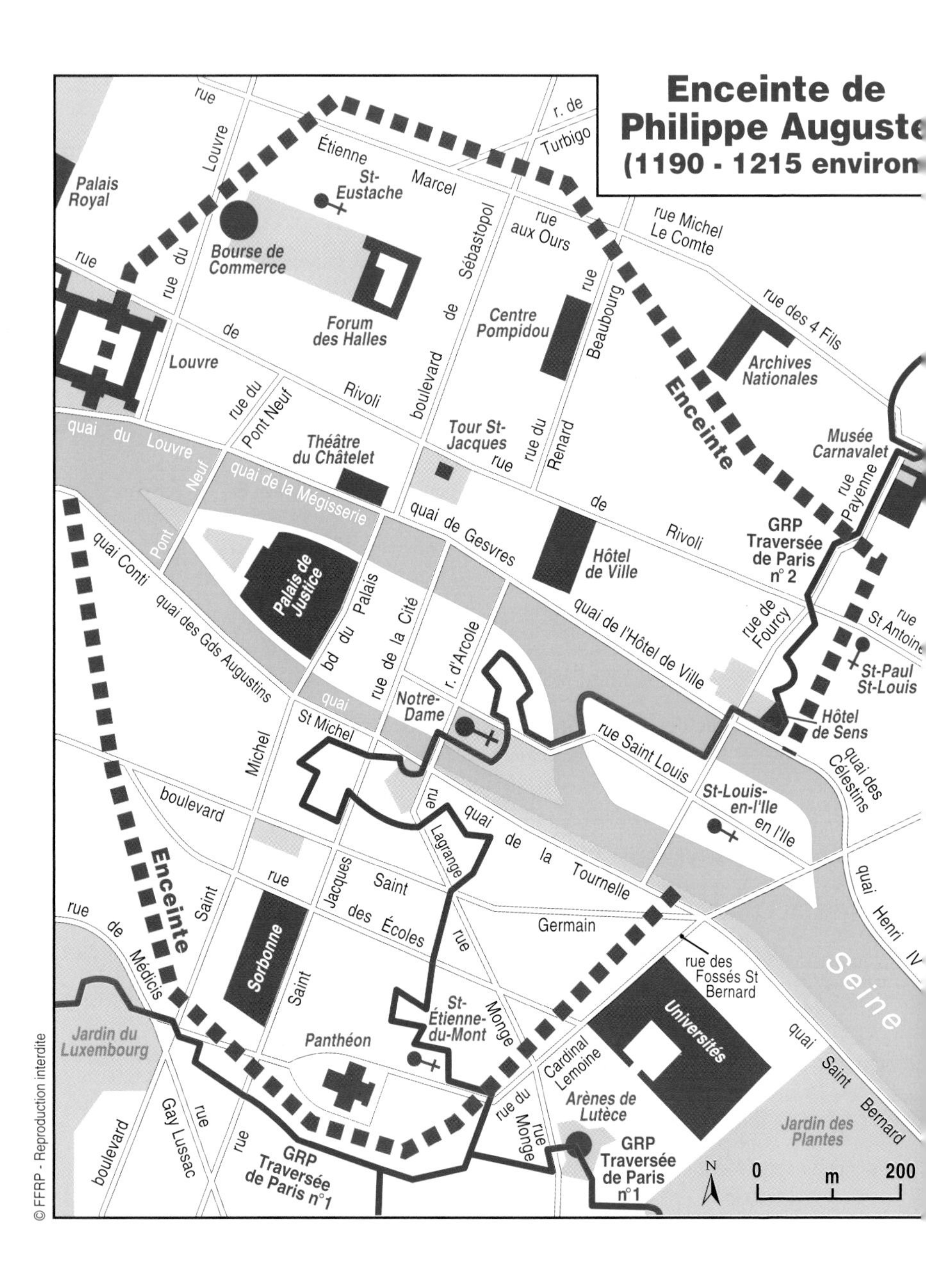
Enceinte de
Philippe Auguste
(1190 - 1215 environ
Palais Royal
Bourse de Commerce
St-Eustache
Forum des Halles
Centre Pompidou
Archives Nationales
Louvre
Théâtre du Châtelet
Tour St-Jacques
Hôtel de Ville
Musée Carnavalet
Palais de Justice
Notre-Dame
St-Paul St-Louis
Hôtel de Sens
St-Louis-en-l'Ile
Sorbonne
Panthéon
St-Étienne-du-Mont
Universités
Arènes de Lutèce
Jardin du Luxembourg
Jardin des Plantes
Seine
Enceinte
GRP Traversée de Paris n° 2
GRP Traversée de Paris n°1
0 m 200
© FFRP - Reproduction interdite

Les enceintes de Philippe-Auguste et de Charles V

La première enceinte fortifiée qui ceintura Paris après le mur gallo-romain de la Cité fut édifiée par le roi Philippe-Auguste, soucieux de donner une protection à la capitale avant de partir pour la troisième croisade. Commencée sur la rive droite en 1190, et après 1200 sur la rive gauche, elle fut terminée en 1213. Elle ne fut par la suite, lorsque d'autres enceintes plus reculées se révélèrent nécessaires, jamais mise en démolition systématique ; il en subsiste de nos jours nombre de vestiges sur les deux rives, certains visibles de la voie publique.
En 1356, le prévôt des marchands Etienne Marcel (le roi étant alors prisonnier) entreprit de restaurer la muraille de Philippe-Auguste, puis de construire une nouvelle enceinte sur la rive droite, plus éloignée et doublée d'un profond fossé. Commencée sous Charles V, elle fut terminée en 1383.
Sur la rive gauche, la ville ne s'étant pas étendue, il se borna à adjoindre un fossé extérieur à la muraille existante : les deux enceintes dites de Philippe-Auguste et de Charles V sont de ce côté confondues, et il n'y eut plus rive gauche de muraille fortifiée nouvelle jusqu'à celle que Thiers fit construire en 1841 (limite définitive de Paris).

Le Panthéon

Le Panthéon se dresse, majestueux, sur le sommet de la montagne Sainte-Geneviève (altitude 61 m, point culminant de la rive gauche du Paris ancien). Cet édifice, commencé en 1764, devait être, dans l'esprit de Louis XIV, la nouvelle église Sainte-Geneviève destinée à remplacer l'église abbatiale proche, en mauvais état. Cette destination fut bien, par deux fois, une réalité - éphémère - de 1806 à 1831 et de 1852 à 1885 ; mais le monument, dès son achèvement vers 1791 et en tout cas depuis 1886, devint le temple réservé aux grands hommes voulu par la Constituante, et qu'il est demeuré définitivement. L'édifice, œuvre de Soufflot, mesure 110 m sur 84 m et se dresse à 83 m de hauteur.

Le dôme du Panthéon. *Photo Anne-Marie Minvielle.*

Le square Capitan, derrière les arènes de Lutèce. *Photo Patrice Hémond.*

Les arènes de Lutèce

Comparable aux arènes de Nîmes et d'Arles, cet édifice romain de la fin du 2e siècle (vers l'an 200, peu avant les thermes de Cluny), était plutôt à double usage en tant qu'amphithéâtre à scène (l'un des plus grands connus) : jeux du cirque et spectacles - mais il est complètement dégagé. Sa capacité était de quinze mille spectateurs. C'est le percement de la rue Monge en 1869, et en creusant jusqu'à douze mètres, qui en a mis au jour les vestiges, jusqu'alors ignorés. En 1883-1885 fut dégagée la partie Sud -. Quelques arbres intéressants, signalés par plaquettes, garnissent notamment les bosquets du jardin Sud, côté sortie.

La Contrescarpe

C'est un carrefour très ancien (contrescarpe : remblai jouxtant le fossé d'une enceinte), où l'enseigne de la Pomme-de-Pin gravée sur le façade du n°1 évoque le cabaret que fréquentaient les poètes de la Pléiade. Cet emplacement, de tous temps animé, marquait, juste après la sortie de l'enceinte de Philippe-Auguste par la Porte Bordelles (ou Saint-Marcel), le début du bourg Saint-Médard. La pittoresque et quasi-médiévale rue Mouffetard qui passe ici, ancienne voie romaine, était la route de Lutèce à Lugdunum (Lyon) et vers l'Italie. Voir au n°6 de la rue Mouffetard, la curieuse enseigne double d'une boucherie du 18e siècle. Un récent réaménagement de la place lui a apporté une fontaine.

▶ Les itinéraires n°1 et 2, à partir d'ici, sont communs sur 250 m.

La rue Laromiguière empruntée par l'itinéraire n°2 Nord-Sud (voir p. 125), et quelques autres rues alentour témoignent particulièrement, par certaines maisons et certains jardins, du Paris campagnard des siècles passés.

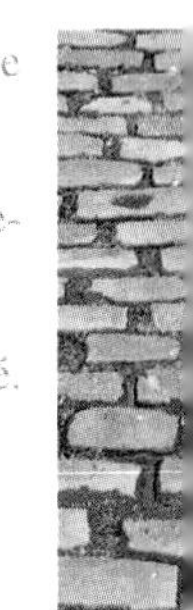

Arriver sur une placette triangulaire (vue d'ensemble sur fond de verdure vers le Panthéon, le clocheton de Saint-Etienne-du-Mont et la tour de Clovis).

C'est ici que se trouve aujourd'hui le sommet précis de la «montagne» Sainte-Geneviève.

Continuer par la **rue Blainville,** ex-de la Contrescarpe-Sainte-Geneviève ; nom gravé. Au n°9 : maison du 18e siècle.

On débouche sur la **place de la Contrescarpe.**

Au fond de la place, prendre à gauche la **rue du Cardinal-Lemoine** *(par laquelle se poursuit l'itinéraire n°2* - ex-rue des Fossés-Saint-Victor : par là redescendait vers la Seine l'enceinte fortifiée*).*

(21) Emprunter à droite la **rue Rollin** (ex-rue des Morfondus).

Rue au charme indéniable. Se retourner afin d'apprécier l'aspect curieux, de ce côté, de la maison du 23. Au 14, belle porte, maison habitée par trois fois par Descartes. Au n°7, maison début 17e, au n°4 maison de 1623. Cette rue est calme car, se terminant en surplomb, elle est en impasse : au lieu de l'escalier qui la continue se trouvait autrefois un abrupt sentier de chèvres.

Prendre la **rue Monge** à gauche et la traverser pour aller au numéro 49.

▶ **Métro Monge** (ligne 7) *à 150 m à droite (place Monge).*
▶ **Bus 47.**

▶ **Métro Cardinal-Lemoine** (ligne 10) *à 150 m à gauche.*

(22) Un passage sous l'immeuble du 49 donne accès aux **Arènes de Lutèce.**

▶ *En cas de fermeture, revenir prendre la rue de Navarre.*
▶ *Toilettes («chalet de nécessité») dans l'impasse à gauche après l'entrée.*

Continuer par le passage encaissé à droite pour accéder aux bosquets. A la sortie des arènes, déboucher sur la **rue de Navarre** (ruelle Montauban au 16e siècle), qui mène **rue Lacépède.**

Ex-rue Copeau ou Coupeau, nom d'un moulin sur la Bièvre. Devant nous, au n°7, hôtel «Pourfour du Petit» de 1761, qui communiquait par souterrain avec la prison Sainte-Pélagie.

Tourner à gauche pour déboucher sur la rue Geoffroy-Saint-Hilaire.

▶ **Bus 67, 89.**

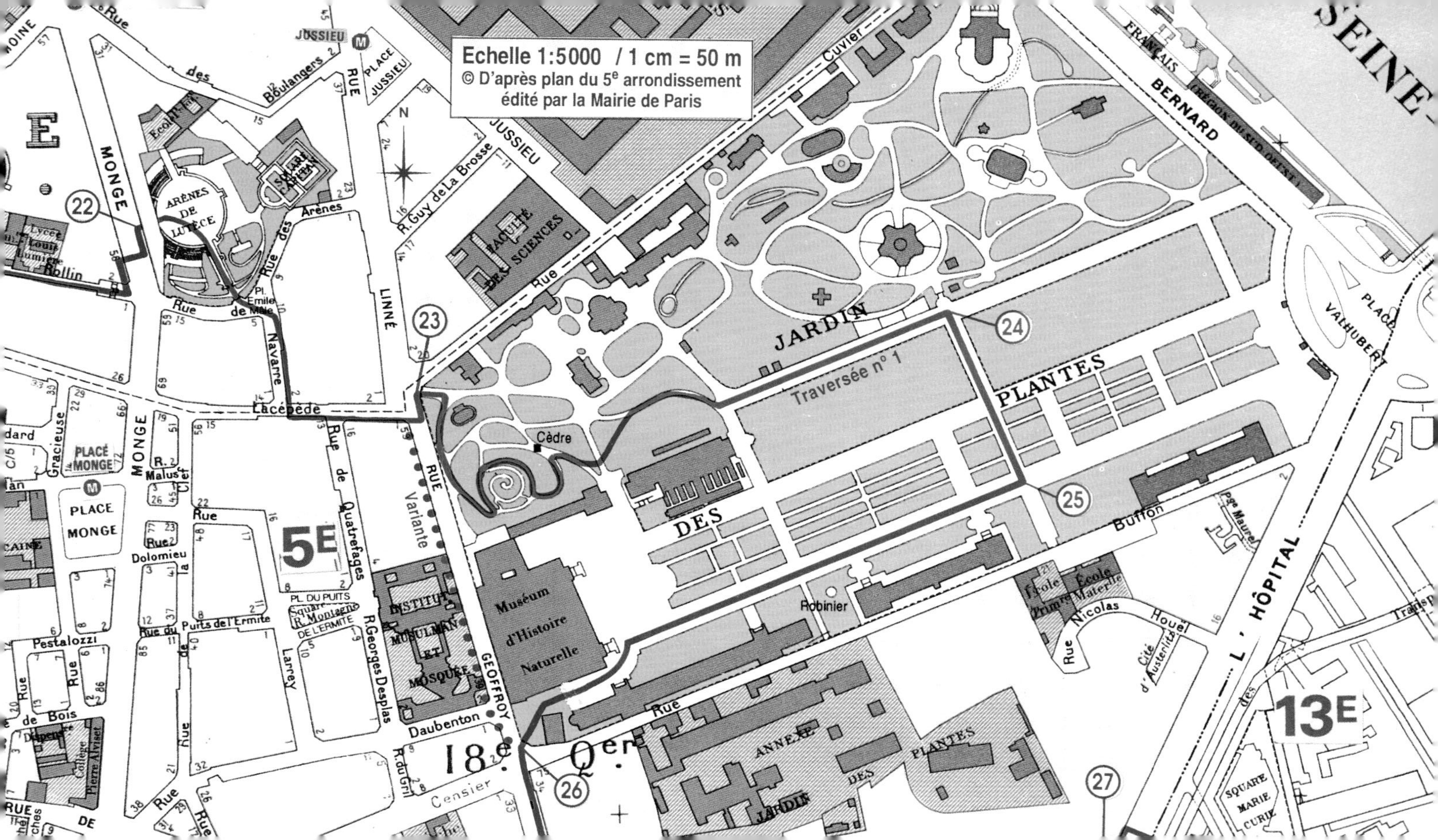

Echelle 1:5000 / 1 cm = 50 m
© D'après plan du 5e arrondissement édité par la Mairie de Paris
SEINE
PLACE VALHUBERT
BERNARD
L'HÔPITAL
13E
SQUARE MARIE CURIE
Pge Maurel
Buffon
Cité d'Austerlitz
Rue Nicolas Houel
École Primaire
École Maternelle
JARDIN DES PLANTES
Traversée n° 1
Robinier
Muséum d'Histoire Naturelle
Cèdre
ANNEXE DES JARDIN DES PLANTES
Rue Cuvier
JUSSIEU
FACULTÉ DES SCIENCES
GEOFFROY
RUE
Variante
INSTITUT MUSULMAN ET MOSQUÉE
Daubenton
Censier
R. du Gril
R. Georges Desplas
Rue de Quatrefages
PL. DU PUITS DE L'ERMITE
Square R. Montagne
LINNÉ
Lacépède
Rue des Arènes
Pl. Emile Mâle
Rue de Navarre
ARÈNES DE LUTÈCE
SQUARE CAPITAN
MONGE
PLACE MONGE
5E
18e Qer.
Larrey
Dolomieu
Rue du Puits de l'Ermite
Pestalozzi
Rue de Bois
Gracieuse
Rollin
Lycée Louis Lumière
Collège Pierre Alviset
R. Guy de La Brosse
PLACE JUSSIEU
Rue des Boulangers
22
23
24
25
26
27

En face : entrée du jardin des Plantes ; à droite : fontaine Wallace plaquée au mur (modèle peu répandu) ; à gauche la fontaine Cuvier (1840).

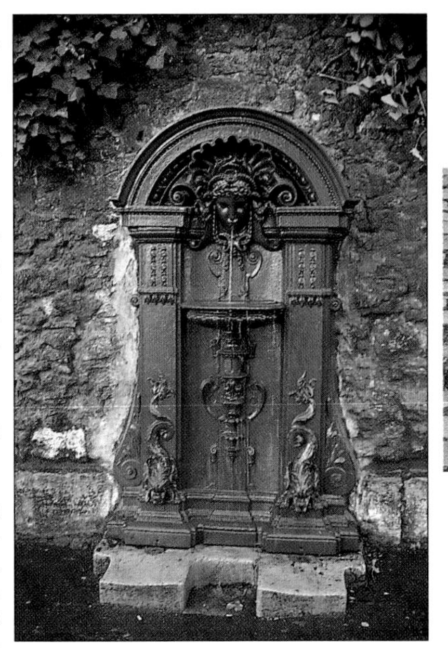

Fontaine Wallace de la rue Geoffroy-Saint-Hilaire. *Photo Patrice Hémond.*

(23) On entre au **Jardin des Plantes** par l'allée Chevreul.

Le jardin est ouvert en fonction du lever et du coucher du soleil, de 7h30 le matin à 17h30 en plein hiver ; jusqu'à 20h en plein été. Les galeries sont ouvertes de 10h à 17h en hiver et de 11h à 18h le week-end, d'avril à septembre.

▶ En cas de fermeture, suivre à droite la rue Geoffroy-Saint-Hilaire.

L'allée Chevreul mène à l'hôtel de Magny (à gauche duquel se trouve la sortie «poste des Gardes» sur la rue Cuvier). Mais il faut prendre l'allée tout de suite à droite après le chêne à gros fruits du Texas de 1881 (donc avant la fontaine aux Lions de 1857, suivie du très grand platane «à feuilles d'érable» planté par Buffon en 1785). Gravir aussitôt un tertre qui se nomme traditionnellement le «grand labyrinthe».

C'était en 1303 la butte Coypeau, simple entassement de détritus et gravois, qui fut aménagé et planté après son inclusion dans le Jardin des Plantes ; son sol particulier, assez sec, convient très bien aux essences méditerranéennes : nombreux y sont, entre autres, les ifs, micocouliers et chênes-verts.

Emprunter la rampe qui se détache à gauche pour contourner le tertre.
On aperçoit au sommet la «gloriette» de Buffon de 1787, un des plus anciens édifices en fer du monde, car il précède de 60 ans les œuvres de Victor Baltard. Sa structure provient des forges de Montbard qui appartenaient au savant.

Tourner à gauche dans l'allée circulaire à mi-hauteur, pour un demi-tour jusqu'au grand chêne «à feuilles de châtaignier» du Caucase (à droite démarre la spirale qui, en un tour et quart, monte à la gloriette). On domine le respectable cèdre du Liban, de 20 mètres de haut, que planta Bernard de Jussieu en 1734, puis on passe devant la tombe de Daubenton, collaborateur de Buffon et «garde du cabinet royal du Jardin des Plantes» (né en 1716 et mort avec le siècle comme l'indique la colonne : le 31 décembre 1799).

Descendre aussitôt l'allée cimentée à gauche et tourner à droite devant un cèdre, puis à gauche (contournant une pelouse où se remarque un beau *ginkgo biloba* «arbre aux quarante écus»). Poursuivre sur le flanc d'une seconde butte plus modeste, dite *«petit labyrinthe»*, à l'aspect actuellement un peu sauvage.

Le Jardin des Plantes

Ce grand domaine de 28 hectares appartient au Muséum National d'Histoire Naturelle, qui y a son siège et une partie de ses locaux. C'est une institution très spécialisée dans les domaines de la botanique, de la minéralogie, du monde animal et autres sciences de la nature, qui anime vingt-sept chaires d'enseignement et dirige des laboratoires de recherche de pointe.

Y sont employées 1 500 personnes, du scientifique au jardinier.

L'origine du Jardin des Plantes se situe sous Louis XIII : le médecin du roi Guy de la Brosse convainquit ce dernier de créer (à l'image du jardin botanique de Montpellier) un «jardin royal des plantes médicinales», ce qui fut réalisé en 1635. Buffon en fut l'intendant de 1739 à 1788, et les plus grands noms de la science lui succédèrent, ou y enseignèrent.

Grande serre du Jardin des Plantes. *Photo Christophe Marcouly.*

De même nature que la première, elle date de 1535. Un réaménagement prévu des buttes Coypeau aboutira à un ensemble plus homogène de 15 000 m². Déjà, à l'époque, Guy de la Brosse avait demandé à conserver intacte cette «montagnette» propre à protéger des vents les plantes «aimant la chaleur», par ailleurs exposées au midi.

On aperçoit successivement l'hôtel de Magny, de 1650 (bâtiment de l'administration), le grand amphithéâtre et, en retrait, la maison de Cuvier - le tout dominé par la tour centrale de la moderne université de Paris-Jussieu.
L'allée arrive en vue de la grande serre («jardin d'hiver» ou «serre tropicale») à l'esthétique surprenante.

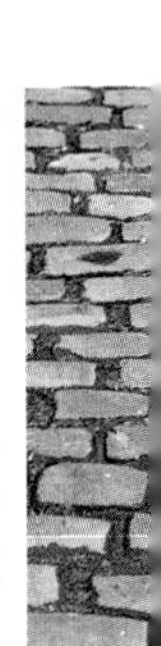

Cependant, il faut prendre sur la gauche l'allée Cuvier entre deux marronniers d'Inde, pour longer l'intéressant jardin alpin *(ouvert, sauf les week-ends, d'avril à septembre)*, au centre duquel trône un grand *métaséquoia* (espèce connue comme fossile jusqu'à la découverte en 1941 de sujets vivants en Chine). Le parterre de droite, voué à l'école de botanique, contient un très grand pin Laricio de Corse - bien qu'étêté - planté par Jussieu en 1784. Au jardin alpin succède le grand enclos de la ménagerie, dont on longe la fosse aux ours qui en précède l'entrée *(à ce niveau, W-C publics)*.

(24) Abandonner l'allée Cuvier pour prendre à droite l'allée de Jussieu, coupant ainsi le grand parterre du Jardin des Plantes ; on passe devant l'entrée de l'école de botanique *(fermée en week-end)*, d'où un souterrain conduit au jardin alpin.

On se trouve ici à égale distance du pont d'Austerlitz et de la Grande Galerie (naguère «de zoologie»). Cette grande halle de 30 m de haut à structure métallique fut construite en 1889 ; c'était alors une œuvre audacieuse de par le matériau, d'emploi nouveau, et sa grande verrière. Mais le mauvais état de cette dernière obligea à une fermeture de l'édifice qui dura de 1965 à 1994. Entièrement restructurée et modernisée depuis peu par les architectes Paul Chemetov et Borja Huidobro, elle est désormais consacrée à illustrer la théorie de l'Evolution des espèces. La scénographie de cet immense espace laisse rêveur devant les oiseaux naturalisés surgissant de l'obscurité ou le cortège des mammifères étonnament éclairés.

(25) En arrivant devant deux grands noyers d'Amérique, revenir vers la galerie en prenant à droite l'allée Buffon qui longe le bâtiment de Cryptogamie et Phanérogamie.
Le petit square qui termine ce dernier contient comme un gros champignon vert sombre : un dôme de lierre épais dissimule le plus vieil arbre de Paris, vestige, mort à ce jour - sauf ses rejets de souche - du robinier pseudo-acacia planté vers 1635 par le botaniste Jean Robin lui-même (et frère de celui de Saint-Julien-le-Pauvre, de 1601).

Passer devant le bâtiment de Minéralogie (collections royales et expositions temporaires).
Devant la première entrée (Botanique-Géologie), est exposé sur la pelouse un fossile de trente-trois millions d'années, grosse souche pétrifiée d'un genre de cyprès chauve, découverte en 1985 dans l'Essonne. On peut ensuite continuer par l'allée centrale de la roseraie. Avant la deuxième entrée : beau sophora du Japon planté en 1747 par Jussieu (c'était le premier introduit en France).

Déboucher dans la cour de la maison de Buffon *(actuelle librairie de vente au public)*, maison habitée par ce dernier de 1772 jusqu'à sa mort en 1788. Un puits ancien est encastré dans le mur qui suit.

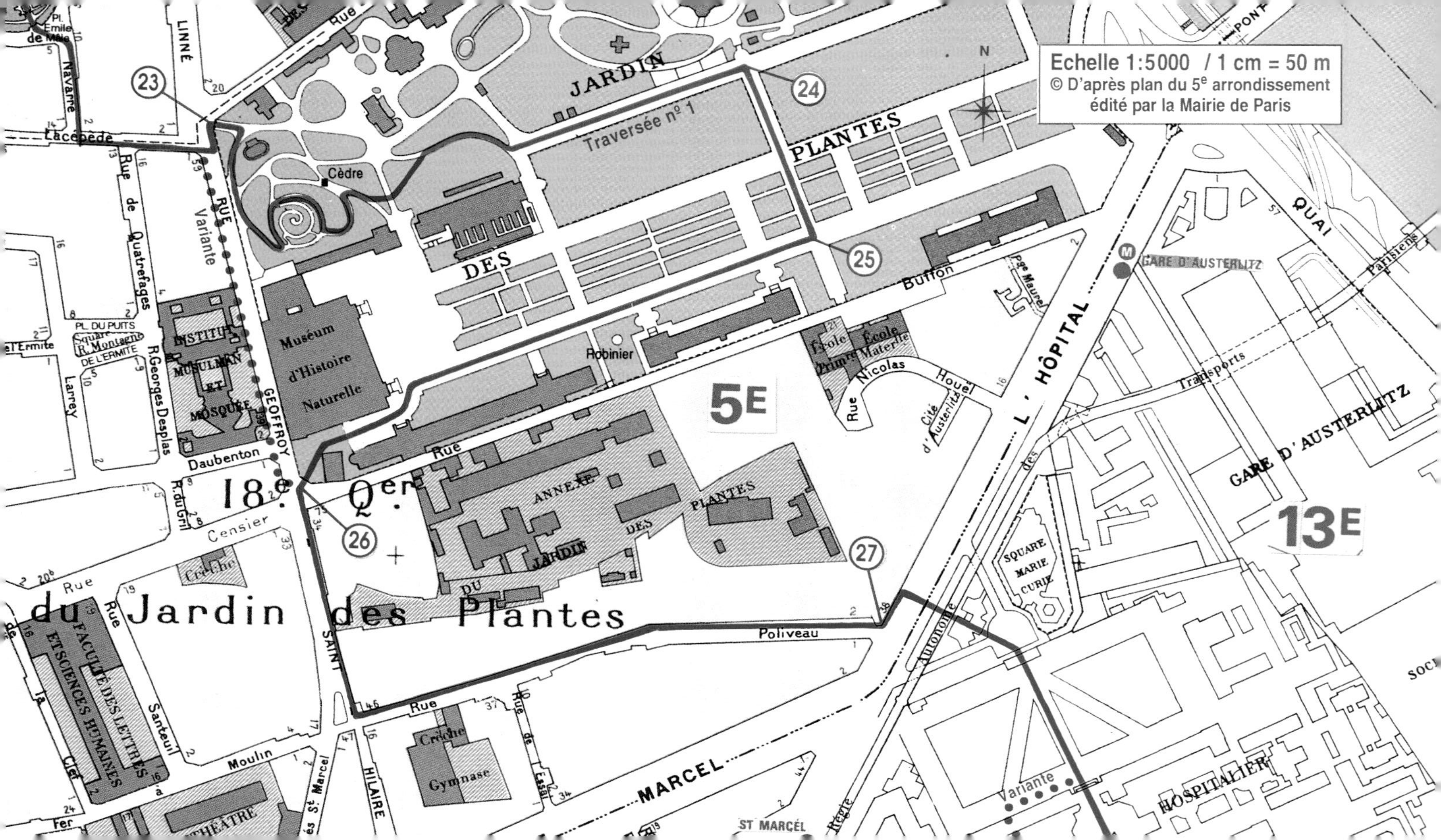

Echelle 1:5000 / 1 cm = 50 m
© D'après plan du 5e arrondissement
édité par la Mairie de Paris
N
JARDIN DES PLANTES
Traversée n° 1
Cèdre
Muséum d'Histoire Naturelle
Robinier
Rue Buffon
Pge Maurel
École Primaire
École Maternelle
Rue Nicolas Houel
Cité d'Austerlitz
5E
13E
18e Qer
ANNEXE DU JARDIN DES PLANTES
Rue du Jardin des Plantes
Rue Poliveau
Rue Geoffroy Saint Hilaire
Rue Daubenton
Censier
R. du Gril
INSTITUT MUSULMAN ET MOSQUÉE
Variante
Rue Linné
Lacépède
Navarre
Pl. Emile de Mâle
Rue de Quatrefages
R. Georges Desplas
PL. DU PUITS DE L'ERMITE
Square R. Montagne
Larrey
Crèche
Gymnase
Rue de Essai
MARCEL
ST MARCEL
Rue Santeuil
Moulin
Clef
Fer
FACULTÉ DES LETTRES ET SCIENCES HUMAINES
THÉATRE
L'HÔPITAL
GARE D'AUSTERLITZ
QUAI
PONT
Parisiens
Transports
Autonome
Régie
SQUARE MARIE CURIE
HOSPITALIER
23
24
25
26
27

(26) La sortie du Jardin des Plantes se fait sur le carrefour des rues Censier, Buffon *(W-C publics)* et Geoffroy-Saint-Hilaire.

A droite, vue sur l'ensemble qui regroupe, sous l'appellation d'Institut musulman : la Grande Mosquée de Paris et son minaret de 33 m, l'Institut d'enseignement arabo-islamique et des activités commerciales (hammam, café maure, restaurant, boutiques d'art musulman). Le tout a été construit, dans le style hispano-mauresque, entre 1922 et 1926.

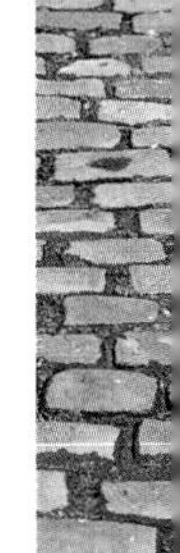

Prendre à gauche la **rue Geoffroy-Saint-Hilaire** (ex-rue du Marché-aux-Chevaux et rue du Faubourg-Saint-Victor) qui, entre le 30 et le 32, franchit l'ancienne rivière de la Bièvre (devenue ici égout local). A proximité de ce lieu se trouvait avant 1803 la primitive butte Coupeau et son moulin de 1150.

Au-delà de la placette aux paulownias, on peut aussi aller voir (à 100 m, au n°5) un témoin intact de l'ancien marché aux chevaux ; c'est un pavillon de police datant de 1762.

Quitter sur la gauche la rue Geoffroy-Saint-Hilaire pour la **rue Poliveau**.

Rue Cendrée en 1243, puis des Carrières, enfin au 17e siècle Pont-Liveault, du nom d'un ponceau sur la Bièvre. Cette très ancienne rue conserve encore de vieilles maisons de type campagnard à cour pavée groupées en son début, aux numéros 43-45 ; au numéro 41, le restaurant «La traversée de Paris» rappelle le film de Claude Autant-Lara (1955) dont une séquence fut tournée dans cette rue. La rue de l'Essai (ex-rue Maquignonne) à droite débouche sur le secteur occupé autrefois par le marché aux chevaux ; ici les acheteurs essayaient leurs futures montures.

La dernière partie de la rue longe à gauche des installations annexes du Jardin des Plantes : ce dernier était ici traversé naguère par la Bièvre coulant à l'air libre, mais remplacée par la rue Nicolas Houël au tracé sinueux, sur sa partie terminale, depuis 1905 (voir texte et plan pp. 128-129).

La rue se termine sur le **boulevard de l'Hôpital** (repère (27)).

Cette voie, qui faisait partie des «boulevards du midi» décidés par Louis XIV, fut tracée dès 1704, mais bâtie de 1760 à 1768.

En traversant cette grande artère, qui relie la place d'Italie au pont d'Austerlitz, on abandonne le 5e arrondissement pour le **13e arrondissement** (quartier de la Salpêtrière).

▶ **Métro Gare-d'Austerlitz** (lignes 5 et 10), à 300 m à gauche (entrée de la gare).

▶ **RER Paris-Austerlitz** (ligne C),à 300 m à gauche (entrée de la gare).

▶ **Bus 57, 91**.

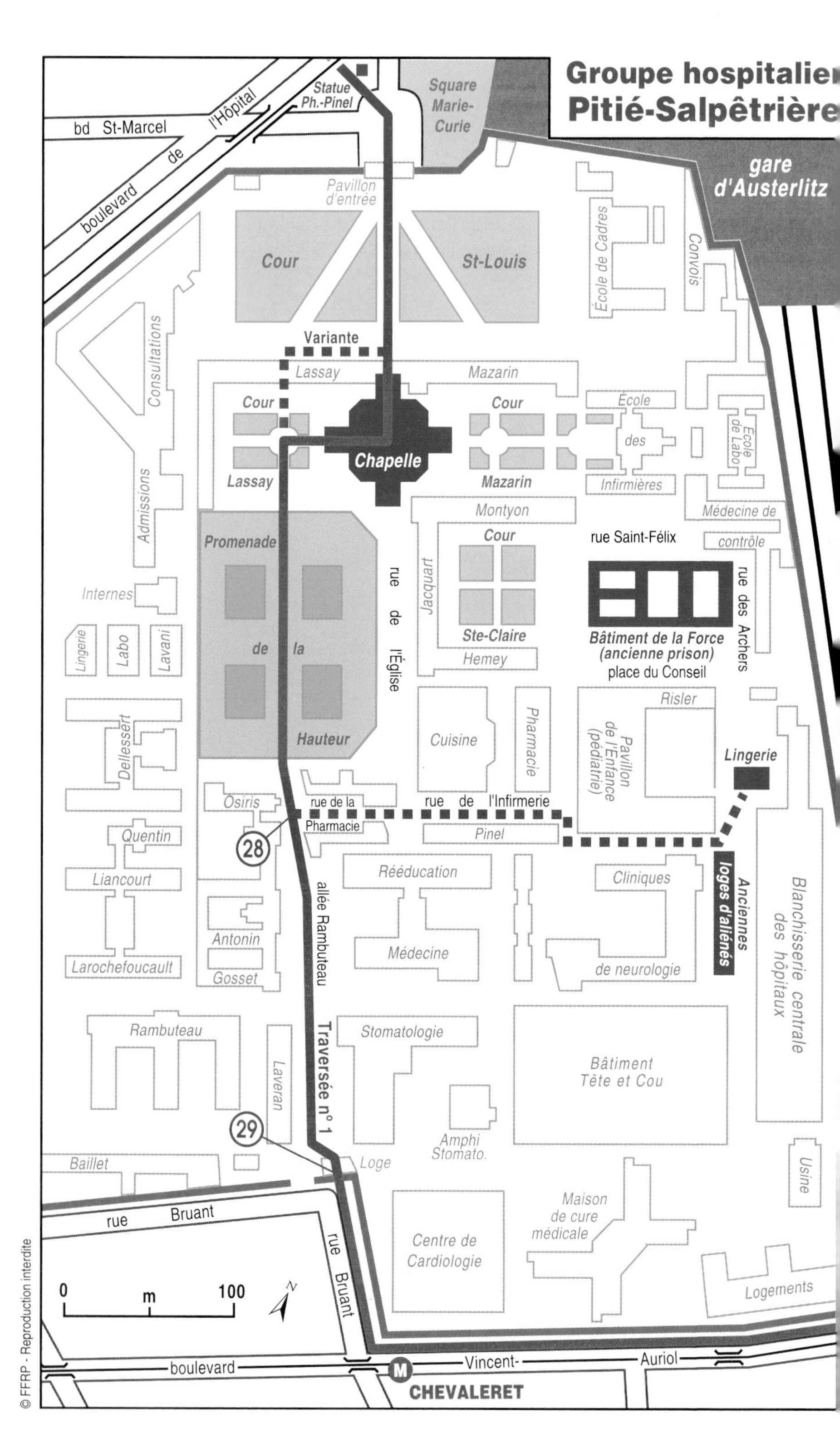

Groupe hospitalier Pitié-Salpêtrière
gare d'Austerlitz
Statue Ph.-Pinel
Square Marie-Curie
bd St-Marcel
boulevard de l'Hôpital
Pavillon d'entrée
Cour St-Louis
École de Cadres
Convois
Consultations
Variante
Lassay
Mazarin
Cour Lassay
Chapelle
Cour Mazarin
École des Infirmières
École de Labo
Médecine de contrôle
Admissions
Montyon
Cour Ste-Claire
rue Saint-Félix
Jacquart
rue de l'Église
rue des Archers
Bâtiment de la Force (ancienne prison)
place du Conseil
Hemey
Internes
Lingerie
Labo
Lavani
Promenade de la Hauteur
Delessert
Cuisine
Pharmacie
Risler
Pavillon de l'Enfance (pédiatrie)
Lingerie
Osiris
rue de la Pharmacie
rue de l'Infirmerie
Pinel
Quentin
28
Liancourt
Rééducation
Cliniques
Anciennes loges d'aliénés
Blanchisserie centrale des hôpitaux
allée Rambuteau
Antonin
Médecine
de neurologie
Larochefoucault
Gosset
Rambuteau
Laveran
Traversée n° 1
Stomatologie
Bâtiment Tête et Cou
29
Amphi Stomato.
Baillet
Loge
Usine
Maison de cure médicale
rue Bruant
Centre de Cardiologie
rue Bruant
Logements
0 m 100
N
boulevard Vincent-Auriol
M
CHEVALERET

7. De la gare d'Austerlitz à Bercy 2 km

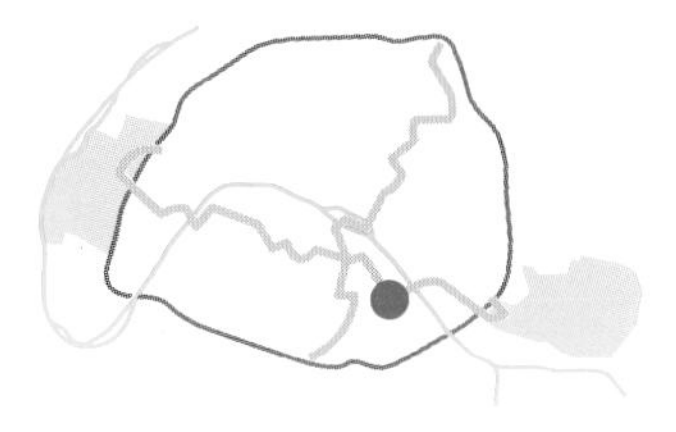

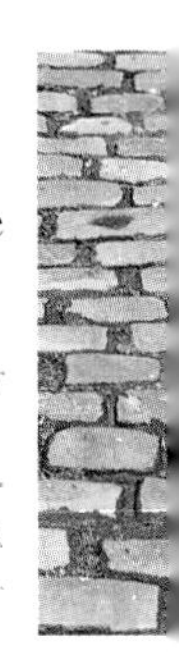

(27) Aller sur la gauche pour traverser le boulevard de l'Hôpital vers la statue de Philippe Pinel.

Il s'agit du premier médecin à avoir libéré de leurs chaînes les aliénés pour les traiter de manière humaine.
Derrière les grilles, commence l'immense domaine du **groupe hospitalier Pitié-Salpêtrière**, le plus vaste de Paris (au total environ 33 hectares), qui regroupe deux hôpitaux contigus en une seule unité incorporant notamment un Centre hospitalier universitaire (capacité 2 325 lits).

▶ Le bouleversement du secteur du quai d'Austerlitz qui va durer plusieurs années a conduit à adopter, pour la suite de l'itinéraire, un tracé qui traverse de part en part la Salpêtrière. Il faut savoir gré à l'administration de l'Assistance Publique, d'avoir bien voulu accorder l'autorisation de passage aux randonneurs.

▶ Le parcours décrit ci-après, soit 600 mètres en ligne droite dès la cour Lassay, n'est pas balisé.

Pénétrer par l'élégant pavillon d'entrée de 1767 *(ouvert en permanence)*, dans le beau jardin à la française (cour Saint-Louis), qui met en valeur l'imposante façade de 215 m. Ces bâtiments furent commencés en 1660 par Le Vau et achevés par Libéral Bruant (soit avant l'hôtel des Invalides, dont la façade révèle sa parenté avec celle de la Salpêtrière).
Le tout est dominé par le dôme octogonal de la **chapelle Saint-Louis**, à laquelle on accède directement par l'entrée centrale. Ce curieux édifice, de l'importance d'une église pouvant accueillir jusqu'à 4 000 fidèles, se compose de quatre nefs principales en croix grecque (70 m de longueur), complétées par quatre autres en bissectrices, disposition qui permettait de répartir, en les isolant, les différentes catégories de malades autour du maître-autel central. Sa construction dura de 1657 à 1677.

▶ La chapelle étant fermée après 18 h 30, le passage est possible sur la droite par le bâtiment Lassay.

Le porche d'entrée aboutit dans une première nef ; à droite, porte de la sacristie puis porte d'accès à la chapelle Saint-Vincent, isolée des autres nefs et du chœur et réservée au culte en permanence. Débouchant dans le chœur central en octogone régulier, sous la coupole, prendre à droite à angle droit vers la nef Lassay pour ressortir de l'édifice sur la cour Lassay, et de là se diriger à gauche vers un grand terre-plein planté d'arbres (promenade de la Hauteur). Derrière le haut mur qui le borde se trouvent les bâtiments de l'hôpital de la Pitié proprement dit, transféré ici en 1908 pour remplacer celui de 1612 situé rue Lacépède (et occupant l'emplacement actuel de la mosquée).

La Salpêtrière

Historiquement, c'est en 1636 que Louis XIII a fait transférer dans un nouveau Petit Arsenal créé hors de la ville la fabrication de la poudre à canon, trop dangereuse, assurée jusqu'alors dans celui qui jouxtait la Bastille. Mais vingt ans après, les lieux furent ré-affectés lorsque Louis XIV décida, en 1656, la création de l'«Hôpital général pour le renfermement des pauvres» ; il souhaitait supprimer le vagabondage des quarante mille mendiants qui erraient alors dans Paris. De fait, la population de cet hôpital a atteint 4 599 personnes en 1679, et c'était devenu, à la veille de la Révolution, une ville de dix-mille personnes. Il s'y ajoute en 1684 une maison de Force (ou Grande Force), prison destinée aux femmes condamnées en justice, ou se livrant à la débauche. Enfin, après 1796, furent soignés ici les aliénés mentaux ; Pinel et Charcot s'y consacrèrent particulièrement.

L'opération d'urbanisme «Seine - rive gauche»

A partir de la rue Louise-Weiss soit une emprise de 4 à 500 m jusqu'à la berge, un quartier entièrement neuf va être créé de toutes pièces, sur 2,5 km de la gare d'Austerlitz (restructurée) à la limite de Paris avec Ivry. Cette ambitieuse opération d'urbanisme, dénommée «Austerlitz-Tolbiac-Masséna» ou «Paris-Rive-Gauche», chevauchera les voies SNCF totalement recouvertes sur trente hectares, couvrira cent trente-cinq hectares et demandera quinze à vingt ans de travaux. Elle sera le pendant, rive gauche, de l'opération Bercy en voie d'achèvement ; une nouvelle passerelle est d'ailleurs appelée à relier les deux rives.

Aux grands immeubles neufs de la rue Louise-Weiss succèdent, dès après les voies SNCF (réseau Sud-Ouest et RER C), de vastes chantiers, dont émergent les quatre grandes tours de la Très Grande Bibliothèque de France en cours d'équipement, et qui s'appelle en définitive la «Bibliothèque nationale de France», ouverte depuis décembre 1996.

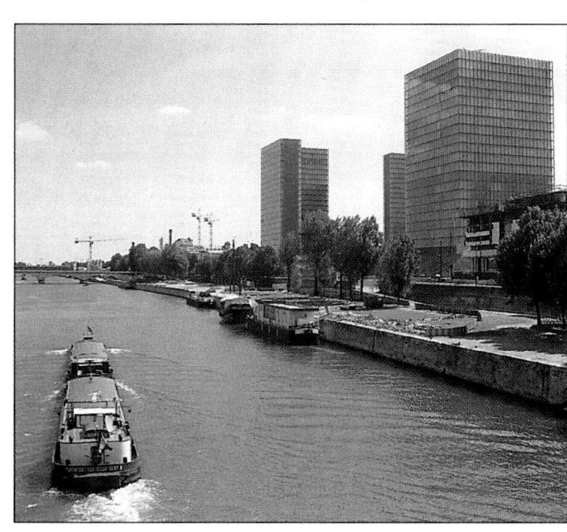

La Bibliothèque nationale de France.
Photo Anne-Marie Minvielle.

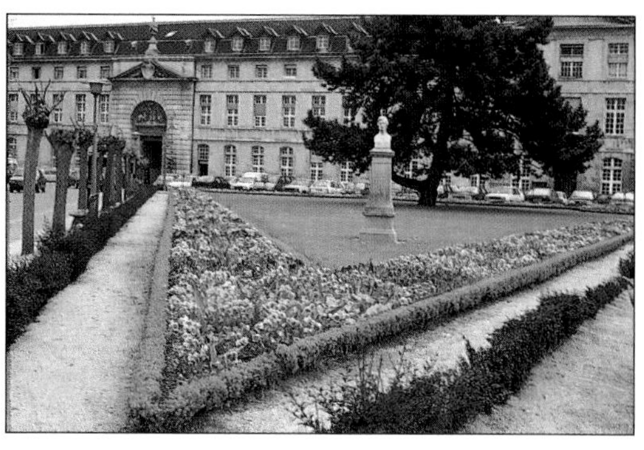

Cour Saint-Louis de l'hôpital de la Salpêtrière. *Photo Roger Perrier.*

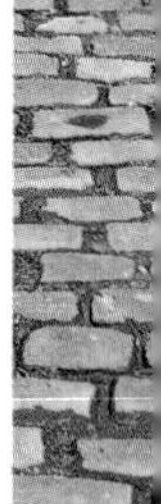

Emprunter la rue intérieure qui suit *(«ligne bleue» de la circulation auto).*

▶ En prenant la première allée à gauche, ruelle pavée entre bâtiments bas du 17e siècle (rue de la Pharmacie), on peut rejoindre, après le pavillon de l'Enfance en céramique blanche, le bâtiment de la lingerie. Cet élégant pavillon date du Petit Arsenal de Louis XIII ; quant aux trois petites constructions basses longilignes aperçues à droite, il s'agit d'un vestige partiel des loges d'aliénés de 1789. Revenir ensuite à la ligne bleue.

(28) Poursuivre tout droit en suivant la ligne bleue jusqu'à la sortie Sud de la Salpêtrière.

A un espace encore accroché aux siècles passés succède maintenant un quartier naguère déshérité, il y a seulement quelques générations de type populaire/ouvrier, faiblement industriel, mais aujourd'hui en voie de reconversion en fonction d'un urbanisme volontariste et soucieux de la qualité de la vie. C'est administrativement le quartier de la Gare.

(29) Devant la sortie de la Salpêtrière, poursuivre par la **rue Bruant** (ancien chemin d'Austerlitz).
Celle-ci ne doit pas son nom au chansonnier Aristide Bruant, mais au prestigieux architecte Libéral Bruant. Elle débouche sur le boulevard Vincent-Auriol, naguère boulevard de la Gare en raison d'un projet de gare fluviale conçu en 1753-1762. Cet ouvrage ambitieux devait accueillir, sur 28 arpents, «650 grands bateaux d'approvisionnement», mais le chantier, qui dura quarante ans à partir de 1764 (à activité sporadique) et employa jusqu'à deux mille ouvriers, fut finalement abandonné avant achèvement. C'était devenu en 1811 un étang insalubre.

Le boulevard supporte depuis 1909 le viaduc de la ligne de métro n°6, aérienne entre la place d'Italie et Bercy - cette même ligne qui empruntait le pont de Bir-Hakeim par lequel nous étions passés de la rive droite à la rive gauche.

Vers la droite, on aperçoit à l'extrémité du boulevard (place d'Italie) le curieux «signal» qui surmonte le campanile de l'édifice dit «Grand Ecran».

▶ **Métro Chevaleret** (ligne 6).

Suivre à gauche le **boulevard Vincent-Auriol** jusqu'à la Seine.

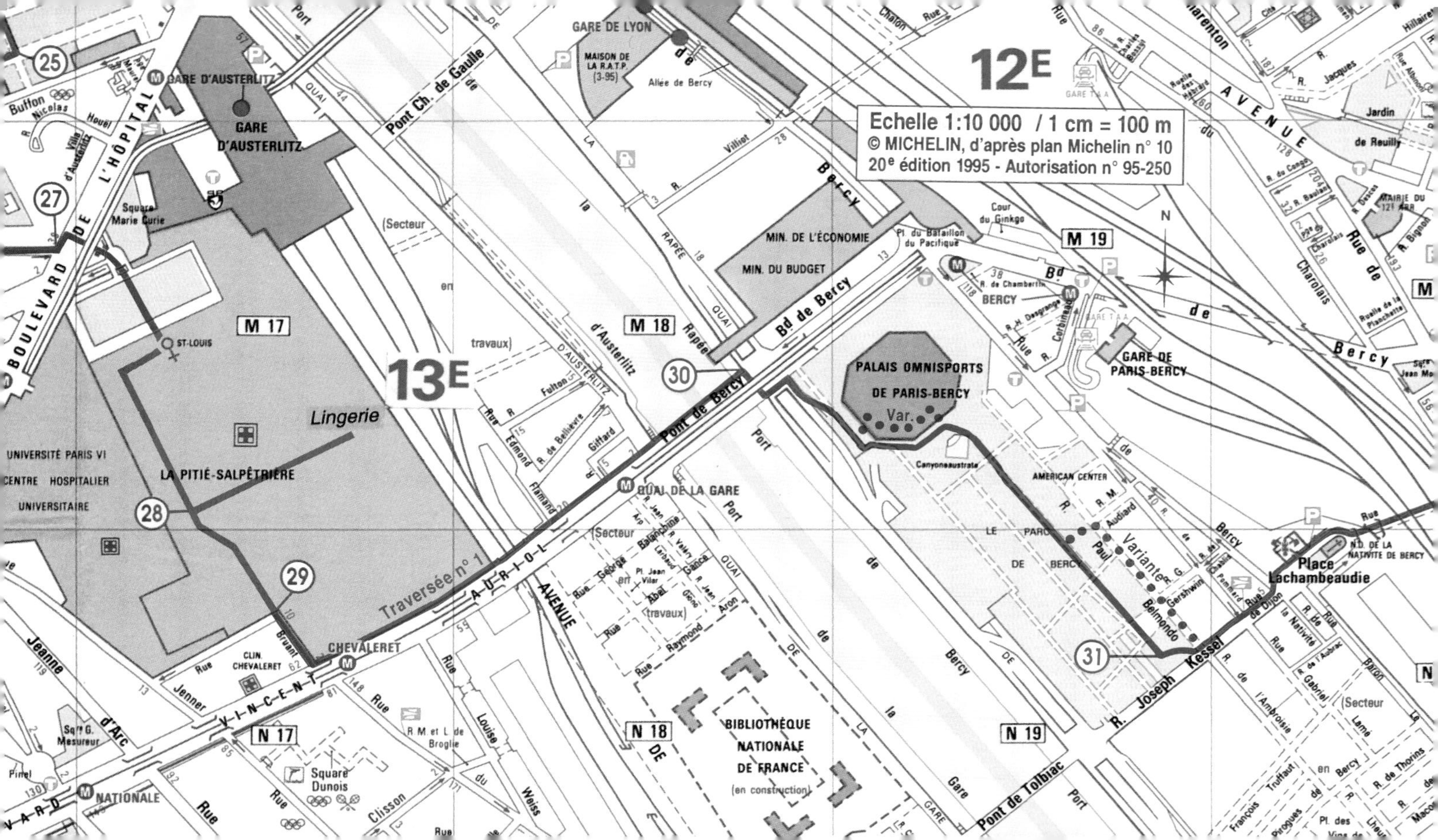

12E
13E
Echelle 1:10 000 / 1 cm = 100 m
© MICHELIN, d'après plan Michelin n° 10
20e édition 1995 - Autorisation n° 95-250
GARE DE LYON
MAISON DE LA R.A.T.P. (3-95)
Allée de Bercy
GARE D'AUSTERLITZ
Square Marie Curie
BOULEVARD DE L'HÔPITAL
Pont Ch. de Gaulle
MIN. DE L'ÉCONOMIE
MIN. DU BUDGET
Bd de Bercy
Pont de Bercy
Cour du Ginkgo
Pl. du Bataillon du Pacifique
BERCY
GARE DE PARIS-BERCY
PALAIS OMNISPORTS DE PARIS-BERCY
Var.
Canyoneaustrate
AMERICAN CENTER
LE PARC DE BERCY
Variante
Belmondo
Place Lachambeaudie
N.D. DE LA NATIVITÉ DE BERCY
MAIRIE DU 12e ARR.
Jardin de Reuilly
R. Joseph Kessel
QUAI DE LA GARE
UNIVERSITÉ PARIS VI
CENTRE HOSPITALIER UNIVERSITAIRE
LA PITIÉ-SALPÊTRIÈRE
Lingerie
ST-LOUIS
Traversée n° 1
AURIOL
AVENUE
CHEVALERET
CLIN. CHEVALERET
VINCENT
NATIONALE
Square Dunois
BIBLIOTHÈQUE NATIONALE DE FRANCE (en construction)
Pont de Tolbiac
25
27
28
29
30
31
M 17
M 18
M 19
N 17
N 18
N 19

▶ **Métro Quai-de-la-Gare** (ligne 6).

Traverser le quai d'Austerlitz pour passer sur le **pont de Bercy**, construit en 1864 et surmonté, depuis 1909, par le viaduc du métro. En face (rive droite) ; l'imposante masse du ministère de l'Economie et des Finances (achevé en 1989) surplombe et prend appui dans la Seine. Elle domine le front de Seine récent (Bercy-gare de Lyon) le long de l'ex-port aux matériaux. Rive gauche stationnent côte-à-côte de nombreuses péniches, car la maison de la Batellerie est proche.

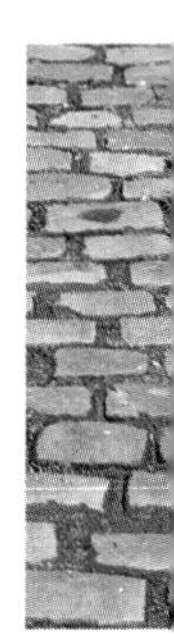

Parvenu au milieu du pont, on quitte le 13e pour le **12e arrondissement** (quartier Bercy). On aperçoit vers l'aval le viaduc du métro ligne 5, pont suspendu d'une seule portée de 1904, la tour de 50 m de l'église Saint-Gervais-Saint-Protais, et, rive gauche dépassant les arbres : la tour centrale de la faculté Jussieu.

(30) Traverser, à son extrémité, les deux chaussées du pont.

De ce côté du boulevard de Bercy et du métro, on se trouve désormais «extra-muros» (à l'égard de l'enceinte des Fermiers Généraux), comme sorti du Paris d'avant 1860 par la barrière de la Rapée et sur le territoire de l'ancienne commune de Bercy annexée depuis.

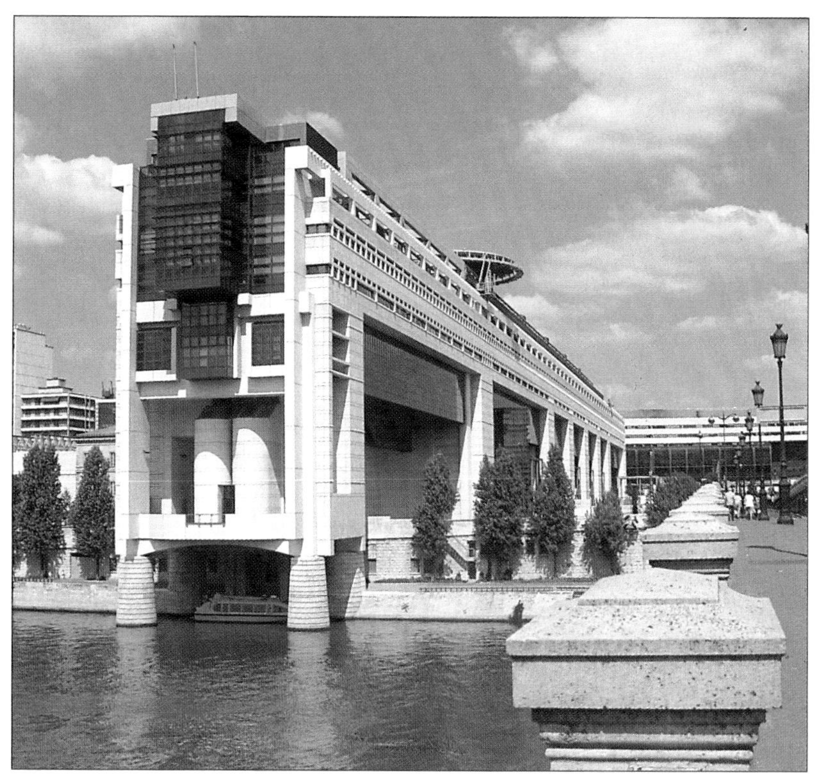

Ministère de l'Economie et des Finances. *Photo Anne-Marie Minvielle.*

Les anciens entrepôts de Bercy

Les entrepôts de Bercy s'établirent au début du 19e siècle hors-Paris donc hors-droit d'octroi, et en bordure de la voie d'eau qui acheminait la marchandise. Ce fut longtemps un centre de négoce de vins et spiritueux d'importance internationale.

L'opération de reconversion sur cinquante hectares, tout en maintenant au Sud un secteur d'activités viti-vinicoles, a réalisé une série de logements et activités diverses le long et à l'extrémité d'un parc de treize hectares. L'achèvement total de ce dernier est attendu pour fin 1998. On a conservé la majeure partie des platanes plus que centenaires et ajouté de nouvelles plantations, le tout atteignant le total de 1 250 arbres.

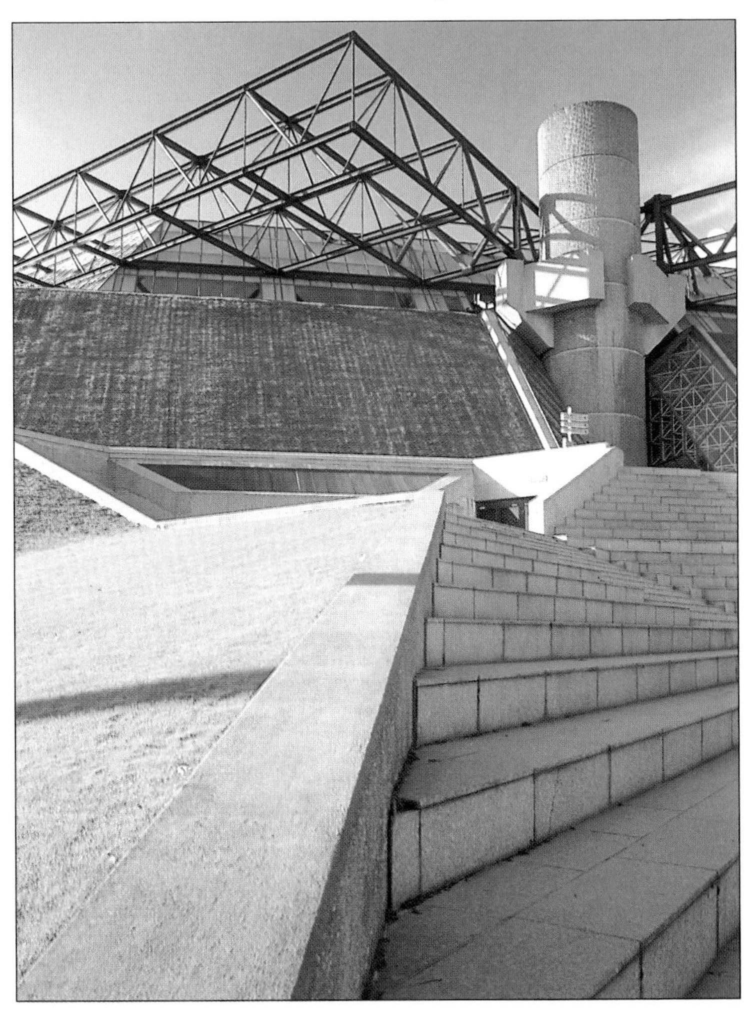

Le Palais Omnisport de Paris-Bercy. *Photo Christophe Marcouly.*

Rive gauche : le «nouveau 13e» sur le plateau dont émerge à peine, entre les tours, le clocher de l'église Notre-Dame-de-la-Gare (avant 1860 : Notre-Dame-des-Deux-Moulins), et, le long de la Seine, de nombreux chantiers. Rive droite, d'ici au boulevard Poniatowski, s'étendait naguère le grand domaine des entrepôts de Bercy (nom d'un ancien château et du village).

Le **Palais Omnisports de Paris-Bercy** (architectes : M. Andrault et P. Parrat), grande structure recouverte de gazon sur ses parois inclinées, occupe huit hectares depuis 1983 et peut accueillir jusqu'à 17 000 spectateurs pour toutes sortes de manifestations sportives, aussi bien que pour des concerts, opéras et spectacles divers.

Traverser le quai de Bercy pour rejoindre à droite la rampe d'accès au P.O.P.B.

▶ On peut, par l'escalier tout de suite à gauche, gagner à mi-hauteur le chemin de ronde qui ceinture l'édifice *(sauf interdiction d'accès lors de certaines manifestations ou spectacles : dans ce cas, poursuivre en contournant au sol)*, et d'où la vue est possible sur Paris par-dessus le métro aérien. Se remarquent aussitôt, côte-à-côte, le dôme de la Salpêtrière et, au loin, la tour Montparnasse. Repartant vers le parc, on aperçoit encore en se retournant, avant le premier coude et au-dessus de la gare d'Austerlitz, la tour Eiffel et le Panthéon.

On arrive en vue du nouveau **parc de Bercy**, conçu en tant que «jardin de mémoire», et aménagé au même niveau du sol que les anciens entrepôts, le niveau d'origine des lieux : il est encaissé par rapport à la voirie environnante, notamment le quai de la Seine. Deux mails ou quinconces plantés de tulipiers de Virginie encadrent un bassin original aux cascatelles profondes, le «Canyoneaustrate».▶

Photo Christophe Marcouly.

▶ Il est possible, en poursuivant le chemin de ronde, de rejoindre après deux coudes le pan coupé Nord du P.O.P.B. où se situe l'entrée principale, dominant la rue de Bercy (dont les quatre premières maisons, anciennes et typiques, ont été conservées) et la placette encore nommée rue de Chambertin.

▶ **Métro Bercy** (ligne 6 et future ligne 14 Meteor).

▶ **Bus 24, 87.**

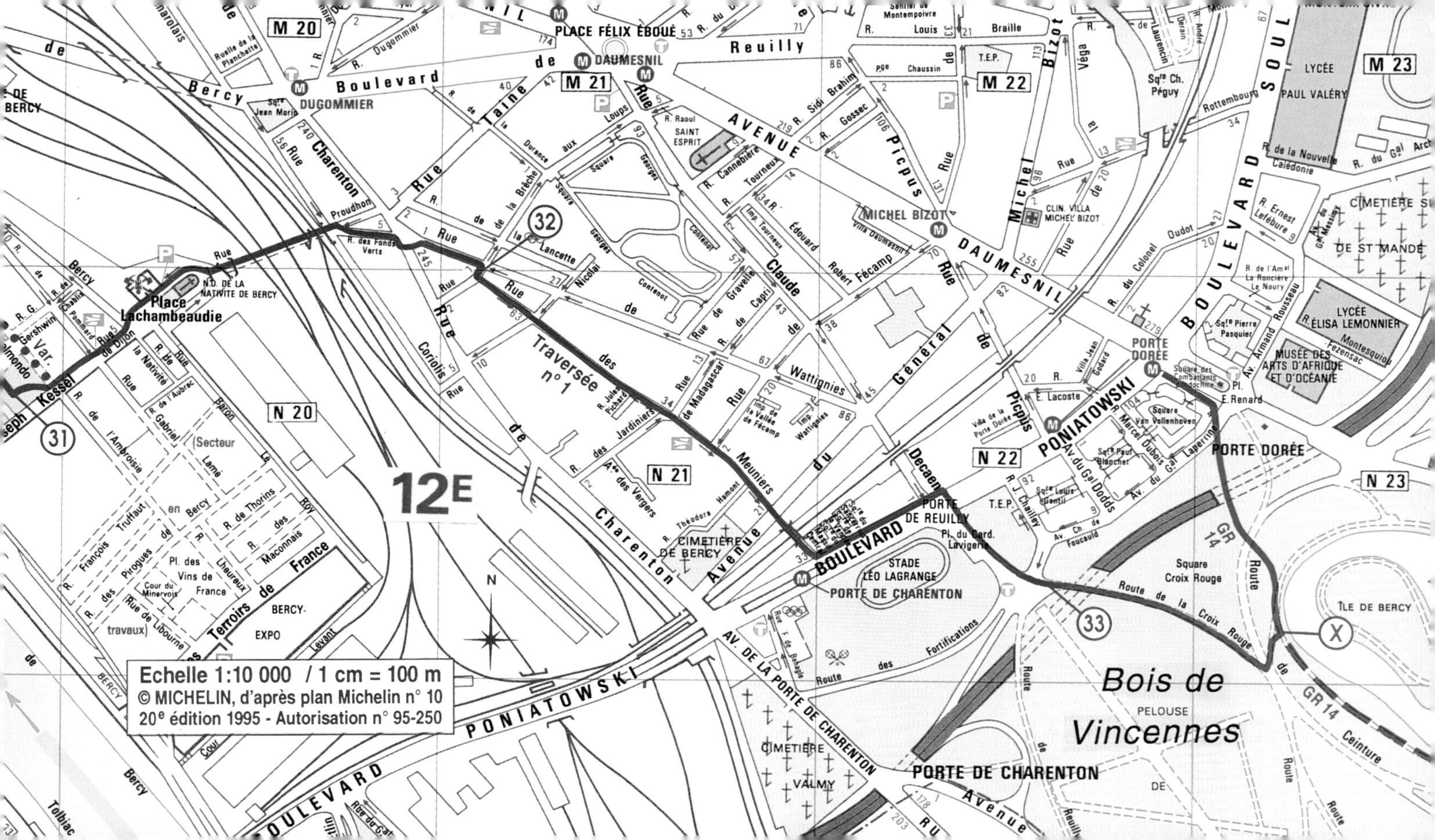

12E
Bois de Vincennes
PORTE DORÉE
PORTE DE CHARENTON
PORTE DE REUILLY
PLACE FÉLIX ÉBOUÉ
Place Lachambeaudie
Traversée n° 1
BOULEVARD PONIATOWSKI
AVENUE DAUMESNIL
STADE LÉO LAGRANGE
CIMETIÈRE DE BERCY
CIMETIÈRE VALMY
BERCY-EXPO
MUSÉE DES ARTS D'AFRIQUE ET D'OCÉANIE
LYCÉE ÉLISA LEMONNIER
LYCÉE PAUL VALÉRY
31
32
33
Echelle 1:10 000 / 1 cm = 100 m
© MICHELIN, d'après plan Michelin n° 10
20e édition 1995 - Autorisation n° 95-250

8. De Bercy à Porte Dorée 3,2 km

Redescendre pour passer à gauche du bassin : là s'amorce une allée dallée soulignée par un trait médian en granit poli. Après une charmille doublée d'un rideau de chênes «fastigiés» (en fuseau) s'ouvre une première partie du parc : les grandes pelouses, qui ne sont garnies que des platanes d'origine et sont coupées par des allées pavées, vestiges de la trame de voirie des entrepôts, soit : rue de Macon, cour Dessort, cour Barsac. Des rails y ont été conservés.

Une percée à gauche en mail transversal débouche sur un grand escalier conduisant à la gare SNCF de Paris-Bercy, annexe de la gare de Lyon. A l'opposé, une passerelle sur la Seine doit rejoindre la Bibliothèque nationale de France.

Le mail de gauche borde le très curieux bâtiment construit pour l'American Center, transféré du boulevard Raspail et inauguré en 1994, mais qui a cessé d'exister.

Une grille donne accès à la deuxième partie (fermée la nuit). Ce sont les neuf parterres à thème, dont le carré central est un jardin archéologique comportant une maison d'époque restaurée qui doit accueillir un centre d'information-jardinerie. Le jardin romantique qui constitue la troisième partie est pourvu d'un canal central et se poursuit au-delà de la rue Joseph-Kessel après un passage sous cette dernière. C'était auparavant la rue de Dijon, qui séparait les entrepôts du Grand et du Petit Bercy.

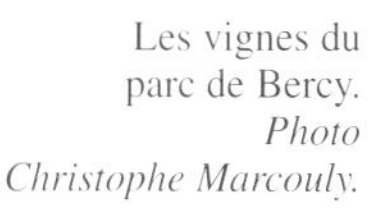

Les vignes du parc de Bercy. *Photo Christophe Marcouly.*

(31) Prendre à gauche avant le talus final afin de remonter, à l'angle de la clôture, au débouché de la rue Paul-Belmondo.

▶ **Bus 24, 62, 87.** Métro Dijon (future ligne 14 Meteor).

Emprunter à gauche la **rue de Dijon**, qui devient aussitôt la **place Lachambeaudie**, où se trouve, toute pimpante depuis son ravalement, l'une des 48 casernes de la brigade des sapeurs-pompiers de Paris, le Centre de secours Nativité. La modeste église Notre-Dame-de-la-Nativité (ou Notre-Dame-de-Bercy), de 1875, remplaça, après la Commune, l'église paroissiale d'origine du village de Bercy incendiée.

Centre de secours Nativité. *Photo Philippe Dangeville.*

Suivre la **rue Proudhon** qui s'engage sous les voies ferrées (faisceau rétréci de moitié à cause de l'église, qu'on ne voulut finalement ni déplacer ni démolir) remarquant, après la deuxième travée du pont, une référence, gravée à 1 m du sol, à la crue de la Seine du 28 janvier 1910 et poursuivre sur la droite par la **rue des Fonds-Verts** aux masures assez vétustes. Ce nom, comme la situation basse du terrain en ce lieu, évoque l'ancienne «vallée de Fécamp», ici marécageuse, par où allaient rejoindre la Seine le ru de Montreuil grossi du ru des Orgueilleux (en aval de l'étang de Saint-Mandé). *(Voir le «système des ruisseaux» dans la présentation du bois de Vincennes).*

Au carrefour suivant, traverser la rue de Charenton, qui présente un ensemble de façades assez typiques des vieux faubourgs.

Emprunter sur 100 m la **rue de Wattignies** (ex-ruelle de la Vallée-de-Fécamp), puis tourner à droite dans la **rue de la Brèche-aux-Loups** (vieux chemin au 13e siècle).

(32) S'engager à gauche dans la **rue des Meuniers.**

Cette ancienne voie conduisant à un moulin existait en 1728 : son tracé irrégulier atteste son origine de chemin. Au n° 67 (immeuble de 1913), une curiosité peu commune en ville : deux alvéoles creusées à la base du mur sont garnies de décrottoirs. Au n° 35, la rue Jules-Pichard (borne ancienne avec inscription curieuse à l'angle) conduit à une maisonnette de bois.

Après l'avenue du Général-Michel-Bizot (**Bus 87**, *à 150 m à gauche*), franchir par une passerelle l'ancien chemin de fer de la Petite-Ceinture de Paris, au niveau d'une gare dont les quais délabrés sont les seuls vestiges (station Claude-Decaen), et aboutir sur le boulevard Poniatowski.

▶ **Métro Porte-de-Charenton** (ligne 8) *à 50 m à droite*.

▶ **Bus PC.**

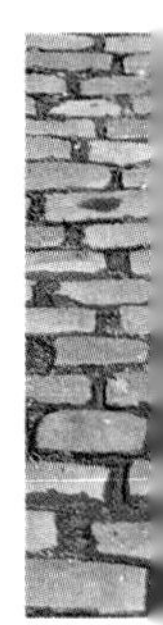

Ici se termine le parcours limité à Paris «intra-muros», car les boulevards dits «des maréchaux», ou encore boulevards extérieurs, portant tous des noms de maréchaux de l'Empire, précèdent l'ancienne zone («non-aedificandi») bordant à l'intérieur les fortifications de 1844. Cet espace de transition avec la banlieue, jusqu'à démolition complète des «fortifs», opération réalisée entre 1920 et 1924, était connu pour son caractère de bas-fond et inspira plusieurs romans et films. La Mairie de Paris lui a substitué à l'époque de grands immeubles d'habitation en brique bistre (HBM - habitations à bon marché d'avant-guerre) ou en brique rouge (HLM - habitations à loyer modéré postérieures) et des espaces verts.
L'itinéraire reste dans le 12ème arrondissement (quartier du Bel-Air), qui englobe complètement le bois de Vincennes.

Tourner à gauche dans le **boulevard Poniatowski** jusqu'à la Porte de Reuilly toute proche, située à l'intersection de la rue Claude-Decaen (ancien chemin de Reuilly), et traverser vers la **place du Cardinal-Lavigerie** (d'où se détache d'ailleurs à droite l'allée des Fortifications).

Aux zones bâties succède le boulevard périphérique, en souterrain car ici recouvert pour donner accès à la pelouse de Reuilly, vaste espace dégagé consacré aux fêtes foraines, chapiteaux de cirques ou de réunions politiques d'envergure. C'est ici que se tient de nos jours, en avril, la séculaire Foire du Trône (autrefois aux Pains d'Epices). On peut remarquer sur la gauche, en bordure du périphérique, un mur anti-bruit paysager qui témoigne d'une recherche esthétique certaine.

Pour pénétrer dans le **bois de Vincennes**, emprunter vers la gauche la **route de la Croix-Rouge** qui conduit à la route de Ceinture du lac Daumesnil.
Couper sur la gauche pour rejoindre la rive du **lac Daumesnil**, où s'effectue la jonction, au repère (X), avec le réseau de sentiers balisés du bois de Vincennes (et notamment le GR14).

Deux possibilités s'offrent alors :
- soit rejoindre le Grand circuit du Bois de Vincennes en suivant à droite le balisage *jaune* jusqu'au repère (J), situé à 1,2 km.
- soit suivre à gauche sur 500 m le balisage *rouge* jusqu'au

▶ **Métro Porte-Dorée** (ligne 8).

Musée des Arts d'Afrique et d'Océanie.

▶ En cet endroit se trouve le départ du GR 14 Ile-de-France - Champagne, qui, par le Grand circuit dans sa partie Sud, gagne le repère (F) puis Joinville-le-Pont et les bords de Marne vers Saint-Maur-des-Fossés, Boissy-Saint-Léger, Dormans…

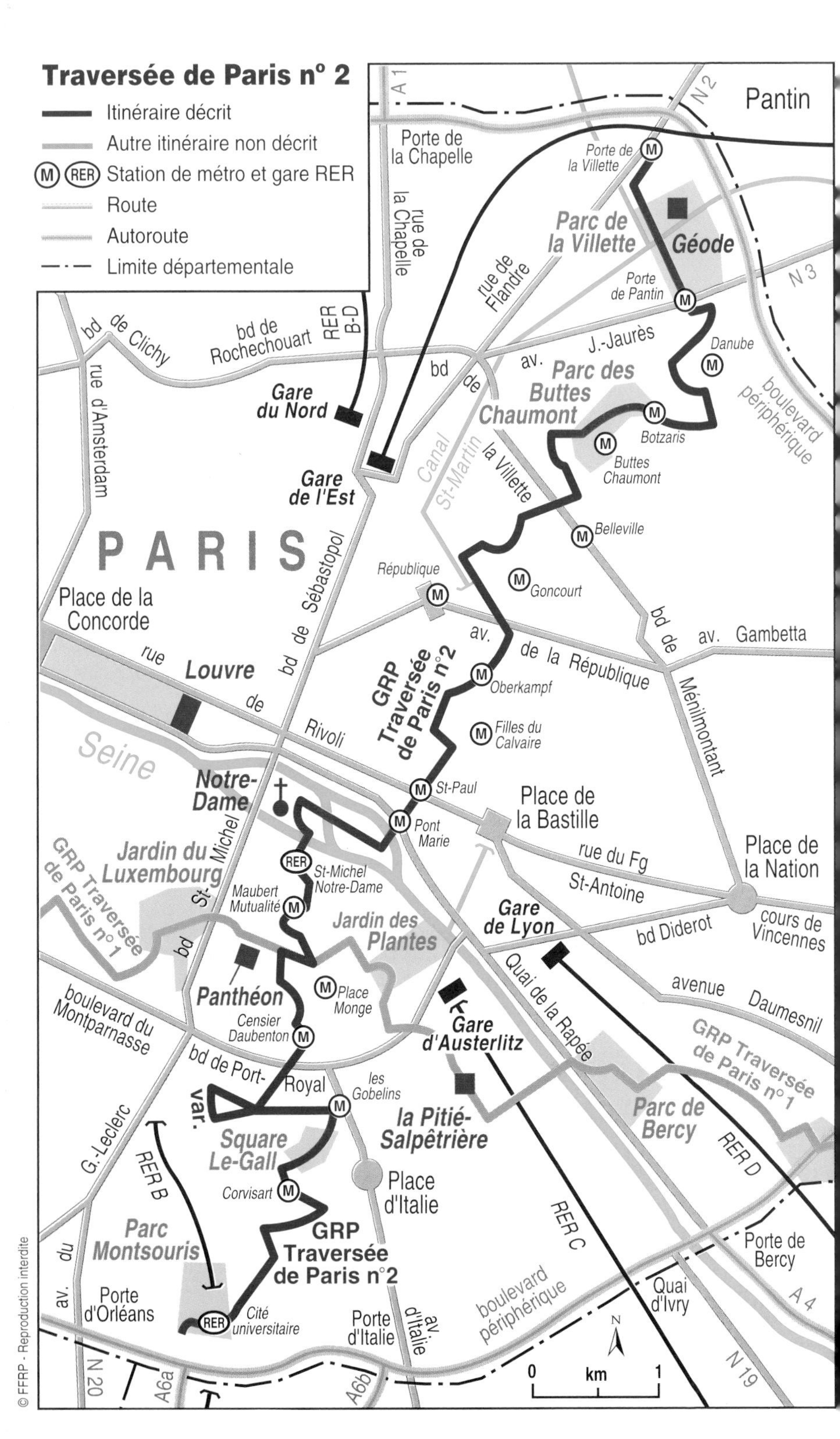

Traversée de Paris n° 2
Itinéraire décrit
Autre itinéraire non décrit
Station de métro et gare RER
Route
Autoroute
Limite départementale
Pantin
Porte de la Chapelle
Porte de la Villette
Parc de la Villette
Géode
Porte de Pantin
rue de la Chapelle
rue de Flandre
bd de Clichy
bd de Rochechouart
RER B-D
av. J.-Jaurès
Danube
Parc des Buttes Chaumont
Botzaris
Buttes Chaumont
boulevard périphérique
Gare du Nord
Gare de l'Est
bd de la Villette
Canal St-Martin
rue d'Amsterdam
Belleville
PARIS
République
Goncourt
Place de la Concorde
bd de Sébastopol
av. de la République
bd de Ménilmontant
av. Gambetta
Louvre
rue de Rivoli
GRP Traversée de Paris n°2
Oberkampf
Filles du Calvaire
Seine
St-Paul
Notre-Dame
Place de la Bastille
Pont Marie
Jardin du Luxembourg
bd St-Michel
St-Michel Notre-Dame
rue du Fg St-Antoine
Place de la Nation
GRP Traversée de Paris n°1
Maubert Mutualité
Jardin des Plantes
Gare de Lyon
bd Diderot
cours de Vincennes
Panthéon
Place Monge
Quai de la Rapée
avenue Daumesnil
boulevard du Montparnasse
Censier Daubenton
Gare d'Austerlitz
bd de Port-Royal
les Gobelins
var.
la Pitié-Salpêtrière
Parc de Bercy
G.-Leclerc
Square Le-Gall
RER B
RER D
Place d'Italie
Corvisart
RER C
Parc Montsouris
Porte de Bercy
av. du
Porte d'Orléans
Cité universitaire
Porte d'Italie
av. d'Italie
boulevard périphérique
Quai d'Ivry
A 4
N 19
N 20
A6a
A6b
A 1
N 2
N 3
0 km 1
N

La traversée de Paris n°2

...de la Porte de la Villette au Parc Montsouris

Une liaison à caractère varié entre les deux grands parcs voulus par Haussmann au Nord et au Sud : Buttes-Chaumont et Montsouris...

Présentation

Cet itinéraire Nord-Sud commence au Nord-Est de Paris (à la Porte de la Villette), passe au centre de la capitale (Notre-Dame) et s'achève au Sud - Sud-Est (porte d'Arcueil).
Il traverse le 19e arrondissement, brièvement les 10e et 11e, puis les 3e et 4e sur la rive droite, et enfin les 5e et 13e sur la rive gauche, entrant dans le 14e juste avant le parc Montsouris. Sa longueur totale est de 20 km.
Aux deux extrémités de l'itinéraire se rencontrent deux grands parcs haussmanniens au relief très accusé, et traversés l'un et l'autre par l'ancien chemin de fer dit de la Petite Ceinture : les parcs des Buttes-Chaumont et Montsouris.
Si les autres espaces verts sont à la fois modestes et assez peu nombreux, en revanche l'intérêt est soutenu et toujours renouvelé, notamment dans les quartiers historiques que sont le Marais et ses hôtels particuliers 17e-18e siècles, les îles Saint-Louis et de la Cité ainsi que le secteur Maubert-Saint-Séverin, aux rues également moyenâgeuses, sans oublier la Montagne Sainte-Geneviève, ni le quartier Mouffetard, aux aspects villageois. La Butte aux Cailles, parisienne depuis seulement cent trente cinq ans, évoque la Bièvre. Enfin, la traversée se termine au sommet du parc Montsouris, à 78 m, point culminant du Paris actuel sur la rive gauche.

Rue des Iris dans la cité Floréale. *Photo Christophe Marcouly.*

Toitures de Notre-Dame : un gothique riche en ornementation. *Photo Anne-Marie Minvielle.*

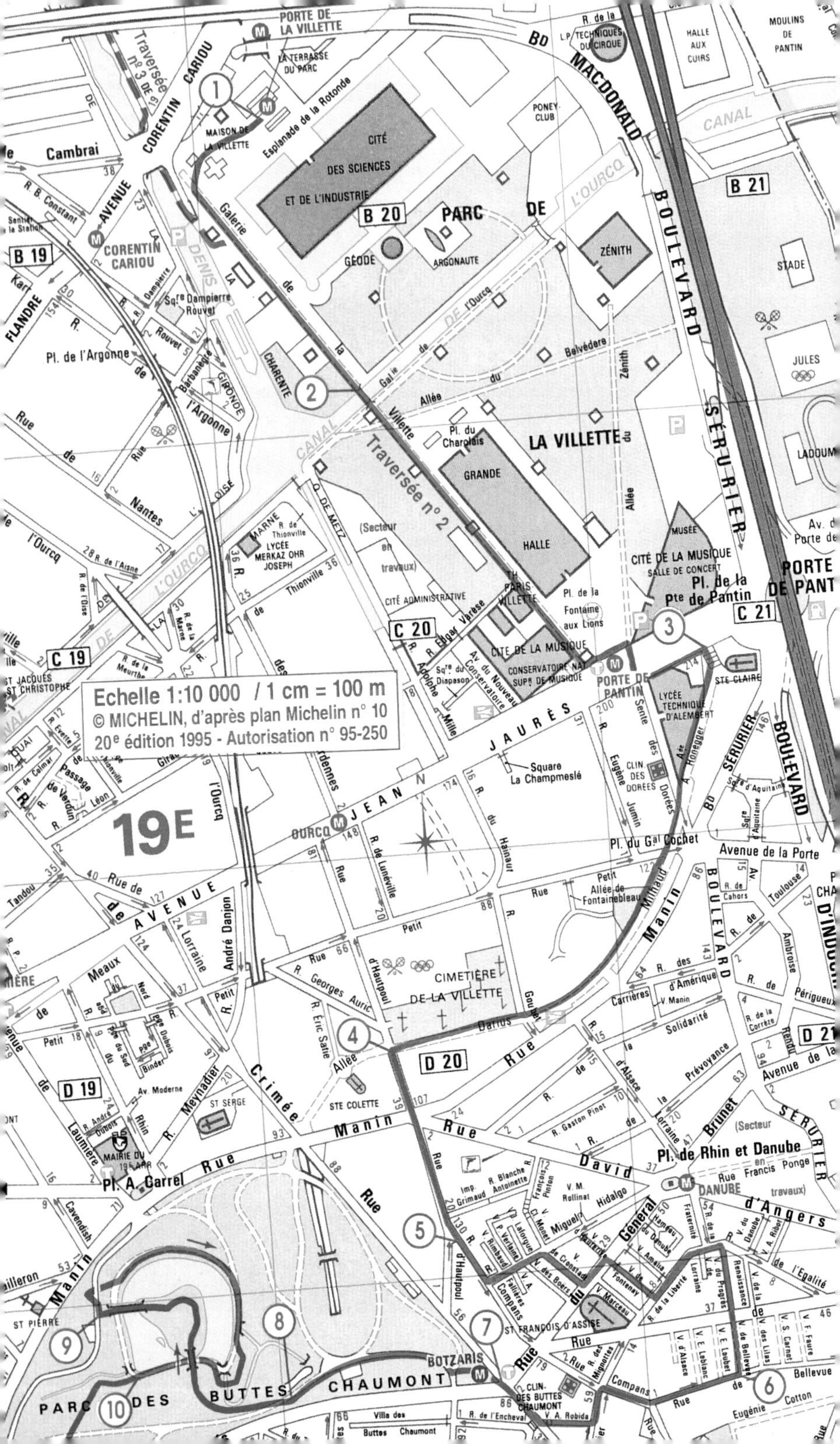
Echelle 1:10 000 / 1 cm = 100 m
© MICHELIN, d'après plan Michelin n° 10
20e édition 1995 - Autorisation n° 95-250
PORTE DE LA VILLETTE
LA TERRASSE DU PARC
MAISON DE LA VILLETTE
Esplanade de la Rotonde
CITÉ DES SCIENCES ET DE L'INDUSTRIE
GÉODE
ARGONAUTE
PARC DE LA VILLETTE
ZÉNITH
PONEY CLUB
L.P. TECHNIQUES DU CIRQUE
BD MACDONALD
HALLE AUX CUIRS
MOULINS DE PANTIN
CANAL DE L'OURCQ
BOULEVARD SÉRURIER
STADE
JULES LADOUMÈGUE
Galerie de la Villette
Traversée n° 2
Traversée n° 3
Allée du Belvédère
Galie de l'Ourcq
Allée du Zénith
GRANDE HALLE
Pl. du Charolais
MUSÉE
CITÉ DE LA MUSIQUE
SALLE DE CONCERT
Pl. de la Pte de Pantin
PORTE DE PANTIN
Pl. de la Fontaine aux Lions
CONSERVATOIRE NAT SUPR DE MUSIQUE
TH PARIS VILLETTE
CITÉ ADMINISTRATIVE
(Secteur en travaux)
CHARENTE
LYCÉE MERKAZ OHR JOSEPH
LYCÉE TECHNIQUE D'ALEMBERT
STE CLAIRE
CLIN DES DORÉES
Square La Champmeslé
AVENUE JEAN JAURÈS
OURCQ
CORENTIN CARIOU
AVENUE CORENTIN CARIOU
Sqre Dampierre Rouvet
Pl. de l'Argonne
Rue de Nantes
Rue de l'Ourcq
Rue de Flandre
19E
Pl. du Gal Cochet
Avenue de la Porte Chaumont
Petite Allée de Fontainebleau
CIMETIÈRE DE LA VILLETTE
Rue Manin
Rue David d'Angers
Pl. de Rhin et Danube
DANUBE
Rue Francis Ponge
Rue de Crimée
Rue Georges Auric
Rue Éric Satie
STE COLETTE
ST SERGE
MAIRIE DU 19E ARR
Pl. A. Carrel
Rue Meynadier
Rue Botzaris
BOTZARIS
PARC DES BUTTES CHAUMONT
CLIN. DES BUTTES CHAUMONT
ST FRANÇOIS D'ASSISE
Rue Compans
Rue de Bellevue
ST PIERRE
Rue d'Hautpoul
Rue du Général Brunet
Rue Mouzaïa
B 19
B 20
B 21
C 19
C 20
C 21
D 19
D 20
D 21
1
2
3
4
5
6
7
8
9
10

La traversée n°2

Départ : métro Porte de la Villette
Arrivée : parc Montsouris (RER Cité universitaire à la Porte d'Arcueil)
Longueur : 20 km
Durée : aucune indication ne saurait être donnée, chacun étant libre de s'arrêter pour visiter ou observer les monuments et curiosités sur le parcours.
Balisage : jaune-rouge
Accès : métro Porte de la Villette (ligne 7)
RER B Cité universitaire

Les stations de métro ou RER ainsi que les arrêts d'autobus permettant l'accès à une section de l'itinéraire sont mentionnés dans la description.

1. De Porte de la Villette à Botzaris 3,7 km

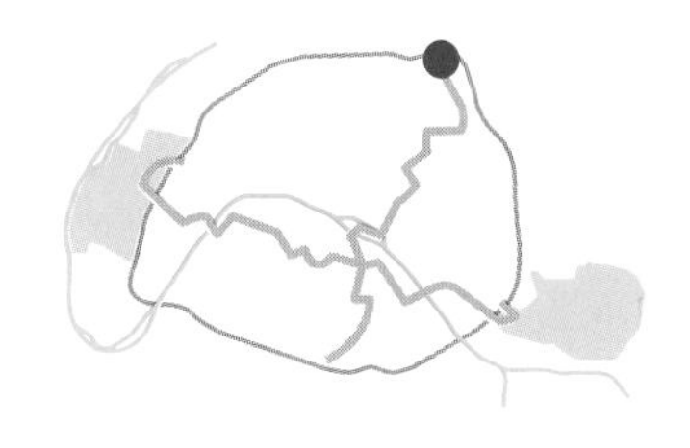

Métro Porte de la Villette (ligne 7)

Bus : PC, 75, 139, 150, 152

On se trouve ici dans le **19e arrondissement** (quartier du pont de Flandre), à proximité de la Porte de la Villette (anciennes fortifications de Thiers), située sur la très vieille route des Flandres (ancienne voie romaine de Lutèce à Senlis). C'était avant les annexions de 1860 la commune de la Villette (encadrée par celles de la Chapelle-Saint-Denis et de Belleville), très modeste agglomération de 650 habitants vers 1750 et jusqu'à l'arrivée du canal de l'Ourcq (30 000 habitants en 1860). Elle était répartie de part et d'autre de la rue de Flandre, grande rue du village, mais il n'en subsiste aujourd'hui aucun vestige.

1 En partant de l'**avenue Corentin-Cariou**, pénétrer dans le **parc de la Villette** *(domaine non clos)*, qui s'ouvre derrière la résidence-hôtel située au n°30-32, par un parvis pavé.

La Villette : les abattoirs, le marché aux bestiaux devenus Parc urbain du 21e siècle

Si Paris ne disposa pendant des siècles que de «tueries» particulières de quartier, le premier abattoir véritable ne fut édifié qu'en 1808 à Montmartre. Les dix établissements existant en 1860 furent regroupés en un seul, à savoir les «abattoirs généraux» construits par un élève de Baltard à la Villette, rue de Flandre, en 1866 sur 19 hectares au nord du canal de l'Ourcq, et qui comportaient 125 échaudoirs (cuves) pour 12 000 bouchers.

Parallèlement fut décidée en 1855 la création, également à la Villette, d'un unique et vaste marché aux bestiaux, situé au sud du canal et ouvrant sur l'avenue Jean-Jaurès. Les grandes halles métalliques et autres bâtiments furent édifiés en 1865-1868. Outre la voie d'eau préexistante, une gare ferroviaire, «Paris-bestiaux», y fut aménagée dès 1867. Le tout fonctionna bien jusqu'en 1950 : les ventes avaient lieu au marché jusqu'à onze heures, puis le convoyage des animaux s'effectuait par-delà le canal vers les abattoirs, et l'abattage était achevé à quinze heures. Mais malgré une modernisation -nécessaire- réalisée à grands frais, il fallut fermer le tout en 1974, car les circuits nationaux d'abattage et d'approvisionnement -grâce aux camions frigorifiques- avaient profondément évolué et rendaient caduques les installations parisiennes de Napoléon III.

C'est ainsi que tout en ménageant la conservation d'ensembles architecturaux de qualité, l'Etat décida la reconversion des 55 hectares disponibles au total, en un grand parc urbain du 21e siècle. Ce dernier accueille en outre, notamment, un musée des sciences et techniques et une cité de la musique. Ce fut la vocation de l'Etablissement Public du Parc de la Villette (E.P.P.V.) créé en 1979. L'ambitieux projet, grand parc et édifices divers à vocation culturelle, arrive seulement au terme de son achèvement.

La Géode. *Photo Anne-Marie Minvielle.*

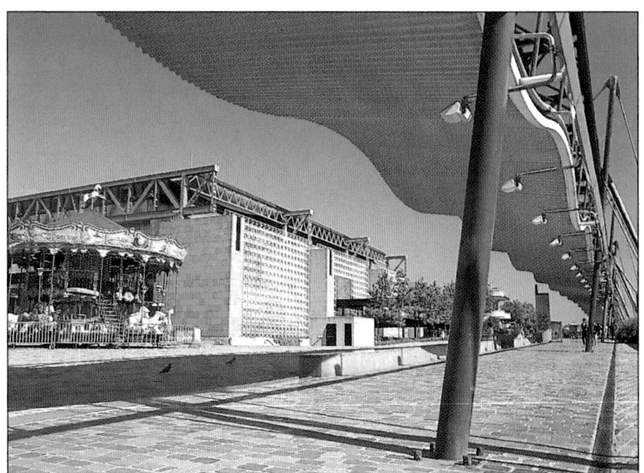

Galerie de
la Villette et Cité
des Sciences.
*Photo Christophe
Marcouly.*

▶ En sortant du métro : prendre (en tête ou en queue) la sortie «Cité des Sciences et de l'Industrie/parc de la Villette», qui débouche place Basse devant la Cité des Sciences et remonter les degrés puis l'escalier sur la droite. Passer devant la «folie» de l'Horloge.

Se diriger vers la Maison de la Villette, ancienne rotonde des vétérinaires de 1867 (à l'origine fondoir des suifs) réhabilitée pour abriter le centre d'histoire du parc. C'est le pavillon d'accueil où on peut obtenir toutes informations (de 10 h à 19 h).
Rejoindre, au-delà du bâtiment, près de l'«Eclat de Folie», la galerie de la Villette ; c'est un grand axe rectiligne de traversée Nord-Ouest - Sud-Est du parc reconnaissable à sa haute couverture ondulée. La parcourir de bout en bout, soit 900 m.

▶ Juste après la Cité des Sciences (à gauche) et le Cinaxe (à droite), et au niveau de la deuxième «folie» rouge, arrive à droite, du canal Saint-Denis tout proche, le GR de Pays en provenance de Saint-Denis-Basilique par Aubervilliers, qui se raccorde ici à la traversée de Paris n° 2.
On peut d'ailleurs aller voir, à 60 m, l'écluse de la Villette du canal Saint-Denis, ouvrage refait en 1890-1891 qui compense une importante dénivellation et comporte, outre différents éléments décoratifs, une maison éclusière à l'autre extrémité du sas. Revenir ensuite à la galerie.

▶ Il est possible également, pour mieux découvrir le parc et notamment ses importants éléments naturels et floraux qui couvrent 35 ha, de prendre à gauche en ce même point la Promenade Cinématique reconnaissable à ses dalles pastillées gris-bleu et ses bancs curvilignes. Se dirigeant vers la «folie» Observatoire et la Géode *(salle de projection hémisphérique)*, elle longe successivement les dix jardins tous différents et originaux du parc ainsi que les grandes prairies du Cercle et du Triangle. Ce parcours revient finalement sur la galerie.

(2) L'itinéraire de la traversée de Paris poursuit par la galerie de la Villette, qui vient buter sur le canal de l'Ourcq et le franchit par une passerelle.

Canal de l'Ourcq - Canal Saint-Martin

C'est pour résoudre l'approvisionnement perpétuellement problématique de Paris en eau potable que fut décidée la création du canal de l'Ourcq. Ce dernier, creusé de 1802 à 1826, recueille et conduit sur 107 km une dérivation de la rivière l'Ourcq, qu'il amène au bassin de la Villette. Celui-ci, réalisé en 1806-1808, est avant tout un gigantesque réservoir de 700 m sur 70 m situé à 51 m d'altitude et alimentant par gravité les fontaines publiques.

L'intérêt de pratiquer la navigation commerciale sur cette nouvelle voie apparut rapidement, d'où la décision de créer en outre le canal Saint-Denis (fini en 1821), qui se débranche avant le bassin et constitue un raccourci des plus directs vers la Seine aval à hauteur de Saint-Denis, puis le canal Saint-Martin.

Ce dernier, réalisé de 1822 à 1825, et racheté par la ville de Paris en 1861 (cas unique en France), permet de rejoindre, en traversant Paris sur 4,55 km (dont 2,12 km en souterrain soit le plus long de France), la Seine après le bassin de l'Arsenal avec une dénivellation de 24,6 m compensée par neuf écluses. Ces obstacles à la rapidité étant devenus de nos jours des plus dissuasifs pour le trafic des péniches, ce sont les embarcations de tourisme qui constituent de loin l'essentiel des passages.

La section de 2,43 km à l'air libre, qui comporte un point plus élevé que le quai voisin dans la courbe des Récollets, est traversée par deux ponts fixes puis par deux ponts tournants, doublés de cinq passerelles à piétons qui renforcent le charme romantique des lieux.

Un service régulier de vedettes est assuré par deux compagnies distinctes : Canauxrama rejoint en 3 h environ la Villette au bassin de l'Arsenal (tél. 42 39 15 00) et Paris-Canal en 3 h 30 environ la Villette au musée d'Orsay (tél. 42 40 96 97). L'une comme l'autre organisent en outre des croisières sur le canal de l'Ourcq ainsi que sur la Marne et la Seine.

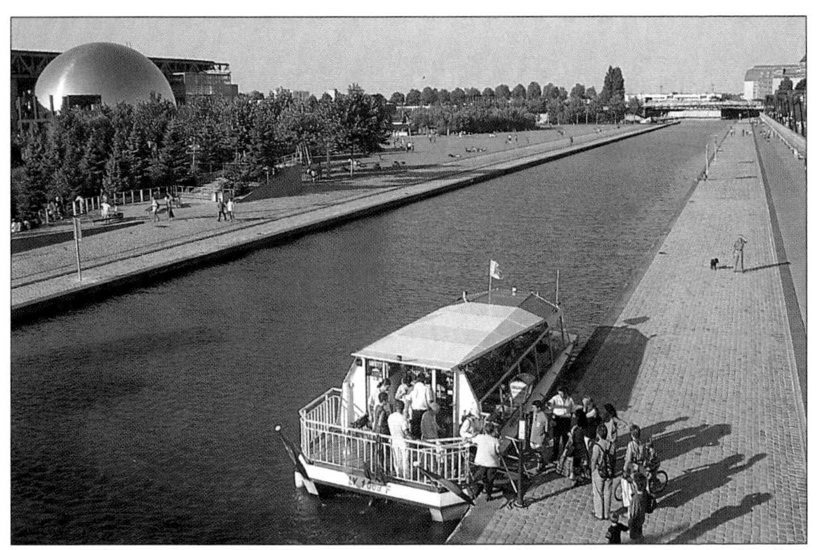

Bateau-vedette sur le canal de l'Ourcq, terminus parc de la Villette. *Photo Anne-Marie Minvielle.*

Cette passerelle domine à droite le rond-point des Canaux, au-delà duquel le canal de l'Ourcq se continue vers Paris via le bassin de la Villette proche, mais ici laisse partir le canal Saint-Denis vers le Nord-Ouest. Le pont métallique massif aperçu au-delà est celui du chemin de fer de ceinture.
Sur la gauche, se remarquent Le Zénith *(salle de concerts)* et les grands moulins de Pantin ainsi que, au loin, sur la droite, le relais hertzien de Romainville.

Une fois sur la rive Sud, on croise la galerie de l'Ourcq, surélevée.

De part et d'autre : points d'arrêt des bateaux reliant le musée d'Orsay et la Bastille (bassin de l'Arsenal) à la Villette.

Le parcours croise ensuite la Promenade Cinématique qui vient de gauche (jardin des Brouillards) et qui va contourner à droite les jardins des Vents et des Dunes. Des deux pavillons en brique et pierre aperçus juste après, le plus éloigné abrite le Théâtre international de langue française ; suit, le long de l'avenue du Charolais, la Grande Halle (aux bœufs) de 1867, œuvre d'un élève de Baltard, réhabilitée en 1982 puis réaménagée.
Sur la droite se trouve le théâtre Paris-Villette (avec un repère de nivellement cote 53,280 en façade), qui précède le nouveau Conservatoire national supérieur de musique et de danse de Paris. Pour finir, la dernière «folie», qui abrite le point d'information de l'entrée Jean-Jaurès, offre une terrasse dominant la grande cour ornée de la fontaine aux Lions de 1811 (ce fut le «château-d'eau» - expression employée à l'époque et dont il nous reste une rue et une station de métro- qui orna la future place de la République jusqu'en 1867 avant d'être réinstallé ici comme abreuvoir). Plus à gauche, l'autre cité de la Musique achevée en janvier 1995 (musée et salle de concerts).

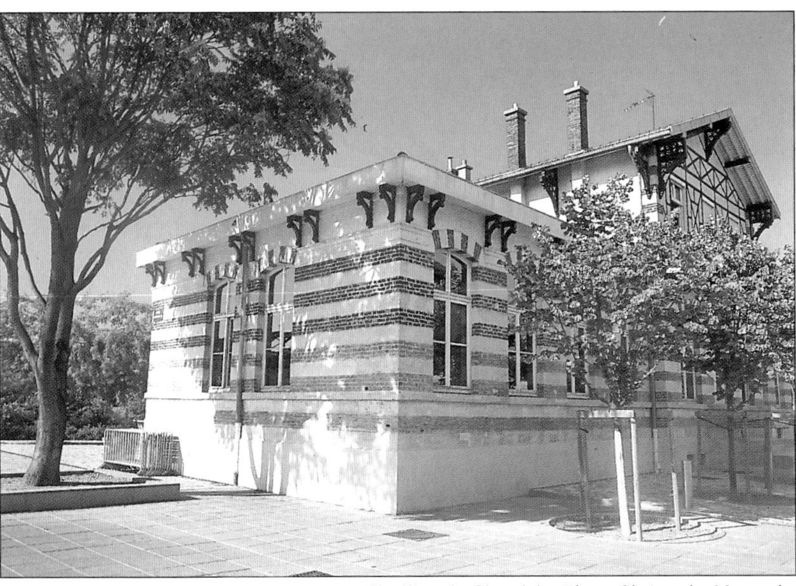

Pavillon du Charolais. *Photo Christophe Marcouly.*

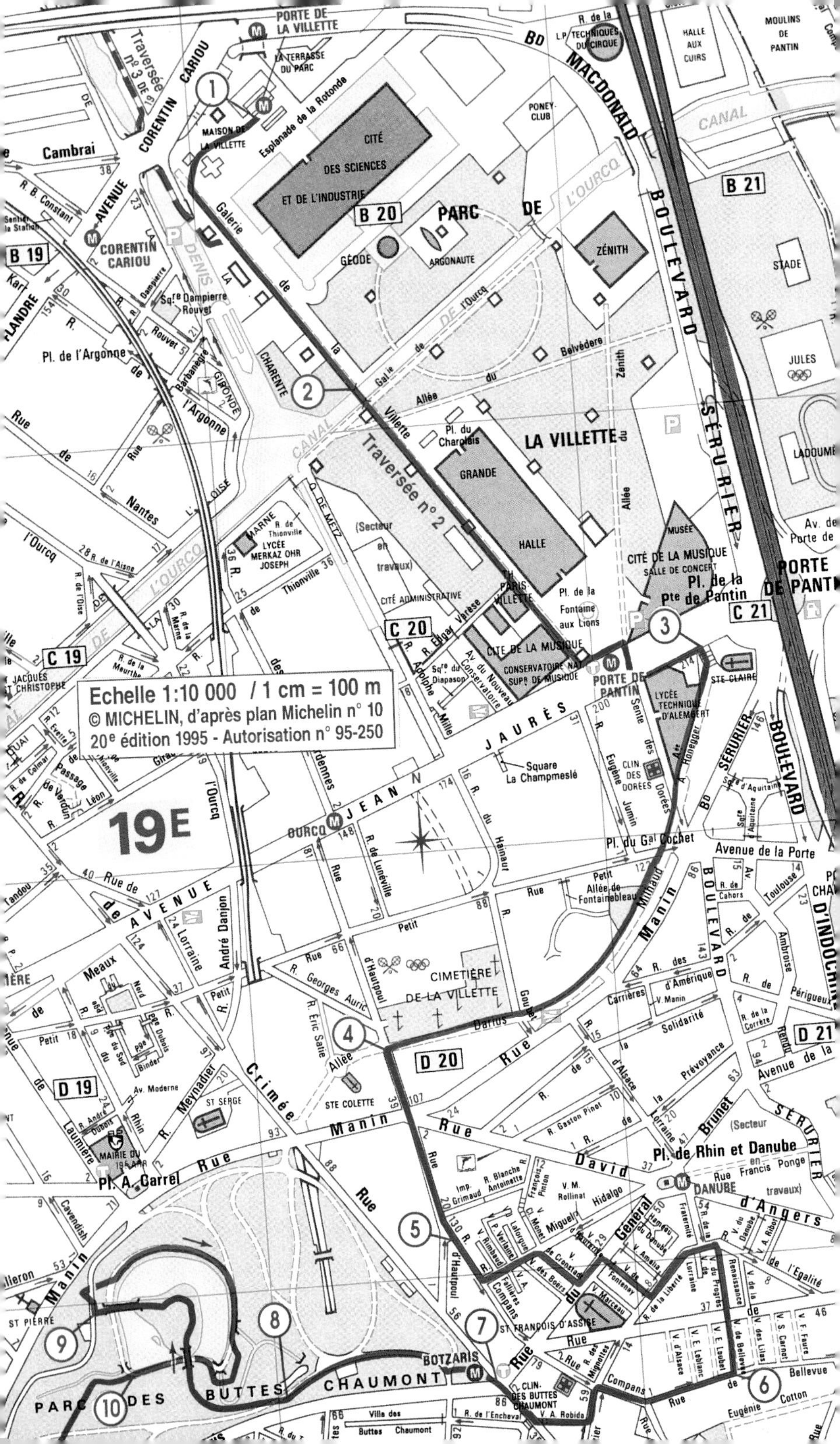

Echelle 1:10 000 / 1 cm = 100 m
© MICHELIN, d'après plan Michelin n° 10
20e édition 1995 - Autorisation n° 95-250

Sortir du parc de la Villette pour aboutir sur l'**avenue Jean-Jaurès** (ancienne route d'Allemagne, par Meaux). A gauche, se trouve le

▶ **Métro Porte-de-Pantin** (ligne 5).

▶ **Bus 75, PC, 151 a-b.**

W-C juste après la bouche de métro.

Cette ancienne porte des fortifications était la première rencontrée depuis la Porte de la Villette.

Traverser l'avenue et poursuivre un peu.

③ Juste après l'hôtel *Holiday Inn*, descendre vers l'**allée Arthur-Honegger,** voie piétonnière aménagée sur 900 m, entre deux rangées d'immeubles d'habitation, à l'emplacement du raccordement ferroviaire entre la Petite-Ceinture et les abattoirs de la Villette (gare «Paris-Bestiaux»), qui passait sous l'avenue Jean-Jaurès. La voie piétonnière se poursuit, au-delà du carrefour de la sente des Dorées et de la rue Petit sous le nouveau nom d'**allée Darius-Milhaud**, et laisse à droite le square du Petit-Bois. Après la rue Goubet, marquée par un mail de tulipiers, cette essence constitue la plantation de la voie jusqu'à la fin. Après cette rue, monter sur le trottoir en planches au pied d'une grande paroi blanche inclinée. Cette dernière est percée d'ouvertures qui laissent apercevoir, nettement en contrebas, le cimetière de la Villette, qui témoigne ici du niveau originel du terrain.

Déboucher sur la rue d'Hautpoul, face à ce qui était il y a peu de temps une gare locale de marchandises (avec agence du Sernam), mais autrefois la gare Belleville-Villette du chemin de fer de la Petite-Ceinture.

▶ Par cette rue arrivera, de droite, l'itinéraire de traversée de Paris n° 3, qui se poursuivra jusqu'aux Buttes-Chaumont en tronc commun avec le n° 2.

Au n° 38 se trouve l'entrée de l'actuel cimetière de la Villette, en réalité le quatrième cimetière de l'ancienne commune, ouvert en 1831 ; depuis 1880, il ne conserve que des concessions perpétuelles.

④ Prendre la **rue d'Hautpoul** (en 1730, chemin de la Villette à Belleville) à gauche jusqu'à la rue Manin.

▶ **Bus 75**

▶ *La cote d'altitude est ici de 60 m.*

Au-delà, commence la lente montée en direction des hauteurs de Belleville ; il s'agit plutôt d'un plateau (contenant le point culminant de Paris, soit 128,5 m à l'entrée du cimetière de Belleville, rue du Télégraphe) qui domine Paris côté Nord-Est et Est, en se terminant en pente douce à Charonne. L'immeuble du n°35 porte une plaque «Société Philanthropique 1780».

⑤ Bifurquer à gauche dans la **rue Compans**, passant ici de l'ancien territoire de La Villette à celui de Belleville. Quitter cette rue à gauche pour la rue **Miguel-Hidalgo**.

DES

Sur 24 000 m^2 de part et d'autre, avait été ouvert en 1878 l'éphémère marché aux chevaux et aux fourrages, sur les anciennes carrières «d'Amérique», ce qui explique que tout le secteur ne soit bâti qu'en constructions basses, petites maisons particulières réparties le long de villas (datant du 19e siècle) non accessibles aux voitures et étagées sur les pentes en montant jusqu'au plateau (rue de Bellevue).
La deuxième (villa des Boërs) donne sur le chevet de l'église Saint-François-d'Assise, édifiée en 1926 sur une forte pente.

Prendre la villa suivante à droite : la **villa de Cronstadt**, bordée de pavillons semblables et d'origine assez modeste. Emprunter à gauche la **rue du Général-Brunet** , puis, face à la villa d'Hauterive à l'allure plus élégante, la **villa de Fontenay**, aux pavillons moins ordinaires (façades décorées) et précédés d'arbres variés, ensuite à gauche la **rue de la Liberté** (de 1889), où se remarque aux n° 6-8 un ensemble plutôt pittoresque.

Villa de Fontenay.
Photo Christophe Marcouly.

▶ **Métro Danube, ligne 7b,** *à 90 m par la rue de la Fraternité.*

Continuer par la **rue de l'Egalité** (également de 1889), et s'engager aussitôt à droite dans la **villa du Progrès**, aux petits pavillons étroits (l'une des courettes de droite est pourvue d'une vigne produisant du raisin) qui croise la rue de Mouzaïa ; l'horizon est encombré par les tours massives de la place des Fêtes. Franchir un quatrième et dernier palier par la **villa de Bellevue** à la végétation abondante. C'est ici l'ancienne butte de Beauregard.

(6) Emprunter à droite la **rue de Bellevue**, au nom significatif, chemin bordé en 1746 de six moulins à vent bien placés (altitude 110 m). Continuer par la **rue Compans**, puis la première à gauche : **rue Arthur-Rozier**, et aussitôt à droite la **villa Albert-Robida**, qui se termine par un grand escalier redescendant sur la **rue de Crimée**, très longue rue reliant la Villette (aujourd'hui la Porte d'Aubervilliers) à la place des Fêtes. Prendre cette rue à droite pour gagner la pointe Est du parc des Buttes-Chaumont (carrefour Botzaris/Général-Brunet, altitude 90 m).

▶ **Métro Botzaris** *(ligne 7 bis).*
▶ **Bus 60**

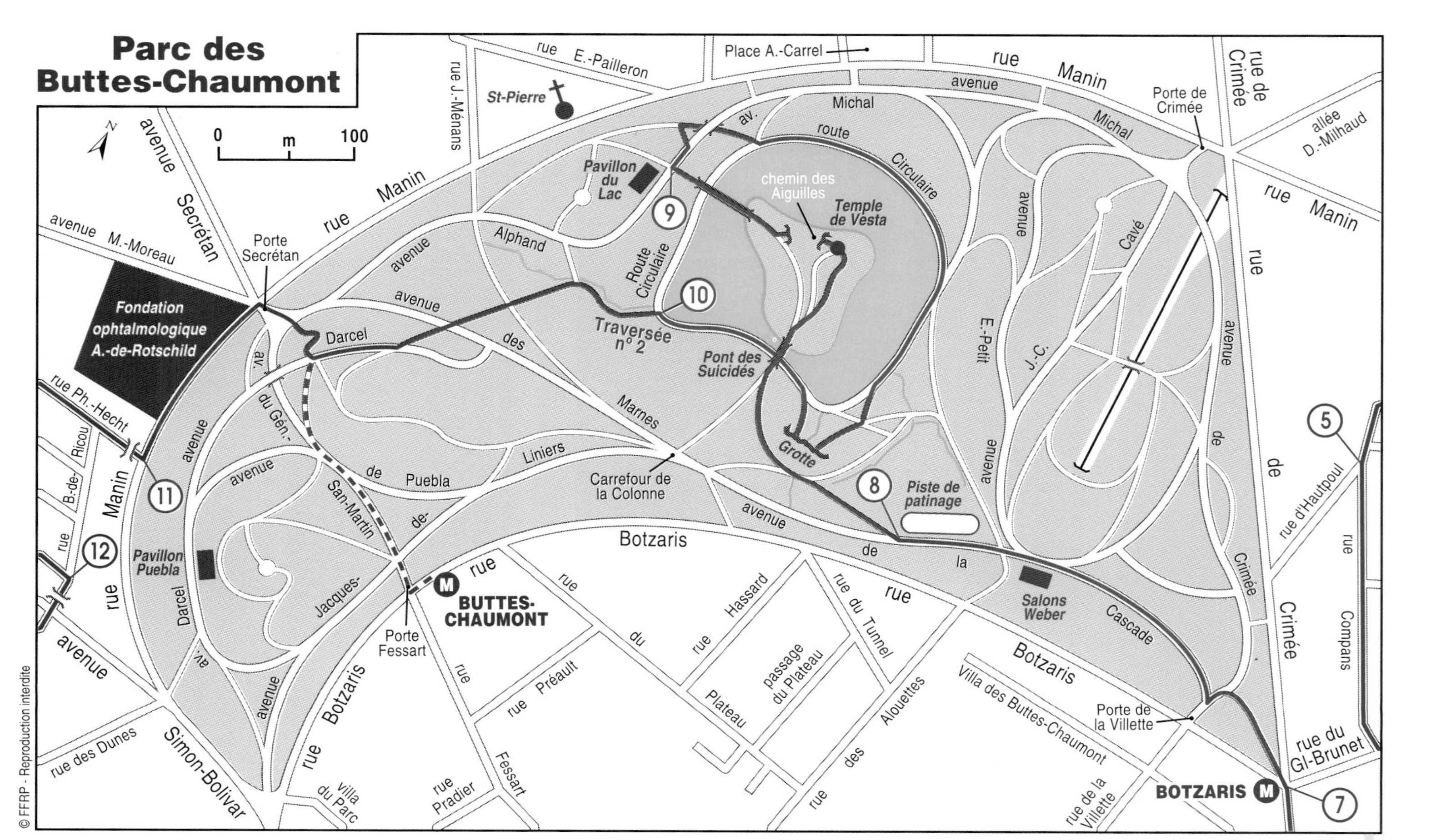
Parc des Buttes-Chaumont
0 m 100
N
Fondation ophtalmologique A.-de-Rotschild
Porte Secrétan
Porte de Crimée
Porte Fessart
Porte de la Villette
Place A.-Carrel
St-Pierre
Pavillon du Lac
Pavillon Puebla
Salons Weber
Piste de patinage
Grotte
Pont des Suicidés
Temple de Vesta
chemin des Aiguilles
Traversée n° 2
Carrefour de la Colonne
BUTTES-CHAUMONT
BOTZARIS
rue Manin
avenue Secrétan
avenue M.-Moreau
rue Ph.-Hecht
rue B.-de-Ricou
rue E.-Pailleron
rue J.-Ménans
rue de Crimée
allée D.-Milhaud
rue d'Hautpoul
rue Compans
rue du Gl-Brunet
rue de la Villette
Villa des Buttes-Chaumont
rue des Alouettes
rue du Tunnel
passage du Plateau
rue du Plateau
rue Hassard
rue Préault
rue Fessart
rue Pradier
villa du Parc
rue Botzaris
avenue Simon-Bolivar
rue des Dunes
avenue Michal
route Circulaire
avenue Alphand
avenue Darcel
avenue des Marnes
avenue de Puebla
avenue du Gén.-San-Martin
avenue Jacques-de-Liniers
avenue E.-Petit
avenue J.-C.-Cavé
avenue de Crimée
avenue de la Cascade
5
7
8
9
10
11
12

2. De Botzaris à Buttes-Chaumont 1,9 km

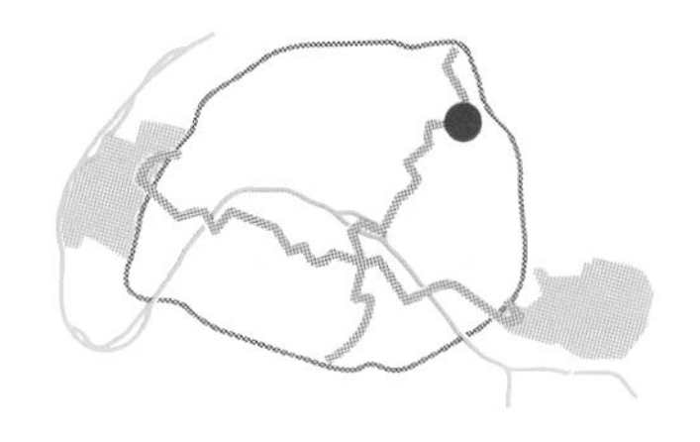

(7) Pénétrer dans le **parc des Buttes-Chaumont** *(ouvert jusqu'à 23 h du 1er mai au 29 septembre et jusqu'à 21 h du 30 septembre au 30 avril)* par l'allée étroite qui s'ouvre dans l'angle du carrefour et rejoint la large avenue de Crimée.
Dans cette dernière, W-C publics à 150 m en descendant, sur la droite après l'aire de jeux pour les enfants.

Prendre à gauche, venant de la Porte de la Villette proche, l'avenue de la Cascade qui demeure en partie haute du parc (la pointe du parc a coupé l'ancien chemin rue de la Villette - rue d'Hautpoul). Au niveau d'un gros marronnier à droite se creuse un ravin profond, par lequel le chemin de fer de la Petite-Ceinture, aux rails toujours en place, accède au long tunnel de 1 124 m (le plus long de la ligne) qui passe sous le plateau pour ressortir à l'ex-station de Ménilmontant (rue de la Mare). Dépasser les salons Weber et trois marronniers au port en chandelier en continuant la même avenue plus à gauche.

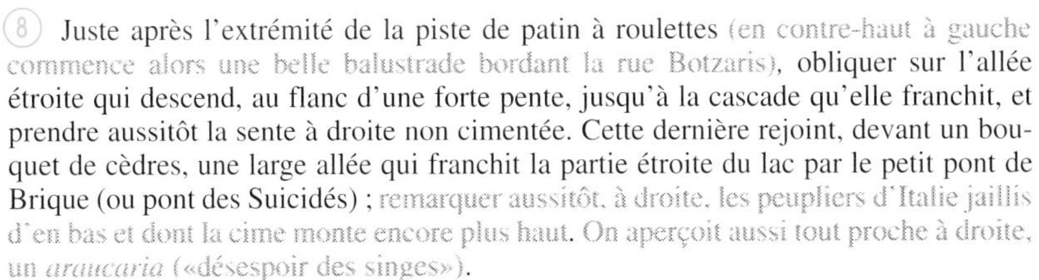

(8) Juste après l'extrémité de la piste de patin à roulettes (en contre-haut à gauche commence alors une belle balustrade bordant la rue Botzaris), obliquer sur l'allée étroite qui descend, au flanc d'une forte pente, jusqu'à la cascade qu'elle franchit, et prendre aussitôt la sente à droite non cimentée. Cette dernière rejoint, devant un bouquet de cèdres, une large allée qui franchit la partie étroite du lac par le petit pont de Brique (ou pont des Suicidés) ; remarquer aussitôt, à droite, les peupliers d'Italie jaillis d'en bas et dont la cime monte encore plus haut. On aperçoit aussi tout proche à droite, un *araucaria* («désespoir des singes»).

Obliquer à droite pour monter au petit temple de Vesta, dit de la «Sybille», réplique de celui de Tivoli près de Rome (comme d'ailleurs celui du lac Daumesnil au bois de Vincennes). On y a vue à gauche, entre deux immeubles proches, sur la butte Montmartre, où se profilent le Sacré-Cœur et son campanile.

En face : les tours dites «orgues de Flandre», et devant en bas la mairie du 19e au clocheton caractéristique. Ce promontoire, proche de l'altitude 100 m qui est celle du plateau alentour, domine de 35 m la partie basse du parc.

Pour le quitter, rejoindre, derrière le temple de Vesta, le discret escalier de deux cents marches (chemin des Aiguilles) qui perfore la rocaille en partie artificielle. Continuer par le sentier qui part à gauche, puis par la large allée qui franchit le pont suspendu de 65 m jeté au-dessus du lac.

Toute proche à droite, la grande aiguille en roche d'origine, mais consolidée et visiblement terminée par une maçonnerie ; ses flancs sont colonisés par des dizaines d'ailantes.

Le parc des Buttes-Chaumont

C'est une incontestable réussite que cet espace vert de 25 hectares -l'un des plus grands de Paris-, si l'on songe qu'Alphand dut le réaliser, pour satisfaire le désir de Napoléon III de mettre un espace de détente à la disposition des populations laborieuses de l'est parisien, sur un site des plus arides et désolés. Mais si son relief très tourmenté lui confère un charme unique, c'est précisément parce que l'ancien Calvus Mons (mont chauve) n'était constitué que de carrières de gypse -en partie à ciel ouvert- sous un sol d'argile et de glaise absolument impropre à toute culture. Les profonds ravins, entrées de carrières et fours à plâtre étaient, de nuit, le repaire de clochards et vagabonds, voire de truands. Seuls les moulins à vent égayaient quelque peu les points hauts.
Des combats violents eurent lieu ici en 1814 contre les Prussiens, et sous la Restauration proliférèrent les décharges, vidanges, établissements d'équarrissage. Cependant, des travaux gigantesques qui durèrent quatre ans permirent l'inauguration, le 1er mai 1867, d'un ensemble exceptionnel dont la richesse en essences indigènes ou exotiques est frappante aujourd'hui, alors que beaucoup d'arbres encore présents sont centenaires et même plus.
Des écureuils gris de Corée y ont été récemment introduits.

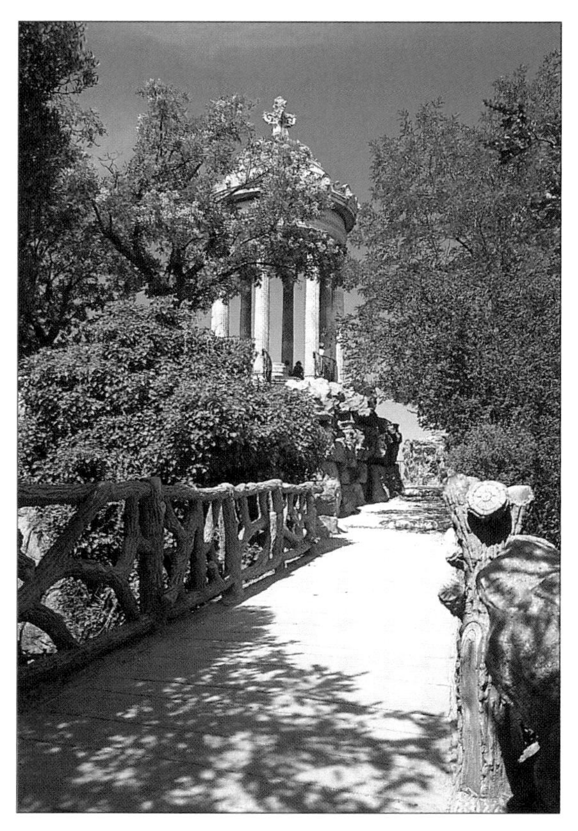

Temple de Vesta aux Buttes-Chaumont *Photo Christophe Marcouly.*

Massif de fleurs dans le parc des Buttes-Chaumont. *Photo Anne-Marie Minvielle.*

(9) Déboucher près du restaurant-salon de thé *le Pavillon du Lac* ; prendre à droite l'avenue Michal, puis à 20 m à gauche, face à un gros marronnier, un escalier qui, sous les frondaisons permet, en passant sous l'avenue, de rejoindre la route Circulaire au bord du lac artificiel de deux hectares (à gauche : sortie du parc par la «porte Armand Carrel»).

Sur la rive : un grand peuplier blanc ; de nombreux autres arbres intéressants sont signalés par des plaquettes.

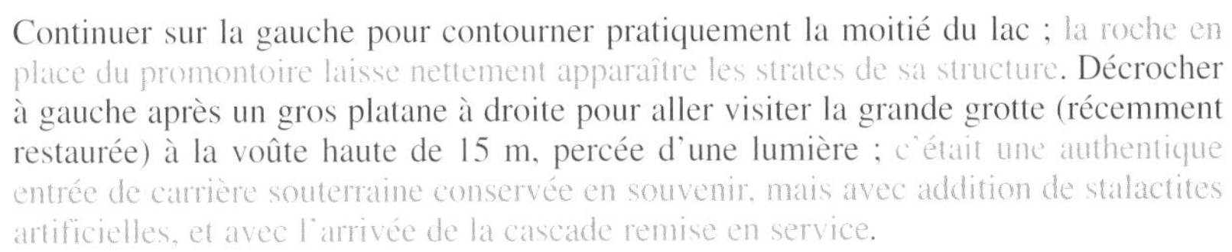

Continuer sur la gauche pour contourner pratiquement la moitié du lac ; la roche en place du promontoire laisse nettement apparaître les strates de sa structure. Décrocher à gauche après un gros platane à droite pour aller visiter la grande grotte (récemment restaurée) à la voûte haute de 15 m, percée d'une lumière ; c'était une authentique entrée de carrière souterraine conservée en souvenir, mais avec addition de stalactites artificielles, et avec l'arrivée de la cascade remise en service.

Revenir sur la rive du lac, face aux trois grands peupliers déjà vus d'en haut, pour passer cette fois sous le pont perché à 22 m.

(10) Au coude suivant, au lieu de suivre la courbe à droite, quitter la route Circulaire devant deux grands *ginkgos* («arbre aux quarante écus»), pour remonter le long de la rocaille aux cascatelles.

Prendre à gauche à la fourche une allée toute droite qui, après deux croisements, rejoint en oblique l'avenue Darcel en contrebas d'un mamelon.

▶ **Métro Buttes-Chaumont (ligne 7 bis)** *(à 200 m hors du parc, en prenant la sente à gauche pour rejoindre et remonter l'avenue du Général-San-Martin). La traversée n°3, à son début, empruntera également la même sente.*

Prendre un escalier discret à droite qui serpente pour parvenir devant la sortie dite de la «porte Secrétan», par où l'on quitte le parc.

▶ **Bus 75**

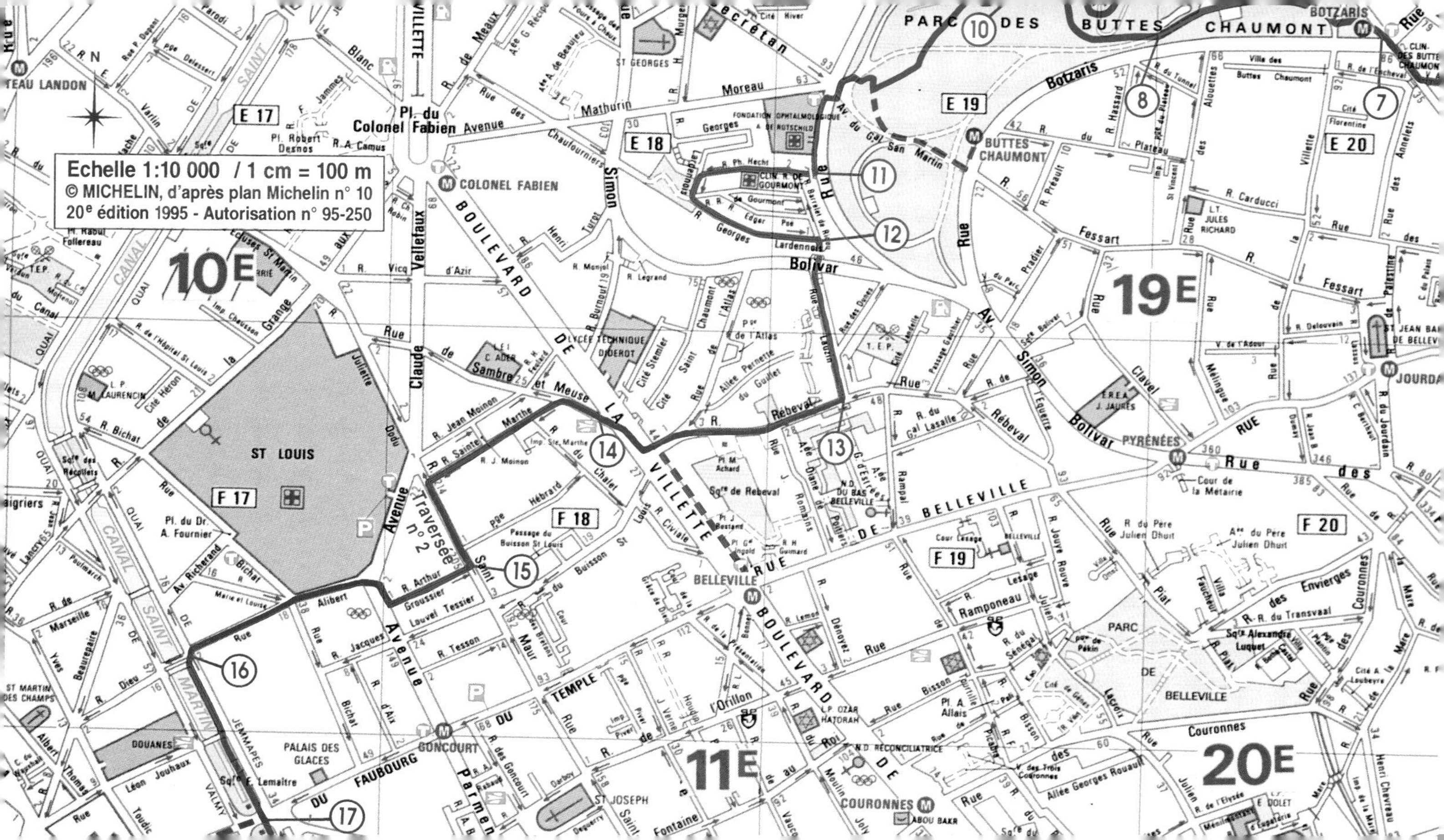
Echelle 1:10 000 / 1 cm = 100 m
© MICHELIN, d'après plan Michelin n° 10
20e édition 1995 - Autorisation n° 95-250
10E
19E
11E
20E
PARC DES BUTTES CHAUMONT
BOTZARIS
BUTTES CHAUMONT
COLONEL FABIEN
Pl. du Colonel Fabien
BOULEVARD DE LA VILLETTE
BOULEVARD DE BELLEVILLE
RUE DE BELLEVILLE
BELLEVILLE
PYRÉNÉES
JOURDAIN
GONCOURT
COURONNES
PARC DE BELLEVILLE
ST LOUIS
Traversée n° 2
CANAL SAINT MARTIN
QUAI DE JEMMAPES
QUAI DE VALMY
FAUBOURG DU TEMPLE
Av. Simon Bolivar
Av. du Gal San Martin
Rue Botzaris
Rue de Crimée
Rue Rébeval
Rue Jean Moinon
Rue Sainte Marthe
Rue Saint Maur
Avenue Parmentier
Avenue Claude Vellefaux
Rue Bichat
Rue Alibert
LYCÉE TECHNIQUE DIDEROT
FONDATION OPHTALMOLOGIQUE A. DE ROTSCHILD
CLIN. R. DE GOURMONT
E.R.E.A. J. JAURÈS
PALAIS DES GLACES
DOUANES
ST JOSEPH
ST GEORGES
ST MARTIN DES CHAMPS
E 17
E 18
E 19
E 20
F 17
F 18
F 19
F 20
7
8
10
11
12
13
14
15
16
17

3. De Buttes-Chaumont à République 2,4 km

A la sortie du parc, traverser et prendre à gauche la **rue Manin** (ouverte en 1862 comme voie de pourtour du parc). Longer la Fondation ophtalmologique Adolphe de Rothschild (édifice de 1905).

11 Au n° 21 (premier immeuble), s'engager dans un escalier démarrant sous voûte qui, en 78 marches, gagne le sommet d'une curieuse petite butte isolée : la butte Saint-Chaumont, en saillie de tous côtés sur les terrains environnants.

Ce lieu n'a été bâti qu'en 1927, à la place d'un stade avant lequel n'existait rien. Accessible aux voitures par une unique voie en épingles à cheveux, c'est un havre de calme dont les constructions, de hauteur modérée, sont le plus souvent précédées d'arbres, arbustes et autres verdures.

Prendre en face la **rue Philippe-Hecht**, qui débouche sur la **rue Georges-Lardennois**, laquelle fait un coude à gauche.

▶ De ce point, un talus aménagé en jardin descend à la rue des Chaufourniers.

La vue ici dégagée permet de reconnaître - par-delà et entre le sommet des immeubles - et en se déplaçant de droite à gauche : la butte Montmartre (le Sacré-Cœur et son campanile distinct, le grand réservoir d'eau potable), la Défense et, parmi les tours, la Grande Arche, l'hôtel Méridien, le dôme de Saint-Augustin et, au loin, le mont Valérien, l'église américaine du quai d'Orsay, la tour Eiffel, le front de Seine du 15e et, derrière le Louvre, les Invalides.

Face au n° 71, on peut apprécier la dénivellation, qui représente six étages.

12 Au bout de la rue Lardennois, redescendre de la butte par un escalier qui se termine sous un grand immeuble. Traverser en face l'avenue Simon-Bolivar (**Bus 26** à 150 m à droite) et s'engager dans l'**allée Louise-Labé** (parallèle à la rue Lauzin, mais plus élevée) qui longe et dessert une importante suite d'immeubles modernes dévalant la pente, pourvus d'espaces verts intérieurs (jolie maison au 18, rue Lauzin).

13 Prendre à droite la **rue Rébeval** (en 1672, chemin Saint-Laurent, qui conduisait du village de Belleville au quartier parisien de Saint-Laurent).
Les rues qui s'en détachent côté Nord (telle la rue Lauzin) sont d'anciennes sentes qui venaient buter au pied des hauteurs du mont Chauve, donnant accès aux carrières ou, pour certaines, aux moulins établis sur les hauteurs.

A l'extrémité de la rue Rébeval, se découvrent trois bâtisses basses anciennes, témoins de l'habitat faubourien d'autrefois (1, rue de l'Atlas, 1, et 3, rue Rébeval).

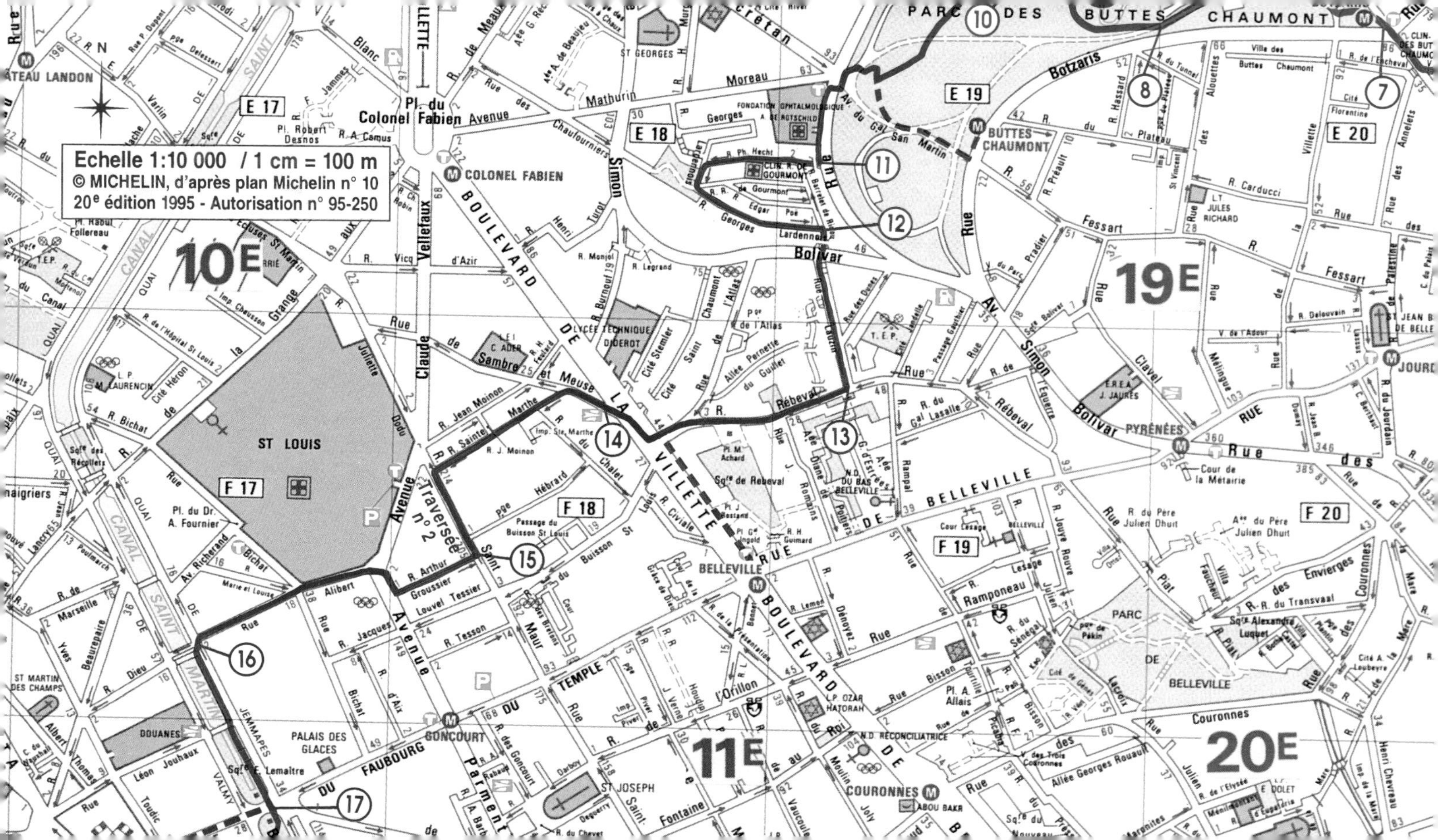
Echelle 1:10 000 / 1 cm = 100 m
© MICHELIN, d'après plan Michelin n° 10
20e édition 1995 - Autorisation n° 95-250
PARC DES BUTTES CHAUMONT
10E
19E
11E
20E
E 17
E 18
E 19
E 20
F 17
F 18
F 19
F 20
BOULEVARD DE LA VILLETTE
BOULEVARD DE BELLEVILLE
RUE DE BELLEVILLE
Traversée n° 2
ST LOUIS
PARC DE BELLEVILLE
COLONEL FABIEN
BUTTES CHAUMONT
BELLEVILLE
PYRÉNÉES
GONCOURT
COURONNES
JOURDAIN
Pl. du Colonel Fabien
Avenue Simon Bolivar
Av. du Gal San Martin
Rue Botzaris
Rue Rébeval
Canal Saint Martin
Quai de Jemmapes
Quai de Valmy
Rue du Faubourg du Temple
Avenue Parmentier
Avenue Claude Vellefaux
Rue de Sambre et Meuse
Rue Saint Maur
Rue Alibert
Rue Bichat
PALAIS DES GLACES
DOUANES
LYCÉE TECHNIQUE DIDEROT
FONDATION OPHTALMOLOGIQUE A. DE ROTSCHILD
ST JOSEPH
ST GEORGES
ST MARTIN DES CHAMPS
ST JEAN B. DE BELLEVILLE
N.D. RÉCONCILIATRICE
N.D. DU BAS BELLEVILLE
Sqre de Rebeval
7
8
10
11
12
13
14
15
16
17

Rejoindre le terre-plein central du **boulevard de la Villette** (avant 1864 : boulevards de la Chopinette et du Combat de part et d'autre du carrefour, côté intérieur de l'enceinte des Fermiers Généraux).
En ce point, autrefois, on quittait la commune de Belleville pour entrer dans Paris par la barrière de la Chopinette.

On quitte le 19e arrondissement pour le **10e arrondissement** (quartier Hôpital-Saint-Louis).

▶ **Métro Belleville** (lignes 2 et 11) *à 200 m à gauche (hors itinéraire).*

Le mercredi et le samedi, un marché pittoresque (spécialisé notamment dans la vente d'aromates et plantes orientaux) occupe le terre-plein.

(14) Quitter ce dernier sur la gauche pour la **rue de Sambre-et-Meuse** (en 1672, chemin de la Chopinette, suite du chemin Saint-Laurent). Prendre aussitôt à gauche la **rue Sainte-Marthe**.

Cette rue des plus modestes a conservé, avec une belle homogénéité, son aspect de quartier populaire 19e siècle, ce qui a décidé la Mairie de Paris à entreprendre des travaux visant à accentuer l'atmosphère un peu villageoise des lieux, y compris la placette qui la borde à gauche. Parallèlement, une Opération programmée d'amélioration de l'habitat (O.P.A.H.) permet aux différents propriétaires, avec aides financières particulières, de rénover les façades et moderniser les logements. La structure interne des îlots comporte des cours ou courettes allongées garnies de bâtisses basses servant soit de logements, soit d'ateliers artisanaux. Se détache à droite la rue Jean-Moinon, en position de barre de «H» entre deux rues parallèles et proches : la deuxième rue porte d'ailleurs ce même nom, et celle-là est comme un appendice, qui porte les numéros 18, 18bis et 20 en continuité du numérotage de la vraie rue Jean-Moinon ! Revenir à gauche sur la rue Sainte-Marthe. Nouvelle courette à signaler entre les numéros 13 et 9. Pour finir, on peut admirer sur la dernière façade à gauche (n° 2) un trompe-l'œil de 1992 très réussi qui, sur chacun des quatre étages, simule les première, troisième et quatrième fenêtres (inexistantes) avec un réalisme riche dans le détail.

Trompe-l'œil, rue Juliette Dodu.
Photo Philippe Dangeville

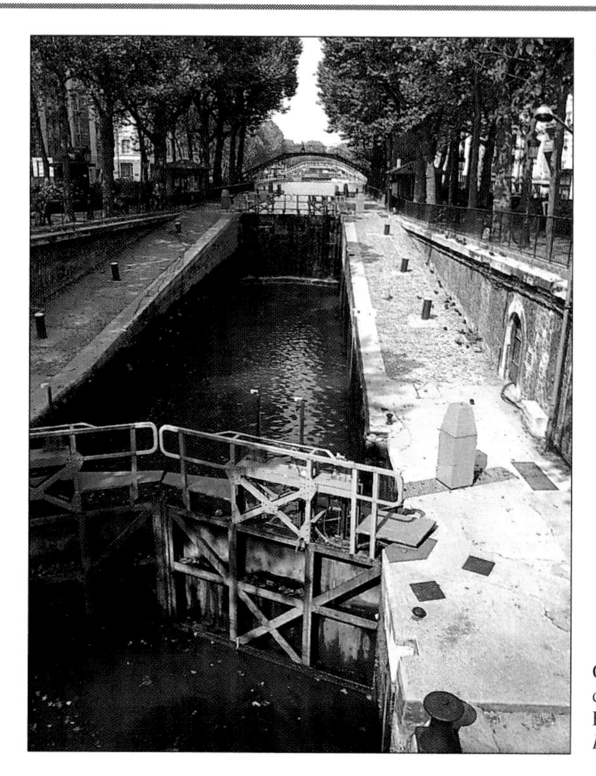

Canal Saint-Martin, double écluse au square Frédérick-Lemaître. *Photo Christophe Marcouly.*

L'hôpital Saint-Louis

C'est le plus ancien des actuels hôpitaux de Paris, et le plus remarquable en matière d'architecture : de pur style Louis XIII associant la brique aux pierres de taille, il est contemporain de la place des Vosges et de la place Dauphine. C'est Henri IV qui en décida la construction en 1607, pour mieux faire face aux épidémies de peste (telles celles de 1596, 1605 et 1606) qui ravageaient Paris périodiquement, en rejetant loin de la ville malades et soignants désormais isolés dans un nouvel hôpital, car on avait découvert le principe de la contagion. L'établissement reçut le nom de Saint-Louis, car le pieux roi était mort lui-même de la terrible maladie.

Depuis 1801 cet hôpital était devenu spécialisé dans le traitement de toutes les maladies de la peau ; il l'est demeuré jusqu'à nos jours, et c'est aujourd'hui un centre dermatologique de réputation internationale. Jusqu'en 1986, le pavillon de Malte accueillit des lépreux. En 1818 y fut expérimenté l'éclairage au gaz grâce à une petite usine à gaz privée, première du genre, qui fonctionna d'ailleurs jusqu'en 1890. L'extension du procédé aux rues de la capitale résulta du succès de l'expérience.

De nos jours, les neuf hectares du terrain entourant le vieil hôpital ont reçu des constructions 19e et 20e siècles, répondant aux normes sanitaires requises, mais, selon l'angle de vue, elles masquent plus ou moins l'édifice originel du 17e siècle.

La rue se termine sur la **rue Saint-Maur**, qui était la vieille route conduisant de l'abbaye de Saint-Denis à l'abbaye de Saint-Maur-des-Fossés.

Du carrefour à droite (avec les rues Claude-Vellefaux et Juliette-Dodu), vue sur les hautes toitures Louis XIII, à tuiles plates, de l'hôpital Saint-Louis, et, à 900 m dans l'axe de la rue, sur un trompe-l'œil habile qui donne l'illusion de trois plans successifs sur le même mur pignon.

▶ **Bus 46 et 75** *au carrefour.*

Tourner à gauche dans la **rue Saint-Maur**, qui contient côté gauche des immeubles relativement de qualité, avec toujours une longue cour intérieure. Au n° 212 : trois cours successives ; au n° 210 : cinq cours en chapelet ; au n° 208 : une longue «cité» médiane (artisanale) suit la cour.

(15) S'engager ensuite à droite dans la **rue Arthur-Groussier**, qui débouche dans l'avenue Parmentier.

▶ **Métro Goncourt** (ligne 11) *à 200 m à gauche (hors itinéraire).*

Emprunter à droite l'**avenue Parmentier** pour déboucher devant l'enclos de **l'hôpital Saint-Louis.**

▶ **Bus 46 et 75.**

Prendre à gauche la **rue Alibert** ; juste après la rue Bichat, nouvelle vue sur les bâtiments Louis XIII de l'hôpital Saint-Louis. Au bout de la rue, se trouve un pont tournant sur le canal Saint-Martin.

(16) Franchir la chaussée du **quai de Jemmapes** (contemporain au canal : 1822, et appelé Charles X jusqu'en 1830), pour aller sur la gauche longer le canal sur sa berge.

A ce dernier succèdent, après la passerelle de la Douane conservée, d'époque, deux écluses en série que longe le square **Frédérick-Lemaître**. La chute de niveau totale est assez importante. Juste après le dernier batardeau commence le tunnel de 2 100 m qui abrite le canal jusqu'à la Bastille. Le rond-point terminal est orné d'un buste qui représente le célèbre acteur de théâtre **Frédérick Lemaître** du 19e siècle.

Traverser la rue du Faubourg-du-Temple, l'un des plus anciens faubourgs de sortie de Paris vers l'Est, qui depuis toujours menait au village de Belleville. Un peu plus haut se situait la Basse Courtille, concentration de cabarets, qui faisait suite à la Haute Courtille de Belleville, souvent évoquée dans les chansons d'autrefois.

On passe ici du 10e arrondissement au **11e arrondissement** (quartier la Folie Méricourt).

▶ **Métro République** (lignes 3, 5, 8, 9, 11) *à 250 m à droite (hors itinéraire).*

▶ **Bus 75** *au carrefour*

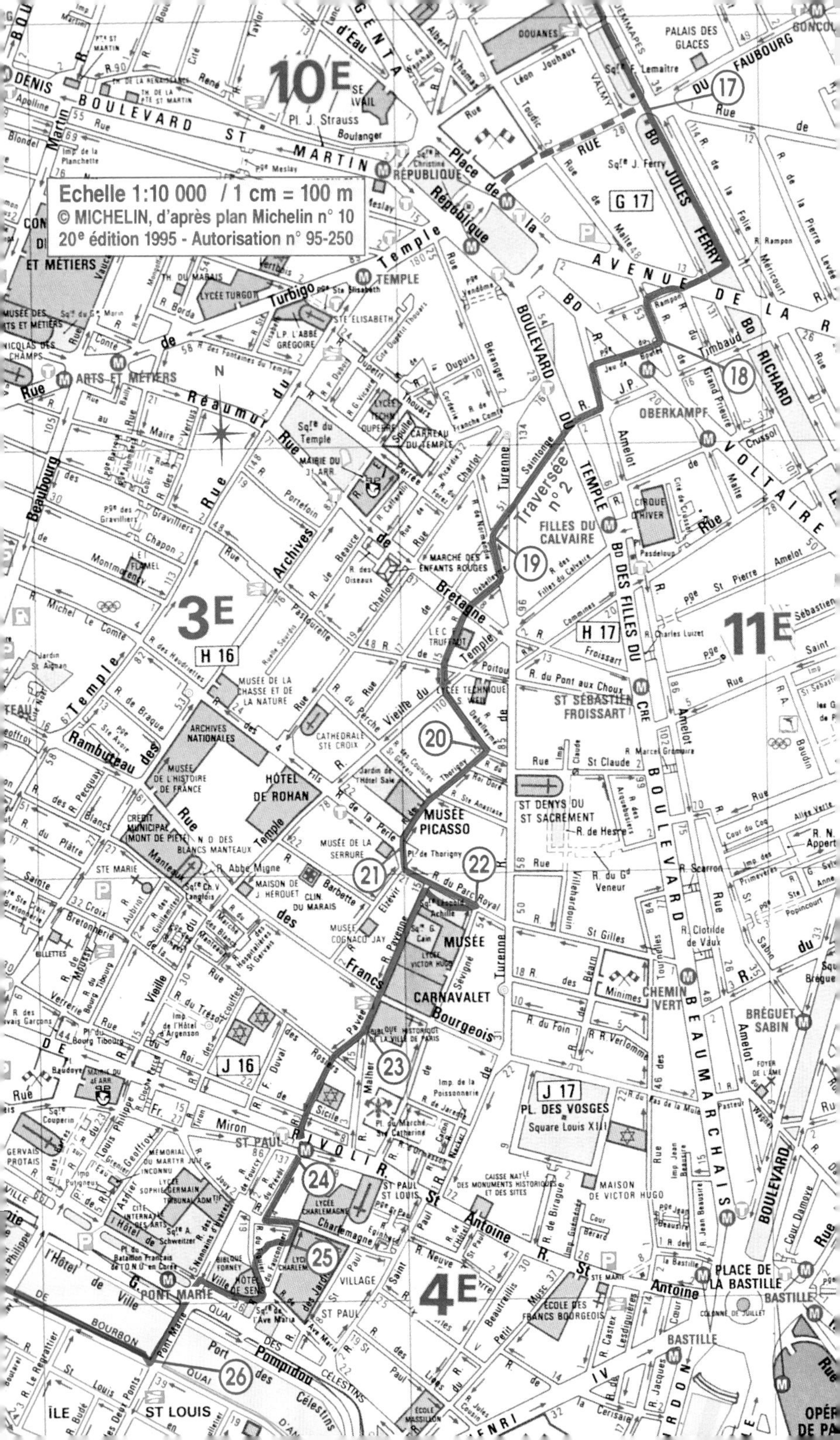

Echelle 1:10 000 / 1 cm = 100 m
© MICHELIN, d'après plan Michelin n° 10
20e édition 1995 - Autorisation n° 95-250
10E
3E
4E
11E
G 17
H 16
H 17
J 16
J 17
BOULEVARD ST MARTIN
Place de la République
AVENUE DE LA RÉPUBLIQUE
BD JULES FERRY
RUE DU FAUBOURG DU TEMPLE
BOULEVARD DU TEMPLE
BD DES FILLES DU CALVAIRE
BOULEVARD BEAUMARCHAIS
BD RICHARD LENOIR
BOULEVARD VOLTAIRE
Rue de Turbigo
Rue du Temple
Rue Réaumur
Rue des Archives
Rue de Bretagne
Vieille du Temple
Rue des Francs Bourgeois
Rue de Rivoli
Rue St Antoine
Traversée n° 2
OBERKAMPF
FILLES DU CALVAIRE
CIRQUE D'HIVER
ARTS ET MÉTIERS
TEMPLE
RÉPUBLIQUE
LYCÉE TURGOT
Sq. du Temple
MAIRIE DU 3e ARR.
CARREAU DU TEMPLE
MARCHÉ DES ENFANTS ROUGES
ARCHIVES NATIONALES
MUSÉE DE L'HISTOIRE DE FRANCE
HÔTEL DE ROHAN
MUSÉE DE LA CHASSE ET DE LA NATURE
CATHÉDRALE STE CROIX
MUSÉE PICASSO
MUSÉE DE LA SERRURE
ST SÉBASTIEN FROISSART
ST DENYS DU ST SACREMENT
MUSÉE CARNAVALET
CHEMIN VERT
BRÉGUET SABIN
PL. DES VOSGES
Square Louis XIII
MAISON DE VICTOR HUGO
ST PAUL
LYCÉE CHARLEMAGNE
HÔTEL DE SENS
PONT MARIE
ÎLE ST LOUIS
QUAI DES CÉLESTINS
PLACE DE LA BASTILLE
COLONNE DE JUILLET
BASTILLE
ÉCOLE DES FRANCS BOURGEOIS
VILLAGE ST PAUL
17
18
19
20
21
22
23
24
25
26

4. De République à Pont-Marie 2,3 km

Si l'on part du métro République, emprunter la rue du Faubourg-du-Temple jusqu'à l'intersection avec le boulevard Jules-Ferry.

17 Continuer dans le square axial du **boulevard Jules-Ferry**.
Le rond-point central est orné d'une statue figurant une charmante jeune femme : c'est «la grisette de 1830».
Emprunter le terre-plein central du **boulevard Jules-Ferry** (qui depuis 1906 seulement, recouvre le canal et, de ce côté, remplace le quai Charles X).

La grande artère qui se continue ainsi sur 1,8 km jusqu'à la Bastille (en devenant le boulevard Richard-Lenoir) fut, dès la couverture achevée, aménagée en promenade dite de la «Reine-Hortense» ; elle vient d'être complètement rénovée avec agrandissement des espaces verts et décoration rappelant la présence du canal.

En vue du carrefour suivant, sortir du square pour traverser à droite d'abord la chaussée Ouest, et aussitôt l'avenue de la République, puis, au-delà de la rue du Grand-Prieuré, emprunter la **rue Rampon** et tourner à gauche dans la **rue de Malte** (ouverte en 1783 sur les fossés de l'enceinte de Louis XIII, et sur des terrains appartenant aux chevaliers de Malte).

18 Au n° 45, s'engager dans le curieux **passage du Jeu-de-Boules**, qui rejoint le boulevard Voltaire au bout duquel se voit la statue de la République.

Métro Oberkampf (lignes 5 et 9)

Bus 56

Traverser le boulevard au feu tricolore et revenir pour continuer le **passage du Jeu-de-Boules** jusqu'à la **rue Amelot** (ex-des Fossés-du-Temple, car elle longeait sur tout son parcours les fossés de l'enceinte de Louis XIII). Au n° 136 sur la placette plantée d'érables, portail monumental Louis XVI, vestige d'un hôtel disparu à la cour intérieure cylindrique. Tourner à droite dans la rue **Jean-Pierre-Timbaud** (en 1783 rue d'Angoulême, du nom du grand prieur du Temple), qui rejoint le boulevard du Temple, «nouveau cours» établi en 1656-1705 sur l'emplacement de l'enceinte de Charles V (Bastille-République...).

Devenu très rapidement la promenade à la mode en raison de l'abondance de bateleurs et cabarets, et, plus tard, de théâtres populaires : c'était le célèbre boulevard du Crime au 19e siècle encore, puissamment évoqué par le chef-d'œuvre du cinéma «Les enfants du paradis». Au-delà de cette artère se situe le secteur historique de Paris dit du «Marais», où sont nombreux encore aujourd'hui les édifices des 16, 17 et 18e siècles.

Le Temple

Autant l'ordre des Templiers a marqué profondément l'histoire de la France de 1118 à 1313, autant l'enclos des Templiers, véritable ville fortifiée hors Paris à l'origine, a marqué le quartier au cours des siècles. Les chevaliers de la Milice du Temple, ordre religieux et militaire fondé à Jérusalem, finirent par disposer d'une telle puissance, portant ombrage au pouvoir royal, que Philippe-le-Bel décida leur suppression et fit monter sur le bûcher leur grand-maître Jacques de Molay le 12 mars 1314. Cependant, l'enclos fortifié parisien fut dévolu à l'ordre des Frères Hospitaliers de Saint-Jean-de-Jérusalem (même origine que les Templiers : les Croisades, et même vocation), qui l'occupèrent jusqu'à la Révolution.

C'est dans le célèbre donjon du Temple que fut transféré le roi Louis XVI avec sa famille le 10 août 1792, geôle que les uns et les autres ne quittèrent que pour l'échafaud.

L'actuel square du Temple, de 1855, occupe une partie de l'emplacement du donjon, et de l'hôtel du Grand Prieur (avec ses jardins).

L'enceinte de Louis XIII : Les Grands Boulevards

L'enceinte fortifiée dite de Louis XIII fut créée en 1636 ; elle décrochait à la porte Saint-Denis de l'enceinte de Charles V (1356-1383), afin d'englober les nouveaux territoires de l'expansion parisienne vers l'ouest, jusqu'à la Concorde. Cependant, en 1670, une fortification protégeant Paris ne se justifiait plus, et Louis XIV décida de combler les fossés et abattre murailles, tours et bastions afin d'établir sur l'espace libéré le Nouveau Cours. Planté de quatre à cinq rangées d'arbres, ce fut alors la plus belle promenade de Paris et l'origine de nos grands boulevards actuels , selon le tracé Bastille, République, portes Saint-Martin et Saint-Denis, Madeleine, Concorde. De cette époque date d'ailleurs le néologisme «boulevard».
De nos jours, ces larges artères sont toujours animées car bordées de cafés, brasseries, théâtres et grands cinémas.

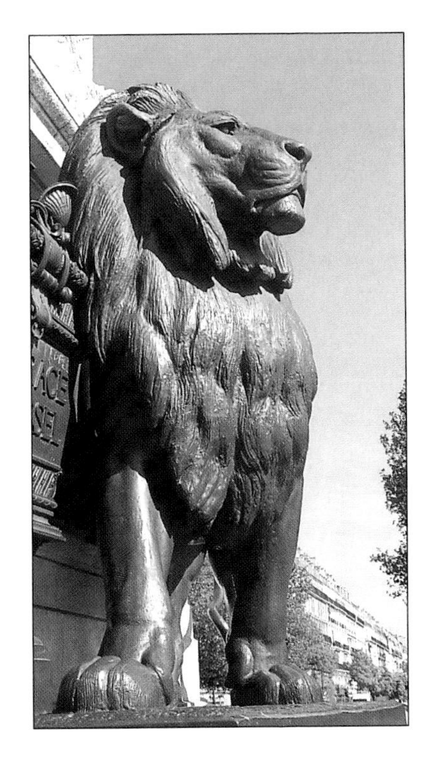

Piédestal de la statue
située place de la République.
Photo Anne-Marie Minvielle.

Le roi Henri IV, une fois réalisée la place Royale (place des Vosges), première grande place publique monumentale dans Paris, conçut en 1610 un autre projet grandiose : un ensemble de voies sur plan radio-concentrique convergeant vers une place de France semi-circulaire. Sa mort brutale bloqua le projet, mais il en reste tout de même de nos jours huit artères portant le nom d'une province française. C'est le cas de la rue de Saintonge.

▶ **Métro Filles-du-Calvaire** (ligne 8) *à 150 m à gauche*

▶ **Bus 20, 65, 96**

Ici l'on quitte le 11e arrondissement pour le **3e arrondissement** (quartier Enfants-Rouges).

Traverser le boulevard du Temple ; on peut remarquer vers la droite, avant son débouché sur la place de la République, l'infléchissement inattendu de l'alignement des façades sur 40 m, qui témoigne du tracé primitif de cette artère avant création de la place de la République actuelle. S'engager en face dans la **rue de Saintonge**. Croiser la rue de Turenne, une des rares voies relativement modernes du Marais, large et rectiligne.

(19) Tourner à gauche dans la **rue de Normandie** ; remarquer au passage le n° 9 (porche et maison basse) à droite du carrefour, et la construction d'angle en face en débouchant (n° 7 bis et n° 47 de la rue de Saintonge). Revenu à l'angle de la rue de Turenne (placette avec statue de Turenne enfant), prendre aussitôt à droite la **rue Debelleyme** (successivement en 1626 rue du Périgord, puis de Limoges, de l'Echaudé-au-Marais, et Neuve-Saint-François).

Croiser la rue de Bretagne (vieilles maisons aux n° 5, 7, 9 et très vieille au n° 11 à l'angle gauche, puis niches à statues au n° 19).

Après la rue de Poitou, on croise aussitôt la rue Vieille-du-Temple (noms gravés dans la pierre), dont le n° 110 est l'entrée de l'hôtel d'Espinay qui fait l'angle (accès toujours possible en tant que «galerie d'art Moussion» : deux cours reliées par un couloir, escaliers). Poursuivre la **rue Debelleyme**.

(20) Tourner à droite dans la **rue de Thorigny** (en 1620 rue Saint-Gervais, nom encore gravé dans les murs des deux côtés - ainsi d'ailleurs que rue Neuve-(Saint)-François à gauche).

Laisser à gauche la rue du Roi Doré (d'une enseigne montrant Louis XIII en buste doré) : au n°7/9, on peut voir comment une installation de commerce de métaux a pu, jusqu'ici, défigurer un ensemble bâti intéressant.

Au carrefour suivant, on trouve à nouveau des noms de rues gravés : (Saint)-Anastaz et Thorigni, puis à droite rue des Coutures-(Saint)-Gervais et rue de Thorigny.

Ensuite, du n° 6 au n° 10, façade conservée de l'hôtel de Percey et, en face au n° 5, l'hôtel Salé de 1656, actuel musée national Picasso. La rue se termine devant l'hôtel Libéral Bruant (n° 1, sur la rue de la Perle aux belles enfilades de façades), construit en 1685 par le grand architecte pour lui-même et actuellement musée de la Serrure.

Le Marais

Il s'agit d'un secteur constituant la plus grande partie des 3e et 4e arrondissements, et limité par la Seine, les rues Beaubourg et de Turbigo et les boulevards de la République à la Bastille.

La primitive Lutèce, confinée dans son île, ne connut sa première extension que sur la rive gauche : pentes de la montagne Sainte-Geneviève puis rive de la Seine. La rive droite fut longtemps inoccupée , car en majeure partie constituée de marécages ou terrains inondables, impropres à la culture comme à la construction, notamment à l'est de notre boulevard Sébastopol. Seuls émergeaient -faiblement- quelques «monceaux» comme le monceau Saint-Gervais et le monceau Saint-Merri, où purent être bâtis un sanctuaire, quelques maisons de pêcheurs et bateliers.

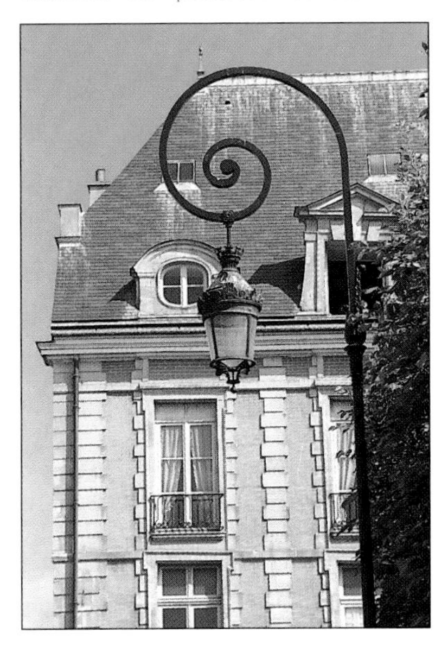

Façade et lampadaire dans
la rue des Francs-Bourgeois.
Photo Anne-Marie Minvielle.

La voie romaine de Lutèce à Melun suivait précisément une sorte d'arête parallèle à la Seine, qui fut encore exhaussée et consolidée : c'est le tracé suivi par la rue Saint-Antoine.

La construction du Grand Egoût profitant du ruisseau de Ménilmontant, selon le futur tracé de l'enceinte de Louis XIII entre République et Bastille contribua quelque peu à draîner les marais. Mais seuls des travaux d'assainissement et de remblaiement permirent à la ville de se développer sur ces nouveaux quartiers ; et c'est la place des Vosges voulue par Henri IV et réalisée en 1605-1612 qui donna le signal de la nouvelle urbanisation. Rapidement, les grands de ce monde firent bâtir de luxueux hôtels, dont nous restent encore de nombreux exemplaires ayant échappé aux destructions de la Révolution et au vandalisme architectural.

La vogue du quartier du Marais dura trois-quarts de siècle à partir du milieu du 17e, puis, la résidence royale ayant émigré au Louvre (et plus tard à Versailles) entraîna les constructions vers de nouveaux quartiers à l'ouest (Saint-Honoré, et Saint-Germain-des-Prés sur la rive gauche). Au début du 20e siècle, le Marais, déserté par ses occupants de prestige puis vidé à la Révolution, était devenu un quartier populaire à dominante industrielle et artisanale, beaucoup de ses hôtels transformés et défigurés, au mieux abandonnés.

La loi Malraux de 1962 a marqué une nouvelle volonté de réhabilitation d'un patrimoine achitectural de grande valeur, et l'actuel Plan de Sauvegarde et de Mise en Valeur (1965) doit permettre, à terme, d'aboutir à une situation satisfaisante.
Cet ensemble privilégié est particulièrement apprécié des Parisiens et des touristes qui aiment à se perdre dans ses ruelles et courettes.

(21) Obliquer à gauche sur la **place de Thorigny** et prendre à gauche la **rue du Parc-Royal** (de 1563, appelée aussi du Parc-des-Tournelles), qui offre successivement les beaux hôtels du 17e siècle récemment restaurés de Croisilles (au n° 12), de Vigny (au n° 10), de Chevry (au n° 8) et de Canillac (au n° 4).

▶ **Bus 29** *face à la rue de Sévigné*

(22) A l'angle de la rue de Sévigné, entrer dans le **square Léopold-Achille** (ex-du Parc-Royal), qui montre entre autres, le long de la rue un faux-houx à la floraison odorante, et au bout et à gauche un pêcher à fleurs (fleurs doubles, sans fruits) de 1910. En ressortant, tourner à gauche dans la **rue Payenne** (de 1540 ; Jean Payen y avait une propriété).

La construction qui limite le square et le sépare du suivant laisse apparaître une arcade à l'intrados décoré. Ce bâtiment était en fait l'orangerie de l'hôtel Le Peletier de Saint-Fargeau, à la façade caractéristique, aujourd'hui en limite du square Georges-Cain (belle baignoire monolithe placée devant) ; l'hôtel lui-même, de 1686, présente sa façade postérieure au fond du square. Tout au début de ce dernier, contre la rue : un beau figuier de 6 m de haut ; le jardin (ancien jardin de l'hôtel) contient des vestiges de monuments disparus, car il fait office d'annexe lapidaire au musée Carnavalet.

Sur le côté droit de la rue se voient successivement au n° 13 l'hôtel de Lude ou de Châtillon (Louis XIV), au n° 11 l'hôtel de Polastron-Polignac (18e siècle), au n° 9 la façade postérieure de l'hôtel Donon (musée Cognacq-Jay), enfin au n° 5 la maison Mansart. Cette dernière est une reconstruction de 1844, remplaçant celle que l'architecte François Mansart bâtit et habita de 1642 à 1666, année de sa mort. C'est depuis 1903 le temple de la «religion de l'Humanité».

Longer ensuite à gauche le mur de l'hôtel Carnavalet, occupé par le musée Carnavalet consacré à l'histoire de Paris (entrée rue des Francs-Bourgeois).

On passe du 3e au **4e arrondissement** (quartier Saint-Gervais), en traversant la rue des Francs-Bourgeois.

▶ **Bus 29**.

Emprunter ensuite la **rue Pavée** (en 1253 rue du Petit-Marivaux, puis du Petit-Marais).

L'échauguette sur trompes de l'angle gauche situe l'un des plus vieux hôtels de Paris : l'hôtel de Lamoignon, construit à partir de 1584 puis remanié au 18e siècle ; il abrite aujourd'hui la Bibliothèque historique de la Ville de Paris (ouverte sur rendez-vous et organisant de fréquentes expositions).

A la bifurcation au début de la rue Malher, les façades de gauche laissent apparaître au n° 22 la saillie d'un mur aux pierres vermiculées : c'est un vestige de la prison de la Petite Force démolie en 1845.

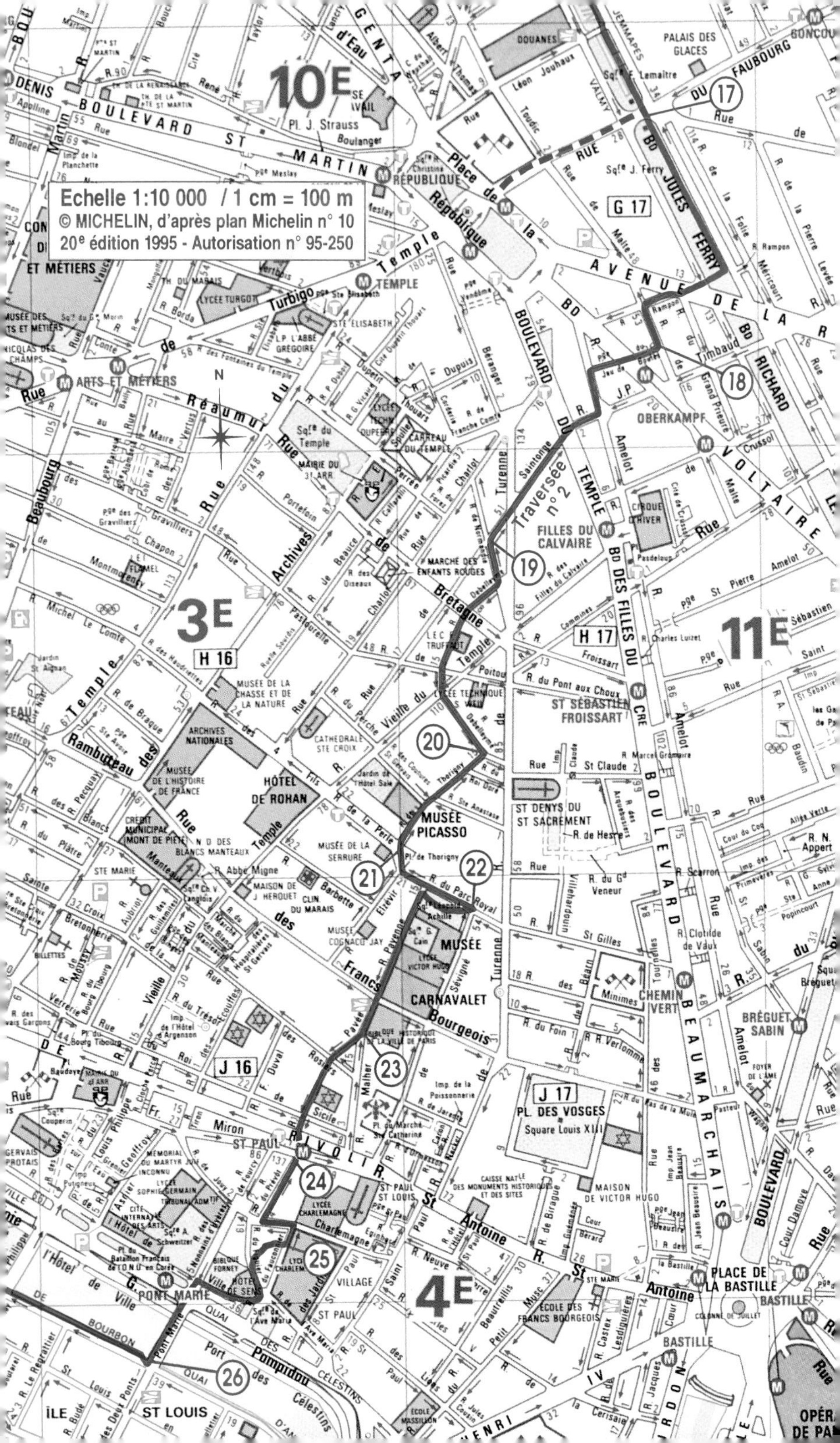

Echelle 1:10 000 / 1 cm = 100 m
© MICHELIN, d'après plan Michelin n° 10
20e édition 1995 - Autorisation n° 95-250
10E
3E
11E
4E
G 17
H 16
H 17
J 16
J 17
17
18
19
20
21
22
23
24
25
26
BOULEVARD ST MARTIN
RÉPUBLIQUE
Place de la République
TEMPLE
ARTS ET MÉTIERS
DOUANES
PALAIS DES GLACES
BD JULES FERRY
AVENUE DE LA R
BD RICHARD
OBERKAMPF
BOULEVARD DU TEMPLE
Traversée n° 2
FILLES DU CALVAIRE
CIRQUE D'HIVER
BD DES FILLES DU CALVAIRE
ST SÉBASTIEN FROISSART
BOULEVARD BEAUMARCHAIS
CHEMIN VERT
BRÉGUET SABIN
Sq. du Temple
MAIRIE DU 3e ARR.
CARREAU DU TEMPLE
LYCÉE TURGOT
MARCHÉ DES ENFANTS ROUGES
LYCÉE TECHNIQUE S. WEIL
CATHÉDRALE STE CROIX
ARCHIVES NATIONALES
MUSÉE DE L'HISTOIRE DE FRANCE
HÔTEL DE ROHAN
MUSÉE DE LA CHASSE ET DE LA NATURE
MUSÉE PICASSO
MUSÉE DE LA SERRURE
MUSÉE COGNACQ JAY
MUSÉE CARNAVALET
LYCÉE VICTOR HUGO
ST DENYS DU ST SACREMENT
PL. DES VOSGES
Square Louis XIII
MAISON DE VICTOR HUGO
CRÉDIT MUNICIPAL MONT DE PIÉTÉ
N.D. DES BLANCS MANTEAUX
ST PAUL
RIVOLI
ST PAUL ST LOUIS
LYCÉE CHARLEMAGNE
HÔTEL DE SENS
BIBLIOTHÈQUE FORNEY
MÉMORIAL DU MARTYR JUIF INCONNU
LYCÉE SOPHIE GERMAIN
CITÉ INTERNATIONALE DES ARTS
Hôtel de Ville
PONT MARIE
QUAI DE BOURBON
ÎLE ST LOUIS
VILLAGE ST PAUL
ÉCOLE DES FRANCS BOURGEOIS
ÉCOLE MASSILLON
PLACE DE LA BASTILLE
BASTILLE
COLONNE DE JUILLET
QUAI DES CÉLESTINS
Port des Célestins
Pompidou
St Antoine
Rue de Bretagne
Rue Vieille du Temple
Rue des Francs Bourgeois
Rue de Turenne
Rue des Archives
Rue du Temple
Rue Réaumur
Rue de Turbigo
Rue Rambuteau
Rue Beaubourg
BD VOLTAIRE
Rue Amelot

(23) Poursuivre à droite la **rue Pavée**.

Juste avant la rue des Rosiers, passait ici l'enceinte fortifiée édifiée par Philippe-Auguste en 1190 sur la rive droite. Différents vestiges de cette muraille subsistent de nos jours, mais la plupart sont inclus dans des propriétés privées.

Dépasser la rue des Rosiers (centre du «quartier juif», aux nombreuses boutiques et restaurants «cacher»).

A signaler, rue Pavée : les portails Louis XV du n° 13 (hôtel d'Herbouville) et Louis XIII du n° 11 (hôtel des Marets), ainsi que la synagogue du n° 10 construite en 1913 par Hector Guimard, promoteur du «modern' style».

Après la rue du Roi-de-Sicile, déboucher sur la rue de Rivoli, le grand axe achevé en 1856, qui rejoint ici la vieille rue Saint-Antoine menant à la Bastille. Les deux rues sont presque parallèles et se chevauchent sur 150 m de part et d'autre du terre-plein central (observer leurs numéros respectifs en vis-à-vis).

Métro Saint-Paul (ligne 1).

Bus 69, 76, 96

En face apparaît (n° 133) l'hôtel Séguier de 1626 orné d'un imposant balcon aux consoles représentant des chimères, plus à gauche (n° 115-117) de vieilles façades (lucarnes et toitures) puis l'église Saint-Paul - Saint-Louis et, au loin, le temple Sainte-Marie avec, à l'horizon, l'opéra Bastille.

Façade de l'église Saint-Paul - Saint-Louis. *Photo Anne-Marie Minvielle.*

(24) S'engager en face dans l'étroite **rue du Prévôt** (au 13e siècle rue Percée et cela jusqu'en 1877, nom encore gravé à ses deux extrémités). Au n° 5, grande voûte en anse de panier aux ébrasements évasés pour permettre le passage des carrosses, au n° 8 belle porte. La rue se termine sur la **rue Charlemagne** (chemin au 7e siècle, ancienne rue des Prestres (nom gravé aux deux angles), entre deux vieilles maisons (celle du 18, de 1708 ; celle du n° 20, de 1689, est pourvue, visibles de la grille voisine, de trois galeries de bois formant pont, la plus haute couverte, et d'une belle lucarne).

Prendre à gauche la **rue Charlemagne**, jusqu'au lycée du même nom (bâtiment du Petit-Lycée) qui est établi sur l'emplacement du couvent de l'Ave-Maria ; à son extrémité, fait saillie un pan de tour de l'enceinte de Philippe-Auguste (ancienne poterne Saint-Paul), dont la muraille est visible sur une longueur appréciable en retour d'équerre.

Tourner à droite, avant le lycée, dans la **rue du Fauconnier** (nom dû à l'ancienne fauconnerie royale). Cette rue médiévale a conservé (n° 11) une belle maison du 17e siècle à la façade marquée par une inflexion, et occupée par un foyer d'étudiants, le MIJE.

(25) S'engager à droite, avant cette maison, dans une allée-square qui, après un *paulownia*, revient sur la **rue du Figuier** (nom déjà attribué fin 13e siècle en raison d'un magnifique figuier situé à son extrémité Sud), qui longe bientôt à droite **l'hôtel de Sens.**

Cet édifice, bâti en 1475 par Tristan de Salazar (archevêque de Sens, quand Paris n'était qu'un simple évêché dépendant de Sens - et cela jusqu'en 1622), est le plus ancien bâtiment civil fin Moyen Age de cette importance à Paris. Dans le plan coupé à gauche (angle rue du Fauconnier, centre médico-social), deux jeunes figuiers évoquent l'arbre d'origine que la reine Margot (résidant à l'hôtel de Sens à ce moment) fit arracher en 1605 car il gênait les évolutions de son carrosse...

Dans l'axe de la rue du Figuier, apparaissent les beaux alignements de façades de l'île Saint-Louis.

Contournant l'hôtel de Sens, prendre à droite l'étroite **rue de l'Hôtel-de-Ville** (en 1212, rue de la Foulerie, puis de la Mortellerie, car habitée par des ouvriers maçons), le long de laquelle la façade de l'hôtel de Sens se termine par cinq hautes fenêtres à meneaux, gables et pinacles. Suit un jardin très classique, réalisé en 1955 dans l'esprit des anciens jardins de l'époque Renaissance où les harmonies de couleurs résultent aussi bien des fonds de graviers choisis que des compositions florales. Ce type de jardin était encaissé pour être apprécié du haut de terrasses.

Déboucher sur la **rue des Nonnains-d'Hyères** (ici, en 1280, fut achetée une maison par les bénédictines de Yerres dans l'Essonne) : on aperçoit sur la droite l'hôtel d'Aumont construit par Le Vau en 1648, qui abrite aujourd'hui le Tribunal administratif de Paris.

Traverser la rue, puis le quai de l'Hôtel-de-Ville.

▶ **Métro Pont Marie** (ligne 7).
▶ **Bus 67**

Echelle 1:10 000 / 1 cm = 100 m
© MICHELIN, d'après plan Michelin n° 10
20e édition 1995 - Autorisation n° 95-250
4E
5E
Traversée n° 1
Traversée n° 2
Variante
CONCIERGERIE
PALAIS DE JUSTICE
STE CHAPELLE
PRÉFECTURE DE POLICE
HÔTEL DIEU
HÔTEL DE VILLE
MAIRIE DE PARIS
ASSISTANCE PUBLIQUE
NOTRE DAME
Square Jean XXIII
Square de l'Ile de France
MÉMORIAL DE LA DÉPORTATION
ÎLE ST LOUIS
ST LOUIS EN L'ILE
HÔTEL DE LAUZUN
MUSÉE MICKIEWICZ
ST GERVAIS ST PROTAIS
MÉMORIAL DU MARTYR JUIF INCONNU
LYCÉE SOPHIE GERMAIN
BIBLIOT. FORNEY
HÔTEL DE SENS
ST SEVERIN
ST JULIEN LE PAUVRE
MUSÉE NATL DU MOYEN-AGE ET DES THERMES DE CLUNY
SORBONNE
UNIVERSITÉS PARIS III ET PARIS IV
COLLÈGE DE FRANCE
LYCÉE LOUIS LE GRAND
COLLÈGE STE BARBE
BIBL. STE GENEVIÈVE
UNIVERSITÉS PARIS I - PARIS II ET PARIS V
PANTHÉON
MAIRIE DU 5E ARR.
ST ETIENNE DU MONT
LYCÉE HENRI IV
MUSÉE DE L'ASSISTANCE PUBLIQUE
ECOLE SPÉCIALE DES TRAVAUX PUBLICS DU BATIMENT ET DE L'INDUSTRIE
MAUBERT MUTUALITÉ
Pl. Maubert
PALAIS DE LA MUTUALITÉ
MIN. DE L'ENSEIGNEMENT SUPÉRIEUR ET DE LA RECHERCHE
Jardin Carré
CARDINAL LEMOINE
MUSÉE DE MINÉRALOGIE
UNIVERSITÉS PARIS VI-PARIS VII PIERRE ET MARIE CURIE
Place Jussieu
JUSSIEU
ARÈNES DE LUTÈCE
PARIS VI PARIS VII
JARDIN
Cèdre
JARDIN D'HIVER
MUSEUM NAT
D'HISTOIRE NAT
INSTITUT MUSULMAN ET MOSQUÉE
LYCÉE LOUISE DE MARILLAC
ÉCOLE NATLE SUPRE DE CHIMIE
INSTITUT OCÉANOGRAPHIQUE
INSTITUT CURIE
INSTITUT DE RECHERCHE PÉDAGOGIQUE
ÉCOLE NATLE SUPRE DES ARTS DÉCORATIFS
ÉCOLE NORMALE SUPRE
Pl. de la Contrescarpe
PLACE MONGE
NOUVEAU THÉATRE MOUFFETARD
BRIGADE CENTRALE DES ACCIDENTS
INSTITUT NATL AGRONOMIQUE
LYCÉE YABNÉ
CENSIER DAUBENTON
UNIVERSITÉ PARIS III
ST MÉDARD
J 14
J 15
J 16
K 14
K 15
K 16
L 15
L 16
M 14
M 15
24
26
27
28
29
30
31
32
33
34
35
36
37
38
39
40
41
42
Quai de l'Hôtel de Ville
Quai de Bourbon
Quai d'Orléans
Quai de Béthune
Quai de la Tournelle
Quai de Montebello
Quai St Michel
Quai des Orfèvres
Quai de la Corse
Quai aux Fleurs
Quai de l'Archevêché
Pont Marie
Pont St Louis
Pont de Sully
Pont de la Tournelle
Pont Louis Philippe
Pont d'Arcole
Pont Notre Dame
Pont au Change
Pont St Michel
Petit Pont
Bd du Palais
Bd St Michel
Bd St Germain
Rue St Jacques
Rue Soufflot
Rue Monge
Rue des Écoles
Rue Mouffetard
Rue Claude Bernard
Rue Cardinal Lemoine
Rue Clovis
Rue Lacépède
Rue Geoffroy St Hilaire
Rue Censier
Rue du Fer à Moulin
Rue de l'Estrapade
Rue d'Ulm
Rue Pierre et Marie Curie
Rue Rollin
Rue Lhomond
Rue Gay Lussac
Rue de la Montagne Ste Geneviève
Rue Linné
Rue Cuvier
Rue Jussieu
Rue Pot de Fer
Rue Amyot
Rue Tournefort
Rue Vauquelin
Rue des Bernardins
Rue du Val de Grâce
Victoria
Pl. du Châtelet
Hôtel de Ville
St Michel
St Michel Notre Dame
Cité
Pont Marie
Miron
St Paul

5. De Pont-Marie à Cardinal-Lemoine 3,7 km

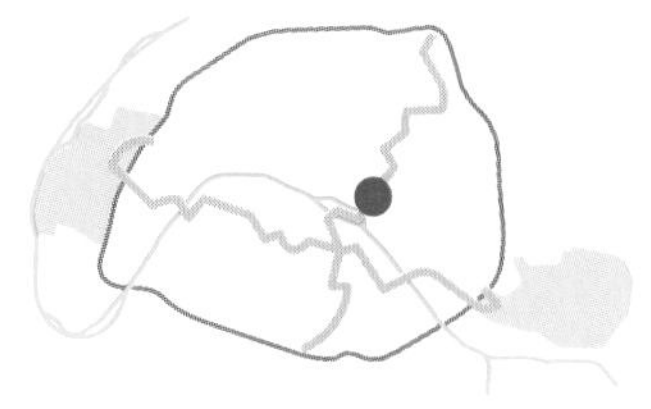

On reste dans le **4e arrondissement** (quartier Notre-Dame) ; emprunter, côté droit, le **pont Marie** pour pénétrer dans l'**île Saint-Louis**.

Sur le **quai de Bourbon :** au n° 1, Au Franc Pinot, cabaret déjà au 17e siècle ; au n° 11, demeure de 1643 de Philippe de Champaigne.

(26) Descendre sur la berge : vue avec recul sur le pont Marie, aux puissants becs de piles, de 1630 ; à droite le chevet de Saint-Gervais - Saint-Protais.
Contourner la pointe Ouest (vue sur la rive gauche : le Panthéon, le clocheton de Saint-Etienne-du-Mont et la coupole d'observatoire de l'ancienne Ecole polytechnique).
Remonter au niveau du quai de Bourbon ; on est au carrefour avec la rue Saint-Louis-en-l'Ile (vue sur la tour de la faculté de Jussieu). Franchir le **pont Saint-Louis** *(réservé aux piétons)* pour passer sur **l'île de la Cité**.
A gauche, un très beau saule centenaire marque l'angle du square de l'Ile-de-France (avant 1914 emplacement de la morgue), qui contient à la pointe de l'île, en niveau bas, le Mémorial des martyrs de la Déportation 1940-45.

(27) Prendre à droite la **rue du Cloître-Notre-Dame**, puis à droite la **rue Chanoinesse**, ensuite, encore à droite, la **rue des Chantres** bordée à gauche par l'hôtel du Grand Chantre, du 17e siècle ; son extrémité témoigne de l'ancien niveau du sol avant les remblaiements modernes (si on remonte sur le quai aux fleurs à droite : souvenir évoqué au 9-11 d'Héloïse et Abélard). Tourner à gauche dans la **rue des Ursins** ; à l'angle : plaque évoquant la crue de la Seine de 1910. Au n° 6 : maison ventrue.

(28) Emprunter à gauche la **rue de la Colombe** (1223), on remarque en face les anciens noms des deux rues gravés dans la pierre (à l'époque où la rue des Ursins se poursuivait au-delà) ; à l'endroit où le niveau remonte, un pavage oblique marque devant le n° 5 l'emplacement de l'enceinte gallo-romaine qui passait là en l'an 276 - Le cabaret de la Colombe était déjà la taverne Saint-Nicolas en 1250.

Revenir à gauche dans la **rue Chanoinesse** ; aux n° 22 et 24 subsistent deux des trente-sept maisons de chanoines du 16e siècle ; devant le porche du n° 17, belle cuve de pierre monolithe ; au n° 14, toiture à deux rangées de lucarnes. Tourner à droite **rue Massillon** ; au n° 8, l'hôtel Roger de Gaillon, reconstruit en 1740, abrite toujours, et cela depuis 1455, la maîtrise de la cathédrale Notre-Dame.

Traverser la **rue du Cloître-Notre-Dame** (vue proche sur les arcs-boutants et la rose Nord de Notre-Dame) pour rejoindre à gauche le **square Jean-XXIII** (ex-square de l'Archevêché), *(W-C publics à l'entrée)*, où se remarque tout de suite un beau noisetier de Byzance.

► *En cas de fermeture, prendre à droite la rue du Cloître-Notre-Dame pour contourner la cathédrale par sa façade.*

Les îles de la Seine depuis Lutèce - l'île Saint-Louis

Si la Seine, aux temps préhistoriques, présentait une largeur de cinq kilomètres (et une grande profondeur), elle était encore, au 4e siècle, de 40 m plus large qu'aujourd'hui, et elle fut longtemps parsemée d'îles et îlots dont beaucoup ont été reliés entre eux depuis, ou rattachés à une rive. Il ne subsiste aujourd'hui dans Paris que les îles centrales dites Saint-Louis et de la Cité, plus larges qu'à l'origine en raison de l'entassement le long des berges de matériaux de démolition au cours des âges.

Contrairement à l'île de la Cité, l'île voisine dite Notre-Dame fut longtemps inhabitée et dépourvue de pont, demeurant simple pâturage. Le fossé creusé dans la continuité de l'enceinte de Charles V, en 1360, en isola l'extrémité Est, appelée «île aux Vaches». Plus en amont, on trouvait encore l'île des Javiaulx devenue île Louviers, rattachée à la rive droite en 1843.

L'entrepreneur Christophe Marie, entre 1614 et 1664, mit à exécution le projet d'urbanisation d'Henri IV, construisant d'abord le pont qui porte encore son nom puis l'ensemble de l'île Notre-Dame reconstituée, baptisée Saint-Louis en 1725. Paris dispose aujourd'hui d'un merveilleux exemple d'architecture 17e siècle très homogène, pratiquement intact et totalement dépourvu de locaux à fonctions administratives, commerciales ou autres qui briseraient l'harmonie des façades le long des rives.

De nombreux personnages célèbres ont apprécié cette île au point d'y demeurer.

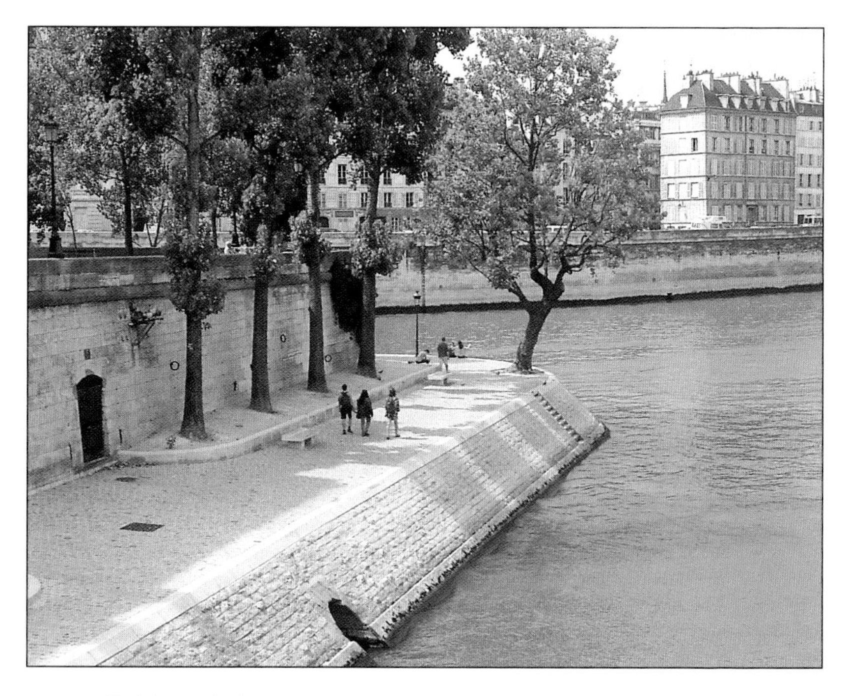

Ile Saint-Louis, berge en contre-bas du quai de Bourbon. *Photo Anne-Marie Minvielle.*

Square Jean XXIII, derrière la cathédrale Notre-dame.
Photo Anne-Marie Minvielle.

L'île de la Cité

Comme chacun sait, l'île de la Cité, seul endroit habitable au milieu des vastes marécages occupant alors les bords de Seine, est le berceau de Paris : les Parisii, peuplade celtique indépendante, s'étaient établis dans l'île dès 250 avant Jésus-Christ, créant cette cité de Lucotetia baptisée Paris vers 350 après Jésus-Christ. C'est ce que trouvèrent les Romains en arrivant en 53 avant Jésus-Christ. L'invasion des Barbares en 276 provoqua le repli dans l'île, des habitants de Lutèce-la-Haute, qui avaient commencé à s'installer sur la rive gauche (pentes de la montagne Sainte-Geneviève), et la construction du premier mur d'enceinte, le mur «gallo-romain».

L'île se terminant vers notre rue de Harlay, était suivie de quelques îlots : île-aux-Juifs, île-aux-Treilles, îlot de la Gourdaine..., qui lui furent rattachés dès 1578 à la faveur de la construction du Pont-Neuf (au nom inchangé depuis lors...), terminé en 1607.

L'île de la Cité fut également le berceau de notre ancienne et prestigieuse Université, car c'est dans le cadre du «Cloître-Notre-Dame», sous l'autorité épiscopale, que se dispensait le savoir. L'école Notre-Dame, première du royaume, bénéficiait de maîtres réputés. Enfin il est bon de remarquer que la Cité abrita une vingtaine d'églises et sanctuaires divers, tous disparus depuis l'époque révolutionnaire (le Paris du 18e siècle -celui d'avant les annexions de 1860- possédait environ trois-cents églises, dont une soixantaine seulement subsiste de nos jours).

Les quelques rues situées entre Notre-Dame et le quai aux Fleurs sont intéressantes pour avoir assez bien conservé leur aspect d'autrefois et restituer une atmosphère évocatrice.

La cathédrale Notre-Dame de Paris

La documentation ne manque pas sur cet édifice, le plus remarquable édifice religieux de Paris, joyau de l'architecture gothique, et qui a participé comme nul autre à de nombreux épisodes de l'histoire de la France. La cathédrale, œuvre de Maurice de Sully, a été bâtie entre 1163 et 1345. A l'intérieur, le visiteur est saisi par l'ampleur du vaisseau et sa hauteur, ainsi que par l'harmonie des proportions.

Si la place du parvis lui donne le dégagement et le recul que mérite ce monument majeur de Paris, avant les démolitions du préfet Haussmann au 19e siècle, un lacis de rues et ruelles occupait les lieux, comme dans toute l'île. Le dallage actuel de la place fait apparaître le tracé des rues disparues et le contour des maisons, cabarets et églises d'autrefois.

Si le souvenir de Quasimodo et de la belle Esmeralda (Notre-Dame-de-Paris par Victor Hugo) hante toujours cette façade romantique, il ne faut pas oublier d'observer, du square minuscule en bord de Seine, les couples de faucons crécerelles, protégés par les services de la Mairie de Paris.

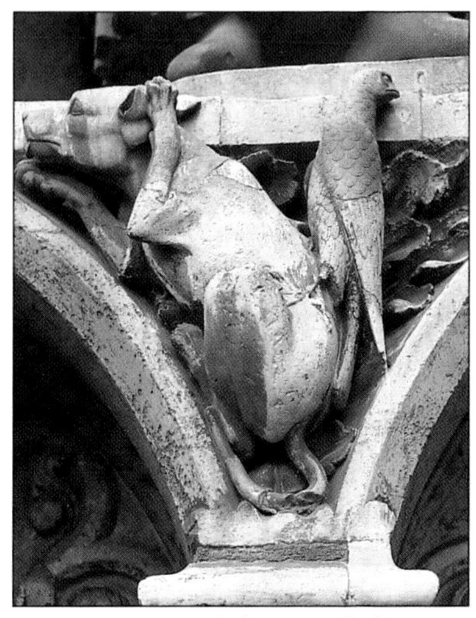

Animaux sculptés sur une façade de Notre-Dame.
Photo Anne-Marie Minvielle.

Le vieux quartier Maubert - Saint-Séverin (entre Seine et boulevard Saint-Germain)

L'invasion de l'an 276 mit un terme à l'implantation des Romains sur la montagne Sainte-Geneviève et ses pentes nord ; tout fut détruit et les lieux redevinrent campagnards pour un certain temps. Quant aux clos et fiefs qui occupaient les terrains bas jusqu'à la Seine, ils demeurèrent en culture jusqu'au Moyen Age. La future nouvelle Université connut sa première implantation lorsqu'Abélard quitta en 1118 l'école Notre-Dame, avec trois mille étudiants, pour enseigner en plein air sur de la paille , pratique qui dura jusqu'à la construction des premiers «collèges» au 13e siècle. La toute première Sorbonne : collège de Sorbon, date de 1253.

Cependant le lotissement du quartier commença vers 1202, et si l'on fait abstraction de trois ou quatre voies modernes faciles à reconnaître, le réseau des rues et ruelles actuelles est bien celui du Moyen Age. Du fait des reconstructions et améliorations ultérieures, les façades aperçues sont en grande partie des 17e et 18e siècles et méritent d'être observées jusqu'aux toitures et lucarnes.

Les rues de la Huchette, Xavier-Privas, Saint-Séverin et des Prêtres-Saint-Séverin sont piétonnières et connaissent une grande animation avec restaurants et cinémas.

Contourner la cathédrale en poursuivant par le square. Au passage, on peut voir la très belle rose du croisillon de transept Sud. On débouche, face à la statue de Charlemagne, sur la **place du Parvis-Notre-Dame**, bordée à l'opposé par les grands bâtiments de la préfecture de police, à droite par ceux de l'Hôtel-Dieu, enfin par la cathédrale elle-même, qui bénéficie à notre époque d'un dégagement à la mesure de l'édifice, avec le recul souhaitable pour l'admirer.

▶ **Bus 47** *à l'angle de la rue du Cloître-Notre-Dame.*

Les travaux liés à la construction du parc de stationnement souterrain sous le parvis ont mis au jour quantité de vestiges de toutes époques, surtout anciennes, notamment du mur d'enceinte gallo-romain du 3e siècle, conservé *in situ*. Un intéressant musée y a été aménagé («Crypte Archéologique»), accessible à l'opposé de la cathédrale.

A signaler enfin, matérialisé au sol devant la cathédrale, le point d'origine des première routes nationales, celles qui partent de Paris (point «zéro» de leur kilométrage officiel).

(29) Quitter l'île de la Cité en empruntant le **pont au Double**, construit en 1626 comme support d'un bâtiment hospitalier afin de relier les autres bâtiments de l'Hôtel-Dieu de l'époque situés de part et d'autre de la rivière. Ce pont privé devint en 1634 accessible au public moyennant un double péage. Le pont actuel date de 1882.

On aperçoit vers l'aval, au-delà du Petit Pont, la tourelle carrée bien connue du 32 quai des Orfèvres (services de la police judiciaire), et rive gauche derrière le square : le clocher pointu et le chevet de Saint-Séverin. Vue intéressante sur les nombreuses toitures anciennes.

En abordant la rive gauche, on quitte le 4e arrondissement (quartier Notre-Dame) pour le **5e arrondissement** (quartier Sorbonne).

Traverser le quai de Montebello aux nombreux bouquinistes *(ouverts en saison et le week-end).*

▶ **Bus 24, 47**

Le square René-Viviani a été établi en partie sur l'emplacement de l'ancien Hôtel-Dieu, supprimé en 1909, qui était situé entre la Seine et la rue de la Bûcherie existant encore aujourd'hui de part et d'autre.

Traverser le **square René-Viviani** parallèlement au quai pour ressortir devant le débouché de la rue Saint-Julien-le-Pauvre, dont les maisons des n°4, 6 et 10, des 17-18e siècles, sont assises sur trois étages de caves médiévales (dépendances du petit Châtelet).

Bouquinistes sur les quais, derrière Notre-Dame. *Photo Anne-Marie Minvielle.*

(30) S'engager dans la **rue de la Bûcherie** (Amorcée au 6e siècle, elle devait son nom au port au bois existant sur les berges avant l'annexe de l'Hôtel-Dieu bâtie au 17e siècle). Au n° 37, devant une fontaine Wallace, librairie originale spécialisée dans les ouvrages impossibles à trouver ailleurs. Au n° 39, une des plus petites maisons de Paris (un seul niveau sous un grand toit), du début 16e siècle comme l'escalier mi-intérieur mi-extérieur aperçu plus haut. Traverser la **place du Petit-Pont** (ce dernier, 40 m de long, est le plus court de Paris et, en tout cas, le plus ancien : une passerelle pour piétons préexistait, il y a déjà vingt siècles, au premier pont de pierre de 1186, ensuite détruit et reconstruit onze fois...), établie à l'emplacement du «petit Châtelet» démoli en 1782.

▶ **Bus 24**

A gauche : la rue Saint-Jacques, où se voient le chevet de Saint-Séverin et la tour et coupole d'observatoire de la Sorbonne. A droite : vue sur Notre-Dame.

▶ **RER Saint-Michel - Notre Dame** (lignes B et C) *(accès côté Seine)*

Continuer en face par la **rue de la Huchette**, du nom d'une ancienne enseigne disparue : la Huchette-d'Or (1284). Enseignes d'origine encore visibles A-la-Hure-d'Or au n° 4 dans un cartouche sous mascaron (corniche 2e étage), et au 14 le Y d'un mercier-bonnetier célèbre pour ses aiguilles. Laisser à droite l'étroite rue du Chat-qui-Pêche qui date de 1540. (Au n° 23, le minuscule théâtre de la Huchette propose toujours, depuis 1957, les deux mêmes pièces de Ionesco - record de longévité !)

Emprunter à gauche la **rue Xavier Privas** (en 1219 : rue Sac-à-Lie, nom devenu au 17e Zacharie...). Au n° 20, ont été replacés trois mascarons du 18e siècle. Prendre à gauche la **rue Saint-Séverin** (rue Colin-Pochet au 16e siècle) ; au n° 13 (maison Louis XIV), se trouve une enseigne évoquant l'auberge *Au cygne de la Croix*. Au numéro 22, on peut voir une étonnante façade encastrée. Arriver devant l'église Saint-Séverin *(ouverture à 11 h en semaine et à 9 h le dimanche)*.

(31) Tourner à droite dans la **rue des Prêtres-Saint-Séverin** (en 1300 Petite Ruellette Saint-Séverin). Remarquer, dans son prolongement (rue Boutebrie), un beau pignon saillant.

► *En prenant la rue Boutebrie : métro* **Cluny-la-Sorbonne** *(ligne 10) (avec accès possible au RER B).*

S'engager à gauche dans la **rue de la Parcheminerie** (en 1273 rue des Escrivains), où tous les étudiants et collèges s'approvisionnaient en parchemin avant l'arrivée du papier de Chine. Prendre à gauche la **rue Saint-Jacques**.

► **Bus 24, 47, 63, 86, 87** *(au bout de cette rue à droite dans le boulevard Saint-Germain)*

La rue Saint-Jacques était la Via Superior, voie romaine dallée de 9 m de largeur reliant Lutèce à Orléans. En outre, c'était le chemin utilisé par les pèlerins de Compostelle au départ de Paris. Observer les façades et les pignons anciens côté impair, et voir au n° 21 le portail, puis dans le vestibule un beau vantail de porte du 16e siècle et au fond de la cour une maison du 18e.

(32) Après le chevet de Saint-Séverin et ses chapelles rayonnantes, prendre à droite la **rue Galande** (en 1202, elle traversait le clos Garlande), par où s'embranchait ici la voie romaine vers les Gobelins, Melun, Lyon et Rome. Aussitôt à gauche, s'ouvre la rue Saint-Julien-le-Pauvre : au n° 14, beau portail fin 18e siècle de l'hôtel d'Isaac de Laffémas, gouverneur du petit Châtelet (remarquer les différentes lucarnes ainsi que le toit du n° 16). Au n° 1 se trouve l'église Saint-Julien-Le-Pauvre, précédée d'un puits du 12e siècle situé à l'origine dans la première travée disparue.

A droite de l'église, n° 1 bis, façade arrière (d'aspect faussement médiéval) et entrée du caveau des Oubliettes, cabaret consacré à la vieille chanson française occupant une maison du 17e siècle aux faux colombages. Au fond de la courette est exposée une grande dalle monolithe de voie romaine, trouvée en 1927 rue Saint-Jacques.

Dans le square Viviani, devant le bas-côté Nord de l'église : le plus vieil arbre vivant de Paris, robinier pseudo-acacia planté en 1601 par le botaniste Jean Robin lui-même. Non loin, en bordure du square : un grand pterocarya fraxinifolia du Caucase.

Poursuivre dans la **rue Galande**.

Remarquer le 75-77, puis, au n° 46, l'auberge des Deux Signes qui conserve, outre de belles caves voûtées, un fenestrage gothique de l'ancienne chapelle Saint-Blaise de 1200, et des hôtels d'époque, tel l'hôtel de Châtillon du 16e siècle au n° 65. Au n° 42 : la plus vieille enseigne existant à Paris, bas-relief du 14e siècle évoquant la légende de saint Julien l'Hospitalier.

Traverser la rue du Fouarre (nom évoquant les bottes de paille sur lesquelles s'asseyaient les étudiants), voir encore dans la rue Galande les pignons des n° 33 et 31, ce dernier en bois ouvragé (14e ou 16e siècle).

L'église Saint-Séverin et son charnier

L'église Saint-Séverin, bâtie du début du 13e siècle à 1530, sur l'emplacement d'une chapelle fondée en 650, est une des plus belles de Paris, en tant que spécimen de l'architecture du gothique flamboyant . Elle présente la particularité de constituer un édifice doublé dans sa largeur (le terrain faisait défaut pour un agrandissement en longueur) du fait d'un deuxième collatéral construit aux 14-15e siècles, lui-même bordé d'une ligne continue de chapelles. Il faut voir notamment le double déambulatoire flamboyant fin 15e à disposition en «palmier» très pure.
En outre fut accolé au 16e siècle un charnier de même type que celui du cimetière des Saints Innocents, à galeries couvertes : ce sont les seules que le Moyen-Age ait laissées à Paris. Cette disposition dérivée de l'atrium romain a donné l'appellation «aître» ; c'était encore le paradisium, d'où est issu le mot «parvis».
Le jardin actuel est accessible de l'intérieur de l'église (ouverture à 11 h en semaine ; 9 h le dimanche).
Les vitraux sont fin 14e et 15e siècles.
De nombreux concerts y sont donnés.

L'église Saint-Julien-le-Pauvre

L'église Saint-Julien-le-Pauvre, la plus modeste de Paris parmi les plus anciennes, partage avec Saint-Pierre-de-Montmartre cette antériorité car construite également vers 1165-70/1240. C'est aussi une des plus centrales hors les îles, placée d'ailleurs à un point stratégique : la bifurcation des deux voies romaines vers le sud (Orléans et Lyon), là où l'avait précédée la chapelle d'un hospice pour pèlerins au 6e siècle. Cela ne l'empêcha pas, alors que son sort était étroitement lié à l'Université, de connaître le déclin lorsque cette dernière migra vers les pentes de la montagne Sainte-Geneviève, et même un abandon qui faillit lui être fatal. Cela explique la démolition pour vétusté, en 1651, de ses deux premières travées. Elle laisse apparaître de nos jours un vieux puits du 12e siècle, à l'origine inclus dans l'édifice. Désaffectée pendant quarante ans dès la Révolution, elle fut enfin restaurée, ce qui lui valut l'affectation peu banale au culte catholique grec-byzantin (ou melchite). C'est ainsi qu'elle présente, fermant complètement le choeur, une iconostase en bois marqueté, oeuvre d'un artisan de Damas en 1901.

Fontaine Wallace dans le square Viviani, jouxtant l'église Saint-Julien-le-Pauvre. *Photo Anne-Marie Minvielle.*

Bien qu'elle paraisse dépourvue de clocher, on peut apercevoir, du chevet, l'embryon de tour du 12e siècle, resté à jamais inachevé (côté sud). - Chapiteaux intéressants dans le choeur.

Traverser la rue Lagrange vers la gauche pour s'engager dans la **rue de l'Hôtel-Colbert**, (ex-rue d'Arras, puis des Rats, nom gravé à l'angle gauche suivant). Aux n° 12 et 14, hôtels du 17e siècle.

Prendre à droite la **rue de la Bûcherie** (partie Est), à l'angle gauche de laquelle subsiste (n° 15) le souvenir de la première faculté de médecine construite à Paris à cet effet en 1472. L'actuelle rotonde est celle de l'amphithéâtre rebâti en 1744.

Après une charmante placette plantée de paulownias s'ouvre presqu'en face l'impasse Maubert (du 13e siècle), ex-rue Sans-Bout, puis cul-de-sac d'Amboise. Là fut fondé en 1206 le collège de Constantinople, l'un des tout premiers bâtis au voisinage des écoles en plein air. À son extrémité, se cache une charmante maison derrière un jardinet.

33 Prendre, plus à gauche, la **rue des Grands-Degrés**, qui à l'origine se terminait à la Seine par un escalier. Dans cette rue le jeune Voltaire, à vingt ans, fut clerc chez un procureur. Remarquer le n° 7 et son pavillon, l'enseigne du n° 5, et la grande fresque-enseigne au 2e étage du n°1-3. Tourner à droite dans la **rue Maître-Albert** (fin 13e siècle). Son nom actuel est celui du grand philosophe et théologien dominicain Albert le Grand (mort en 1280) qui professait place Maubert. Des souterrains relient entre elles la plupart des maisons du secteur.

Beaux portails au n° 1, 6 et 7 (ici hôtel de 1688) et très vieille maison ventrue au n° 14. A la fin de la rue, la chaussée est à son niveau le plus bas ; le mur en retour sur la place porte près du sol une inscription peu lisible indiquant la construction de la maison en 1710, suivie d'une inondation en 1711.

La visite du quartier ancien s'achève maintenant sur le grand carrefour actuel de la **place Maubert** qui, autrefois située plus au Nord, a été aux 12e et 13e siècles un important centre d'enseignement (cours professés en plein air).

Tourner à gauche vers le n° 35 pour gagner le terre-plein central, et jeter un regard en arrière vers les façades côté Est.

- **Métro Maubert-Mutualité** (ligne 10).
- **Bus 24, 47, 63, 86, 87**

Le nom de la place Maubert pourrait provenir de celui de maître Albert, aussi bien que de celui du deuxième abbé de Sainte-Geneviève (en 1161) : Jean Aubert.
Un marché et des bistrots, ainsi qu'une concentration de commerces d'alimentation, animent ce quartier populaire.

Traverser le boulevard Saint-Germain, la plus importante artère Ouest-Est rive gauche proche de la Seine, et, vers la gauche, gagner la **rue de la Montagne-Sainte-Geneviève** (au 12e siècle, rue des Boucheries).

Le départ de la rue de la Montagne-Sainte-Geneviève, en pente très régulière et modérée du côté gauche (immeubles tous modernes), marque une nette opposition à l'égard du côté droit, horizontal au niveau de l'hôtel de police, avant de se redresser pour finir par un escalier. Le profil du terrain originel a donc été modifié pour adoucir la pente de la rue.

Traverser la rue des Ecoles (vue, à gauche, sur la faculté Jussieu).

Echelle 1:10 000 / 1 cm = 100 m
© MICHELIN, d'après plan Michelin n° 10
20e édition 1995 - Autorisation n° 95-250
4E
5E
J 14
J 15
J 16
K 14
K 15
K 16
L 15
L 16
M 14
M 15
M 16
CONCIERGERIE
PALAIS DE JUSTICE
STE CHAPELLE
PRÉFECTURE DE POLICE
HÔTEL DIEU
HÔTEL DE VILLE
MAIRIE DE PARIS
ASSISTANCE PUBLIQUE
NOTRE DAME
Square Jean XXIII
ÎLE DE LA CITÉ
ÎLE ST LOUIS
Traversée n° 2
Traversée n° 1
Variante
MÉMORIAL DE LA DÉPORTATION
MUSÉE MICKIEWICZ
MUSÉE DE L'ASSISTANCE PUBLIQUE
ST MICHEL
ST MICHEL N. DAME
CHÂTELET
PONT MARIE
ST PAUL
HÔTEL DE SENS
HÔTEL DE LAUZUN
ST LOUIS EN L'ÎLE
ST SEVERIN ST NICOLAS
MUSÉE NATL DU MOYEN-AGE ET DES THERMES DE CLUNY
SORBONNE UNIVERSITÉS PARIS III ET PARIS IV
COLLÈGE DE FRANCE
LYCÉE LOUIS LE GRAND
COLLÈGE STE BARBE
UNIVERSITÉS PARIS I - PARIS II ET PARIS V
PANTHÉON
ST ETIENNE DU MONT
LYCÉE HENRI IV
MAIRIE DU 5E ARR.
Pl. Maubert
MAUBERT MUTUALITÉ
MIN. DE L'ENSEIGNEMENT SUPÉRIEUR ET DE LA RECHERCHE
CARDINAL LEMOINE
Place Jussieu
JUSSIEU
MUSÉE DE MINÉRALOGIE
UNIVERSITÉS PARIS VI-PARIS VII PIERRE ET MARIE CURIE
ARÈNES DE LUTÈCE
PARIS VI PARIS VII
VIVARIUM
JARDIN DES
JARDIN D'HIVER
Cèdre
MUSÉUM NATIO
D'HISTOIRE NATU
INSTITUT MUSULMAN ET MOSQUÉE
LYCÉE LOUISE DE MARILLAC
Pl. de la Contrescarpe
PLACE MONGE
NOUVEAU THÉATRE MOUFFETARD
BRIGADE CENTRALE DES ACCIDENTS
ÉCOLE NATLE SUPRE DE CHIMIE
INSTITUT OCÉANOGRAPHIQUE
INSTITUT CURIE
INSTITUT DE RECHERCHE PÉDAGOGIQUE
ÉCOLE NATLE SUPRE DES ARTS DÉCORATIFS
ÉCOLE NORMALE SUPRE
LYCÉE YABNÉ
INSTITUT NATL AGRONOMIQUE
UNIVERSITÉ PARIS III
CENSIER DAUBENTON
ST MÉDARD
Rue Monge
Rue Mouffetard
Rue Claude Bernard
Rue Soufflot
Rue des Écoles
Rue Saint Jacques
Boulevard Saint Germain
Quai de la Tournelle
Quai de Béthune
Quai d'Orléans
Quai de Bourbon
Quai de l'Hôtel de Ville
Pont de Sully
24
26
27
28
29
30
31
32
33
34
35
36
37
38
39
40
41
42

Bus 63, 86, 87

Alors que le côté gauche ne présente pas d'intérêt (dès le n° 17, bâtiments de 1929-1935 de l'Ecole polytechnique), le côté droit offre une succession de façades de caractère. Parmi celles-ci, la grande porte du n° 34 livre accès à une cour (foyer d'étudiants) à l'aspect romantique, bordée à gauche par un bâtiment de 1740 qu'occupa le séminaire des Trente-Trois. Remarquer les n° 40 (vestibule à colombages) et 42.

On arrive à une placette bordée d'une série de façades typiques jusqu'aux toits, et garnie de l'ancienne fontaine Sainte-Geneviève alimentée autrefois par l'aqueduc d'Arcueil. A cette sorte de fourche, on abandonne la rue de la Montagne-Sainte-Geneviève qui continue vers la droite alors que s'embranche sur la gauche la rue Descartes, suite de la voie romaine. Un portail monumental au n° 5 porte encore l'inscription «Ecole polytechnique» : c'était l'entrée principale.

(34) S'engager à droite dans la **rue de l'Ecole-Polytechnique**, percée en 1844 sur l'emplacement du collège des Grassin, rue qui se prolonge par la rue de Lanneau (ouverte vers 1185), ex-rue du Puits-Certain, une des plus vieilles de Paris.

Très animée au Moyen Age, elle comptait 14 librairies en 1571. La plupart de ses maisons datent de cette époque, telle le n° 8 et celle de l'extrémité (n° 9-11), auberge depuis 1627.

Au carrefour, tourner à gauche dans la **rue Valette** (fin du 11e siècle), ex-rue des Sept-Voies (puis de Savoie).

Elle borda du 15e au 17e siècles plusieurs collèges, notamment le collège de Fortet dont Calvin fut élève en 1531, et où fut fondée la Ligue en 1585 (la cour du n° 21 actuel contient toujours la tour de Calvin). Vieilles maisons aux n° 1 et 7 (hôtel du 17e siècle).

La vue bute sur le mur pignon Nord du Panthéon, mais on tourne à gauche dans la **rue Laplace** (12e siècle). Voir au n° 12 le beau porche de bois à deux niveaux qui était l'entrée du collège des Grassin (1569).

Emprunter à nouveau à droite la **rue de la Montagne-Sainte-Geneviève** (très vieille maison au n° 45, belle façade fin 18e siècle au n° 47) ; on en achève la montée en arrivant devant l'**église Saint-Etienne-du-Mont** qui précède le Panthéon *(voir itinéraire n°1)*.

Bus 84 *(rue Clotilde derrière le Panthéon)* **et 89**

Remarquer la grille ancienne en fer forgé du n°51 (maison du 16e siècle), ancien commerce de vins.

L'école Polytechnique

L'école Polytechnique, dont la réputation mondiale n'est plus à faire, forme depuis longtemps des ingénieurs de haut niveau et des esprits supérieurs, qui se partagent entre les carrières civiles et militaires, même si l'organisation en est strictement militaire. Créée en 1794, elle occupa de 1805 à 1975 sur la colline un vaste polygone où elle remplaça trois anciens collèges, dont le collège de Navarre. Elle est aujourd'hui décentralisée à Palaiseau, sur le plateau de Saclay dans l'Essonne.
Les bâtiments ont été affectés à divers services ministériels, notamment en 1981 au ministère de la Technologie, devenu de l'Enseignement Supérieur et de la Recherche. Le projet d'ouvrir au public ses espaces intérieurs est actuellement devenu une réalité à l'entrée du 21 rue Descartes, pour ceux de la partie haute : le jardin carré est orné de vénérables paulownias, qui ont été plantés par Napoléon Ier.

Bas-relief sur la façade de l'école Polytechnique. *Photo Anne-Marie Minvielle.*

La montagne Sainte-Geneviève - le Quartier Latin

Ce nom pompeux - appellation de toujours - désigne l'une des deux éminences (avec la Butte-aux-Cailles) que l'on trouve à Paris sur la rive gauche, et qui en porte le point culminant (61 m). Il va sans dire que l'urbanisation et les travaux de terrassement au cours des siècles y ont fortement atténué l'impression de relief. Ces lieux (mise à part l'implantation romaine du début du premier millénaire) furent longtemps couverts de champs et de vignes, les constructions (hormis l'abbaye Sainte-Geneviève d'époque mérovingienne) n'apparaissant progressivement que lors de l'extension de l'Université vers le sommet. Cette dernière a toujours dominé dans le quartier, et l'usage exclusif du latin dans toutes les disciplines enseignées, jusqu'à son abolition à la Révolution, explique le nom de Quartier Latin que porte traditionnellement le secteur regroupant les facultés anciennes et la plupart des grandes écoles…

(35) Tourner à gauche dans la **rue Saint-Etienne-du-Mont** (rue du Moûtier en 1248).

Déboucher dans la **rue Descartes** (au 13e siècle, rue Bordelles ou Bordet, nom de la porte par laquelle la route de Lyon franchissait l'enceinte de Philippe-Auguste, au niveau du n° 47 actuel).

Au n° 30 (cure de l'église Saint-Etienne-du-Mont), ancien hôtel du duc d'Orléans, du 18e siècle. En face, derniers bâtiments, vers le sommet, de l'ancienne Ecole polytechnique : l'entrée publique du n° 21 donne accès au «jardin carré», après un espace jardiné créé récemment et entretenu par les services de la mairie de Paris. On y voit de grands paulownias plantés par Napoléon Ier.

Au carrefour, vue sur la tour de Clovis, du 15e siècle en partie haute (clocher de l'ancienne abbaye Sainte-Geneviève) et le dôme du Panthéon. Tourner à gauche dans la **rue Clovis** (ouverte en 1807 sur l'emplacement de l'ancienne église abbatiale), où un important fragment de la muraille de Philippe-Auguste est visible dans la cour du n° 7. L'extrémité du mur interrompu, en saillie sur le trottoir, apparaît entre le n° 5 et le n° 3. Déboucher sur la **rue du Cardinal-Lemoine** (ex-rue des Fossés-Saint-Victor créée après comblement du fossé de l'enceinte en 1684), où un nouveau fragment de l'enceinte de Philippe-Auguste est visible, plus bas, à droite dans l'impasse du n° 50 (entre la caserne des pompiers et l'immeuble placé derrière).

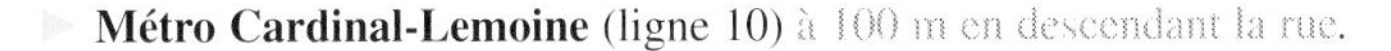

▶ **Métro Cardinal-Lemoine** (ligne 10) à 100 m en descendant la rue.

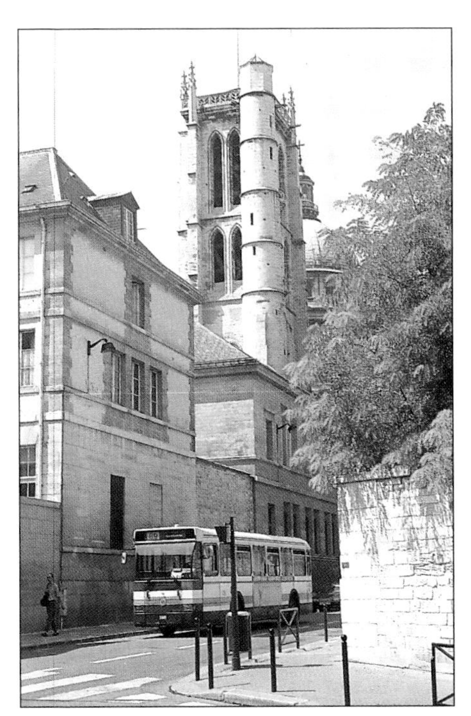

La tour de Clovis. *Photo Anne-Marie Minvielle.*

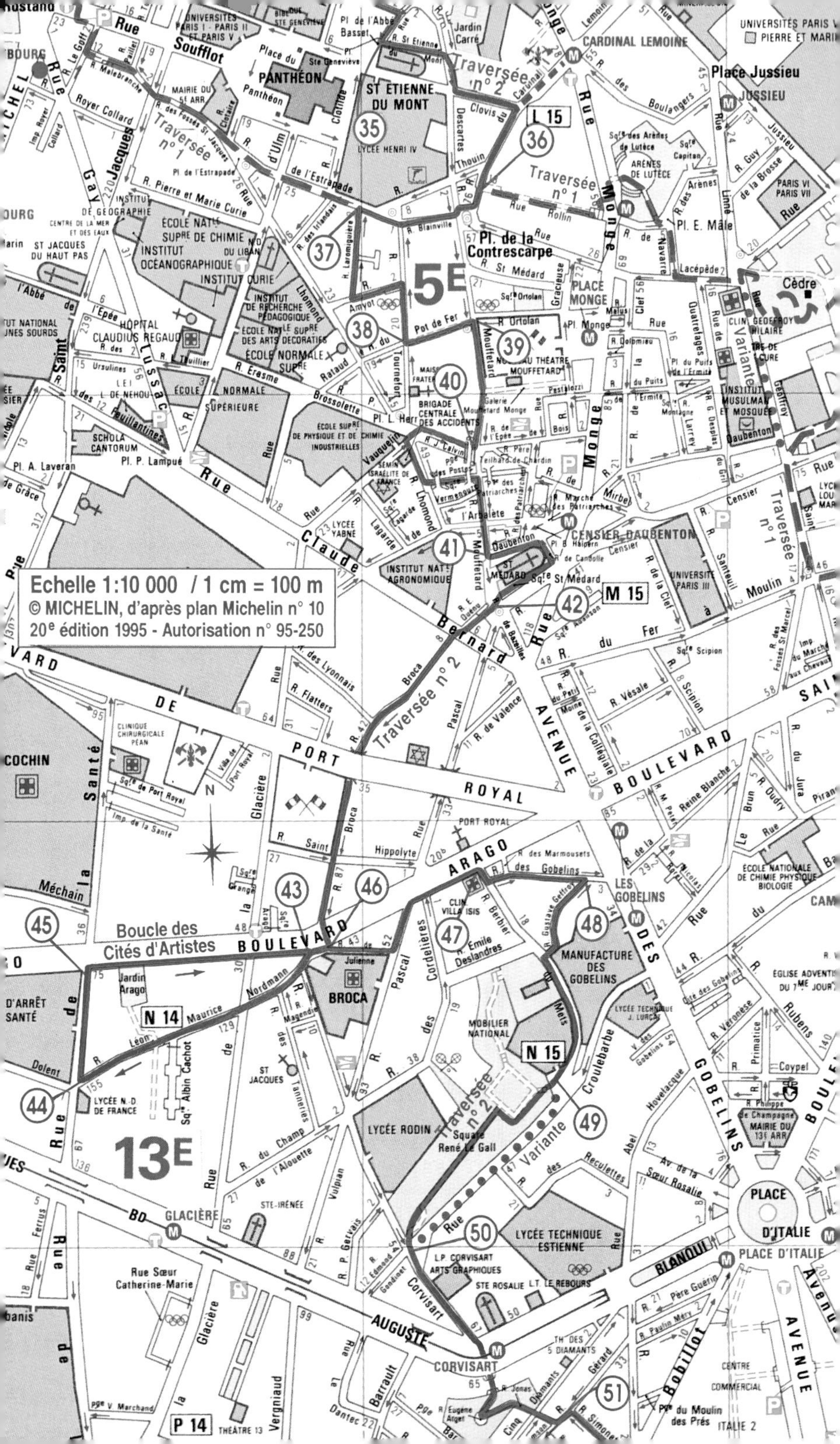
Echelle 1:10 000 / 1 cm = 100 m
© MICHELIN, d'après plan Michelin n° 10
20e édition 1995 - Autorisation n° 95-250
5E
13E
Rue Soufflot
PANTHÉON
Place du Panthéon
ST ETIENNE DU MONT
LYCÉE HENRI IV
MAIRIE DU 5E ARR.
Traversée n° 1
Traversée n° 2
R. Clotilde
R. d'Ulm
R. de l'Estrapade
Pl. de l'Estrapade
R. Pierre et Marie Curie
R. Descartes
R. Clovis
R. Thouin
Rue Rollin
R. Blainville
Pl. de la Contrescarpe
R. St Médard
R. Mouffetard
CARDINAL LEMOINE
R. Cardinal Lemoine
Rue Monge
R. des Boulangers
Place Jussieu
JUSSIEU
UNIVERSITÉS PARIS VI PIERRE ET MARIE
PARIS VI PARIS VII
ARÈNES DE LUTÈCE
Sq. des Arènes de Lutèce
Sq. Capitan
R. des Arènes
R. Linné
R. Guy de la Brosse
R. Jussieu
Pl. E. Mâle
R. de Navarre
R. Lacépède
PLACE MONGE
Pl. Monge
R. Ortolan
Sq. Ortolan
R. Gracieuse
R. Quatrefages
R. de la Clef
R. du Puits de l'Ermite
Pl. du Puits de l'Ermite
R. Dolomieu
INSTITUT MUSULMAN ET MOSQUÉE
R. Daubenton
CLIN. GEOFFROY ST HILAIRE
Variante
Cèdre
R. Geoffroy St Hilaire
NOUVEAU THÉATRE MOUFFETARD
Galerie Mouffetard Monge
R. Pestalozzi
R. de l'Épée de Bois
R. Larrey
R. G. Desplas
R. Censier
R. du Fer à Moulin
CENSIER DAUBENTON
UNIVERSITÉ PARIS III
R. de Mirbel
R. Marché des Patriarches
R. des Patriarches
R. de l'Arbalète
ST MÉDARD
Sq. St Médard
Pl. B. Halpern
R. de Candolle
R. Santeuil
R. Scipion
Sq. Scipion
R. Vésale
R. de la Collégiale
R. du Petit Moine
AVENUE DES GOBELINS
BOULEVARD SAINT MARCEL
R. des Fossés St Marcel
Imp. du Marché aux Chevaux
R. des Irlandais
R. Laromiguière
R. Amyot
R. Rataud
R. Tournefort
R. du Pot de Fer
MAISON FRATERNITÉ
BRIGADE CENTRALE DES ACCIDENTS
Pl. L. Herr
R. Brossolette
R. Vauquelin
R. J. Calvin
Pge des Postes
R. Vermenouze
SÉMIN. ISRAÉLITE DE FRANCE
R. Lhomond
Sq. Lagarde
R. Lagarde
LYCÉE YABNÉ
INSTITUT NATL AGRONOMIQUE
R. Claude Bernard
R. E. Quénu
R. de Bazeilles
R. Broca
ÉCOLE SUPRE DE PHYSIQUE ET DE CHIMIE INDUSTRIELLES
INSTITUT DE GÉOGRAPHIE
CENTRE DE LA MER ET DES EAUX
ÉCOLE NATLE SUPRE DE CHIMIE
INSTITUT OCÉANOGRAPHIQUE
INSTITUT CURIE
N.D. DU LIBAN
INSTITUT DE RECHERCHE PÉDAGOGIQUE
ÉCOLE NATLE SUPRE DES ARTS DÉCORATIFS
ÉCOLE NORMALE SUPRE
ÉCOLE NORMALE SUPÉRIEURE
R. Érasme
R. d'Ulm
ST JACQUES DU HAUT PAS
HÔPITAL CLAUDIUS REGAUD
R. des Ursulines
R. L. Thuillier
LEI L. DE NEHOU
R. des Feuillantines
SCHOLA CANTORUM
Pl. P. Lampué
Pl. A. Laveran
R. Gay Lussac
R. St Jacques
Rue Saint Jacques
R. de l'Abbé de l'Épée
R. Royer Collard
R. Malebranche
R. Le Goff
R. Paillet
R. des Fossés St Jacques
Imp. Royer Collard
R. du Val de Grâce
BOULEVARD DE PORT ROYAL
CLINIQUE CHIRURGICALE PÉAN
Sq. de Port Royal
Villa de Port Royal
Imp. de la Santé
COCHIN
Rue de la Santé
R. Méchain
R. de la Glacière
R. Saint Hippolyte
PORT ROYAL
R. des Lyonnais
R. Flatters
R. Pascal
R. de Valence
R. des Marmousets
BOULEVARD ARAGO
R. des Gobelins
R. Gustave Geffroy
LES GOBELINS
CLIN. VILLA ISIS
R. Berbier du Mets
R. Émile Deslandres
MANUFACTURE DES GOBELINS
MOBILIER NATIONAL
LYCÉE TECHNIQUE J. LURÇAT
Sq. Gustave Mesureur
Boucle des Cités d'Artistes
BOULEVARD
Jardin Arago
BROCA
R. Julienne
R. de la Reine Blanche
R. Le Brun
R. Oudry
R. du Jura
R. de la Reine Blanche
ÉCOLE NATIONALE DE CHIMIE PHYSIQUE BIOLOGIE
ÉGLISE ADVENTISTE DU 7ME JOUR
R. Rubens
R. Véronèse
Cité des Gobelins
R. Primatice
R. Coypel
R. Philippe de Champagne
MAIRIE DU 13E ARR.
PLACE D'ITALIE
PLACE D'ITALIE
D'ARRÊT SANTÉ
Rue de la Santé
R. Léon Maurice Nordmann
R. Dolent
LYCÉE N.D. DE FRANCE
Sq. Albin Cachot
R. Magendie
R. des Tanneries
ST JACQUES
Rue de la Glacière
R. du Champ de l'Alouette
R. des Cordelières
R. Croulebarbe
N 14
N 15
L 15
M 15
P 14
LYCÉE RODIN
Square René Le Gall
R. Abel Hovelacque
Av. de la Sœur Rosalie
R. des Reculettes
LYCÉE TECHNIQUE ESTIENNE
L.P. CORVISART ARTS GRAPHIQUES
STE ROSALIE
L.T. LE REBOURS
R. Corvisart
R. Vulpian
R. P. Gervais
R. Edmond Gondinet
STE-IRÉNÉE
BD AUGUSTE BLANQUI
GLACIÈRE
CORVISART
Rue Sœur Catherine-Marie
Rue Ferrus
TH. DES 5 DIAMANTS
R. des Cinq Diamants
R. Jonas
R. Gérard
R. Bobillot
R. Paulin Méry
R. Père Guérin
R. Barrault
R. Dantec
Pge V. Marchand
THÉATRE 13
R. Vergniaud
R. Eugène Atget
CENTRE COMMERCIAL
ITALIE 2
Pge du Moulin des Prés
R. Simonet
AVENUE D'ITALIE
35
36
37
38
39
40
41
42
43
44
45
46
47
48
49
50
51

6. De Cardinal-Lemoine à Corvisart 3,2 km

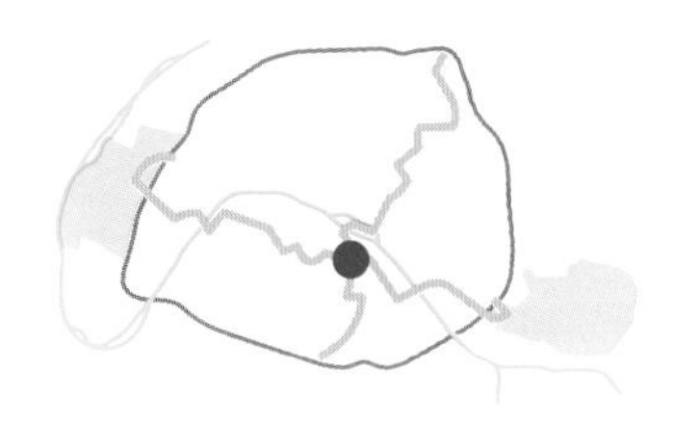

Dans l'axe de la rue Clovis se trouve, au n° 65 de la rue du Cardinal-Lemoine, le collège des Ecossais, de 1665, actuellement encore foyer d'étudiantes. Ce bâtiment s'est trouvé déchaussé lorsqu'en 1685 le prévôt des marchands fit raboter le haut de la rue des Fossés-Saint-Victor pour en adoucir la pente, in fine trop forte pour les convois lourds (le rez-de-chaussée initial est devenu le premier étage actuel et la rangée de fenêtres inférieure – nouveau rez-de-chaussée – a été aménagée au niveau des anciennes caves).

Remonter la **rue du Cardinal-Lemoine** à droite. Dans la cour du n° 62, nouvel aperçu sur le fragment du mur d'enceinte du 7, rue Clovis, vu cette fois côté extérieur.
L'impasse du n° 71 conduit à un mini-hameau de maisons anciennes, havre de calme autour d'une cour plantée. L'hôtel des Grandes Ecoles, au n° 75, occupe au fond du passage, dans un cadre de rêve, une coquette maison Directoire.

(36) Peu après, laisser à gauche la pittoresque rue Rollin (voir par le revers le mur ventru du n° 23 et son pignon), empruntée par la traversée de Paris n° 1, dont l'itinéraire est désormais commun avec la traversée n° 2 sur 200 m.

Aboutir enfin sur la **place de la Contrescarpe**, de tous temps carrefour «hors-les-murs» et des plus animés, sur la route de Lyon à deux pas de la Porte Saint-Marcel. La contrescarpe était le remblai longeant le fossé d'enceinte, mais la véritable place, d'ailleurs plus petite, se situait autrefois un peu plus haut rue Mouffetard. Maison ancienne au n° 55. Au n° 1, vieille inscription évoquant le cabaret de la *Pomme de Pin* où se retrouvaient en leur temps Rabelais et les poètes de la Pléiade. Ici commençait le faubourg Saint-Médard, hors-Paris sur la route de Lyon.

Croiser la rue Mouffetard : on peut y voir deux enseignes curieuses : celle d'une boucherie du 18e siècle au n° 6 et «Au-Nègre-Joyeux» au n° 14.

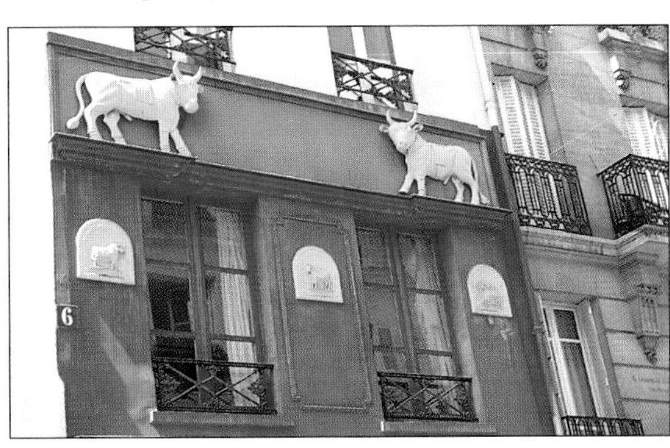

Enseigne de boucherie du 18e siècle, rue Mouffetard. *Photo Anne-Marie Minvielle.*

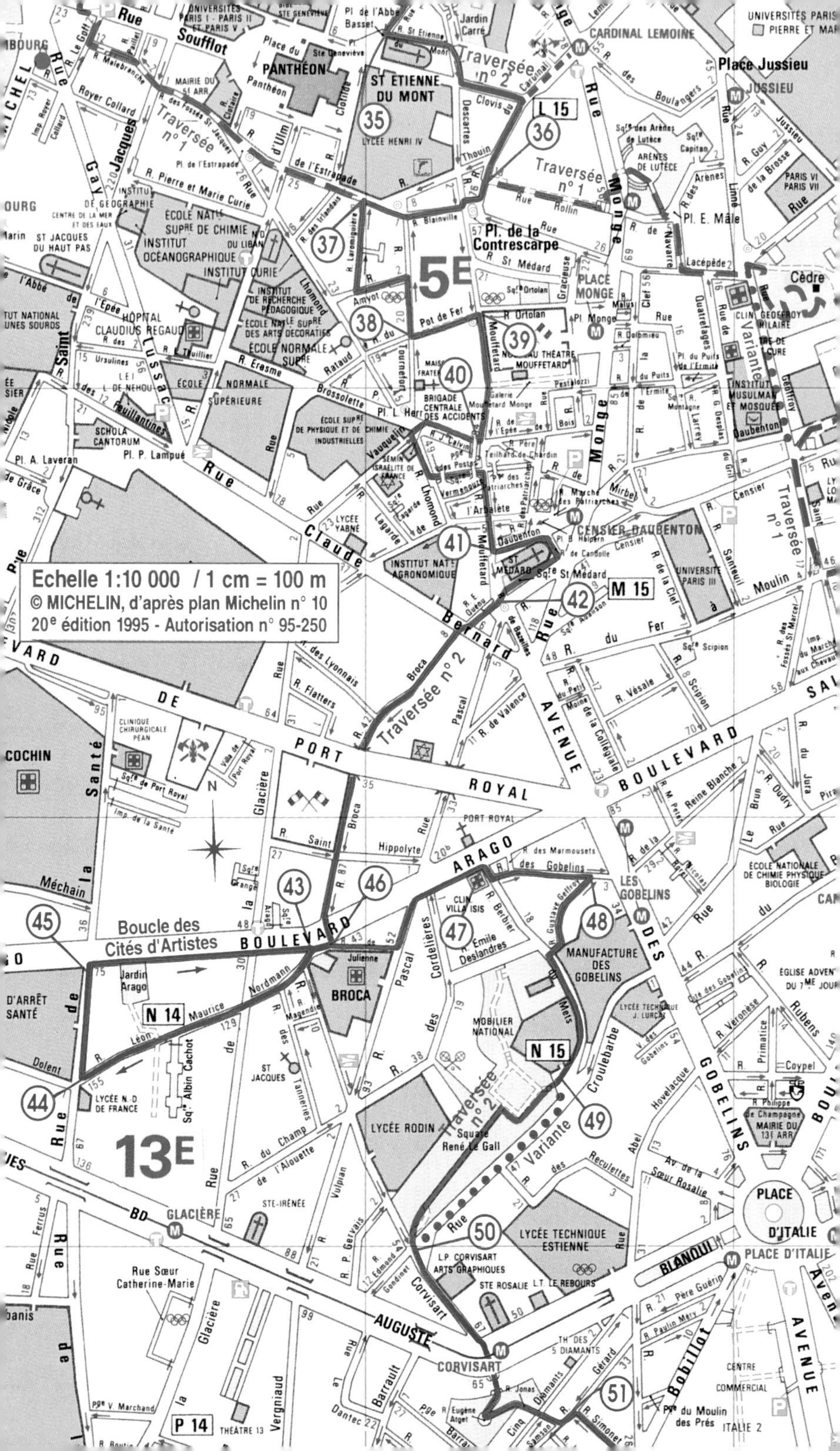
Echelle 1:10 000 / 1 cm = 100 m
© MICHELIN, d'après plan Michelin n° 10
20e édition 1995 - Autorisation n° 95-250
5E
13E
PANTHÉON
ST ETIENNE DU MONT
LYCÉE HENRI IV
Rue Soufflot
Traversée n° 1
Traversée n° 2
Variante
CARDINAL LEMOINE
Place Jussieu
JUSSIEU
ARÈNES DE LUTÈCE
Pl. de la Contrescarpe
PLACE MONGE
Rue Mouffetard
NOUVEAU THÉATRE MOUFFETARD
BRIGADE CENTRALE DES ACCIDENTS
ÉCOLE NORMALE SUPÉRIEURE
INSTITUT OCÉANOGRAPHIQUE
INSTITUT CURIE
HÔPITAL CLAUDIUS REGAUD
SCHOLA CANTORUM
INSTITUT NATL AGRONOMIQUE
ST MÉDARD
CENSIER DAUBENTON
UNIVERSITÉ PARIS III
INSTITUT MUSULMAN ET MOSQUÉE
Rue Claude Bernard
BOULEVARD DE PORT ROYAL
AVENUE DES GOBELINS
BOULEVARD ARAGO
COCHIN
CLINIQUE CHIRURGICALE PÉAN
Boucle des Cités d'Artistes
Jardin Arago
BROCA
MANUFACTURE DES GOBELINS
LES GOBELINS
MOBILIER NATIONAL
LYCÉE RODIN
Square René Le Gall
LYCÉE TECHNIQUE ESTIENNE
PLACE D'ITALIE
MAIRIE DU 13E ARR
BD AUGUSTE BLANQUI
GLACIÈRE
CORVISART
L 15
M 15
N 14
N 15
P 14
35
36
37
38
39
40
41
42
43
44
45
46
47
48
49
50
51

Continuer en face par la **rue Blainville,** (ex-de la Contrescarpe-Sainte-Geneviève, qui fut tracée également à la place du remblai précédant le fossé). Vieilles maisons pittoresques, notamment la première à gauche (toit à voir avec recul), le n° 5 et le n° 11. Au débouché sur la placette suivante, vue à droite sur le Panthéon, à travers les arbres du lycée Henri IV, puis sur la tour de Clovis et le clocheton de Saint-Etienne-du-Mont.

Après une brève montée, on se trouve cette fois réellement au niveau le plus haut de la butte, soit environ 61 m. Apprécier l'enfilade de gauche rue Tournefort. Continuer en face **rue de l'Estrapade** (ex-rue des Fossés-Saint-Marcel). Au n° 9, enseigne de 1914 (Brûlerie-Saint-Jacques), sur une maison en «U» à la belle allure dont la cour encaissée contient un puits.

(37) Laisser la traversée de Paris n° 1 qui poursuit tout droit dans cette rue et s'engager à gauche dans la **rue Laromiguière** (ancienne rue des Poules en 1605), aux bâtiments anciens de hauteur raisonnable.

Emprunter ensuite à gauche la **rue Amyot** (en 1588 rue du Puits-qui-Parle, nom dû à un puits à l'écho sonore). Le mur du n° 7 dissimule un pavillon dans la verdure, témoin de l'ancienne campagne. Belle maison à tourelle et angle arrondi à l'extrémité à droite.

Prendre à droite la **rue Tournefort** jusqu'au croisement suivant (remarquer le mur d'angle de droite qui porte encore, gravés dans la pierre le nom des deux rues : rue Neuve-(Sainte)-Geneviève : ancien nom de la rue Tournefort : et rue du Pot-de-Fer).

(38) S'engager à gauche dans la **rue du Pot-de-Fer** (ancien chemin viticole, ruelle des Prêtres en 1554), semi-piétonne, garnie de tables de ses nombreux restaurants, le soir venu, en belle saison. Au n° 7, portail 18e siècle, au n° 1, maison à large pignon sur rue. A l'angle, fontaine du Pot-de-Fer, une des quatorze que Marie de Médicis édifia pour répartir rive gauche l'excédent des eaux amenées par l'aqueduc d'Arcueil (aqueduc gallo-romain refait par elle pour le palais du Luxembourg).

► **Métro Monge** (ligne 7) *à 150 m par la rue Ortolan au-delà de la rue Mouffetard.*

(39) Tourner à droite dans la **rue Mouffetard**.
Ce vieux chemin gaulois devenu ensuite voie romaine n'a en fait jamais changé de nom depuis une vingtaine de siècles. Tout au plus, cette appellation résulte-t-elle sans doute d'une altération du nom de la colline : mons Cetardus devenu mont Fétard...

De part et d'autre de cette rue, sinueuse comme il se doit, le parcellaire médiéval nous est parvenu pratiquement intact et, malgré quelques exceptions, les maisons sont toutes plus ou moins anciennes (17e-18e) et en tout cas bâties sur des fondations d'origine. Cette authenticité d'ensemble porte à parcourir la rue Mouffetard (la «Mouffe» en parler populaire) en observant attentivement les façades de bas en haut.
A signaler un événement assez rare de nos jours : au n° 53 fut découvert en 1938, à la faveur d'une démolition, un authentique trésor caché composé de plus de trois mille pièces d'or d'époque Louis XV.

Après la caserne de la garde républicaine de Paris, qui a son entrée place Monge, reprennent les nombreux restaurants pittoresques, grecs et autres. La maison 18e siècle du n° 69 a conservé son enseigne Au-Vieux-Chêne en forte saillie plaquée au mur, une des très rares en bois sculpté de Paris. Au n° 81, portail du 17e siècle.

Le bourg Saint-Marcel - le bourg et l'église Saint-Médard

En bordure de la voie romaine de Lugdunum se développa, au début du 4e siècle, une importante nécropole dominée par la pratique de l'incinération, avec conservation des cendres dans des urnes. C'est là que fut inhumé initialement Saint-Marcel, évêque de Paris contemporain de Sainte-Geneviève, en 436. La légende de ses prodiges fut cause d'un pèlerinage, de la construction d'une chapelle qui ensuite céda la place à une collégiale, donc de l'amorce d'une agglomération. Le bourg Saint-Marcel, établi sur la rive droite de la Bièvre, bénéficia en 1296 d'une autonomie fiscale par rapport à Paris qui fut favorable à son économie. Il put même s'offrir une enceinte, clôture doublée d'un fossé, appuyée à ses extrémités sur la rivière.
Dès le 13e siècle, des personnages importants, charmés par les lieux, y installèrent leurs résidences champêtres. Le bourg fut finalement rattaché à Paris en 1724 lorsque Louis XV recula le bornage de la capitale.
Sur la rive gauche, un premier sanctuaire, du 7e-8e siècle ou du 9e, fut remplacé par l'église Saint-Médard actuelle dans la seconde moitié du 15e siècle, construction poursuivie aux 16e et 17e siècles.
A noter que l'évêque Saint-Médard, en 545, avait couronné de roses et doté une jeune fille méritante : ce fut l'origine de la coutume des «rosières» qui se perpétua jusqu'à l'époque moderne.
Au milieu des vignes et des labours prit naissance un bourg baptisé tout naturellement Saint-Médard, organisé initialement autour de deux voies : la route de Lyon (rue Mouffetard) et la rue d'Orléans-Saint-Marcel (ex- des Bouliers, actuelle rue Daubenton). Du 12e au 15e siècle, se créèrent là aussi de nombreuses villégiatures, tel le séjour des d'Orléans (Louis d'Orléans, 1388). Cependant, quartier populaire au XVIIe siècle, il l'est demeuré au cours de son urbanisation au 18e, et les constructions ayant rattrapé le rempart de Philippe-Auguste, il fut également rattaché à Paris en 1724.
L'église Saint-Médard fut pourvue d'un cimetière en 1512, qui la bordait à l'est et au sud. En 1727 y fut inhumé le diacre François de Pâris, fervent janséniste, ascète et charitable. Des malades et infirmes se livrèrent sur sa tombe à des mortifications, et le bruit de leur guérison amena une foule croissante d'émules qui finit par animer de véritables scènes de transes et d'hystérie collective. Ils s'organisèrent même en sectes pourvues de chefs et règlements. Les autorités, inquiètes, s'en émurent, et le roi Louis XV dut, en 1732, faire interdire par l'archevêque le culte du diacre et fermer le cimetière (c'est la porte murée subsistant rue Daubenton). Le lendemain était placardé ce dystique anonyme :
De par le Roy, deffense à Dieu de faire miracle en ce lieu.
Les transes, cependant, continuèrent clandestinement dans le quartier jusqu'en...1762. Cet épisode troublant et unique à ce degré est connu comme celui des «convulsionnaires» de Saint-Médard.

Enseigne, rue Mouffetard. *Photo Anne-Marie Minvielle.*

40 Quitter la rue momentanément, par le passage après le n° 96, pour s'engager à droite **rue Jean Calvin** (ouverte en 1928 en vue de réaliser un projet de grand boulevard Ouest-Est, heureusement abandonné) afin de gagner la **place Lucien-Herr**. Il faut remarquer surtout, vers la droite, le pan coupé entre les rues Tournefort et Lhomond avec sa terrasse longeant les façades, revenant en retour d'angle sur les deux rues, ce qui dénote une fois encore une rectification du profil des chaussées qui, elles, descendent. On ne peut s'empêcher, devant ce pittoresque tableau, de songer à une vue caractéristique de la butte Montmartre. Fontaine moderne, placette plantée de *paulownias*.

Redescendre à gauche la **rue Lhomond** pour s'engager, au n° 56, dans le discret **passage des Postes** (d'une altération du nom d'origine de la rue Lhomond : rue des Pots), qui revient sur la **rue Mouffetard**. De là, observer à gauche la perspective de la rue médiévale en montée tortueuse.

Descendre cette rue à droite ; en partie basse, on n'y trouve que des maisons anciennes. Ce secteur de la rue Mouffetard, piétonnier en matinée et en fin d'après-midi, est le siège d'une animation intense - surtout le dimanche matin - due au marché alimentaire très coloré composé d'une succession de boutiques alléchantes et de marchands occupant la chaussée, le tout dans la meilleure tradition des marchés populaires parisiens de plein-air.

Au n° 103, deux plaques font allusion à l'année 1826 et au siège de Paris de 1870. Croiser la rue de l'Arbalète (où se situait au 16e siècle le jardin des Apothicaires, ancêtre du Jardin des Plantes) ; au n° 122, nouvelle enseigne plaquée, polychromée : A-La-Bonne-Source avec costumes d'époque Henri IV.

41 Prendre aussitôt après à gauche la **rue Daubenton** (au 13e siècle rue des Bouliers), dont le pittoresque tient à son étroitesse autant qu'aux murs ventrus de gauche et qui prolonge le marché Mouffetard.

Après le n° 39 se remarquent deux grandes portes murées : elles le furent à un siècle d'intervalle, la deuxième (qui donnait accès au cimetière) sur ordre de la police après les épisodes des «convulsionnaires» (voir page ci-contre texte sur l'église Saint-Médard).

▶ **Métro Censier-Daubenton** (ligne 7) **et Bus 47** ***(à 40 m).***

Contourner, par la **rue de Candolle** à droite, le presbytère et le chevet de l'**église Saint-Médard.**

Dans la **rue Censier** (au 16e siècle, cul-de-sac appelé Sans-Chief - sans tête - devenu Sancée etc.), entrer dans le petit square qui longe l'église. On se retrouve au bas de la rue Mouffetard, où se remarque au n° 134 une très curieuse façade (charcuterie-traiteur Facchetti) entièrement décorée à la fresque (1929) de motifs évoquant le gibier, jusqu'aux lucarnes incluses.

Devant l'église, se tient le dimanche matin un marché de produits frais.

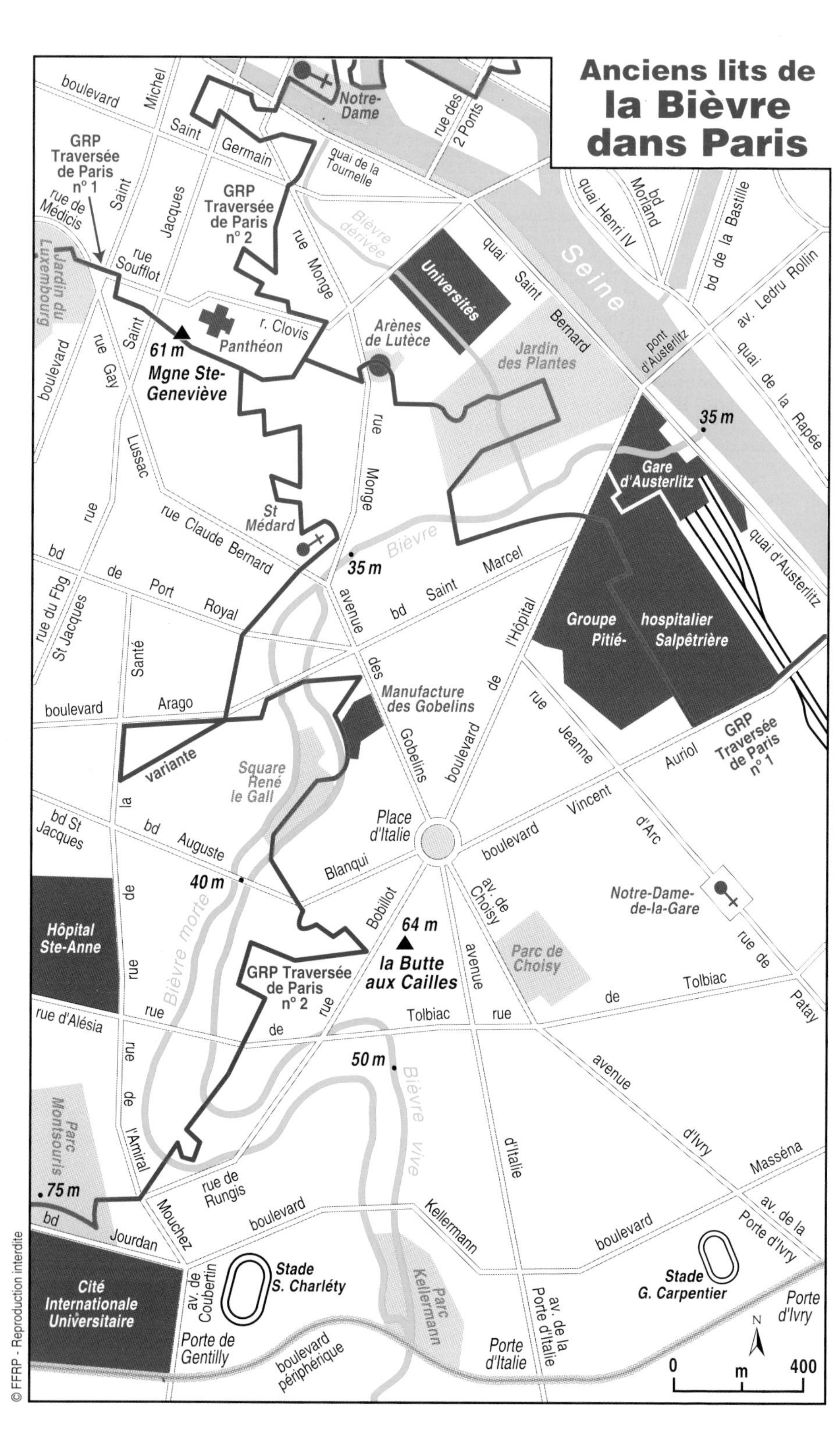
Anciens lits de la Bièvre dans Paris
GRP Traversée de Paris n° 1
GRP Traversée de Paris n° 2
Notre-Dame
Seine
Universités
Panthéon
r. Clovis
61 m
Mgne Ste-Geneviève
Arènes de Lutèce
Jardin des Plantes
Bièvre dérivée
St Médard
Bièvre
35 m
Gare d'Austerlitz
Groupe hospitalier Pitié-Salpêtrière
Manufacture des Gobelins
variante
Square René le Gall
Place d'Italie
40 m
Bièvre morte
64 m
la Butte aux Cailles
Notre-Dame-de-la-Gare
Parc de Choisy
Hôpital Ste-Anne
50 m
Bièvre vive
Parc Montsouris
75 m
Cité Internationale Universitaire
Stade S. Charléty
Parc Kellermann
Stade G. Carpentier
Porte de Gentilly
Porte d'Italie
Porte d'Ivry
boulevard périphérique
0 m 400
N

La Bièvre dans Paris, au début du siècle. *Document fourni par Gérard Conte.*

La Bièvre autrefois et de nos jours

La Bièvre (d'une racine celtique signifiant castor) est devenue à Paris, et même en amont , un simple souvenir des temps passés, puisqu'aussi bien ce cours d'eau a disparu du paysage sur près de la moitié de son parcours de trente-deux kilomètres. Mais on peut encore l'apprécier de sa source (au sud de Saint-Cyr-l'Ecole près de Versailles), passant par Jouy-en-Josas et Bièvres, jusqu'à Antony à partir d'où elle est recouverte jusqu'à la Seine. Cette modeste rivière, de largeur n'excédant pas trois mètres, arrivait dans Paris par la poterne des Peupliers, contournait vers l'Ouest la Butte-aux-Cailles, se redressait vers le Nord et, devant Saint-Médard, obliquait pour rejoindre la Seine en amont de notre pont d'Austerlitz. Aux temps préhistoriques, c'est elle qui continuait à partir de là par le lit actuel de la Seine, laquelle décrivait une grande courbe vers le Nord pour revenir à notre place de l'Alma. - Il est vrai qu'aujourd'hui, chercher à déceler sur le terrain le tracé de la Bièvre dans Paris (en grande partie en deux bras parallèles) est une entreprise vouée à l'échec, à moins de disposer de documents précis ou d'observer le plan au 1/2 000 qui fait apparaître toutes les parcelles. L'urbanisation à cent pour cent de ce qui fut une vallée par endroits assez encaissée a eu pour effet de combler partout le lit de la rivière et ses abords (exception faite du square René Le Gall), en exhaussant le sol primitif jusqu'à quinze et même dix-sept mètres. Les charmants vallons d'autrefois conduisirent nombre de grands de ce monde à y établir leurs résidences campagnardes, au voisinage de guinguettes et brasseries renommées. Mais dès le 14e siècle s'établirent sur ses rives différents teinturiers, puis vinrent des tanneries, mégisseries, peausseries..., de sorte qu'en 1860 on pouvait dénombrer plus d'une centaine d'ateliers de diverses industries entre les fortifications et la Seine.

L'évolution inéluctable qui transforma peu à peu la pauvre rivière en un cloaque putride amena la décision de la recouvrir progressivement dès 1840, opération qui fut achevée dans Paris en 1912. Cependant certains vestiges n'échappent pas à un observateur perspicace, par exemple de courts alignements de peupliers émergeant de points bas dans certains pâtés de maisons.

Aujourd'hui, l'essentiel du flux abordant Paris est canalisé dès la poterne pour être conduit jusqu'au pont National, et les anciens lits en aval, souvent déviés sous les rues modernes, réduits au rôle d'égoûts locaux.

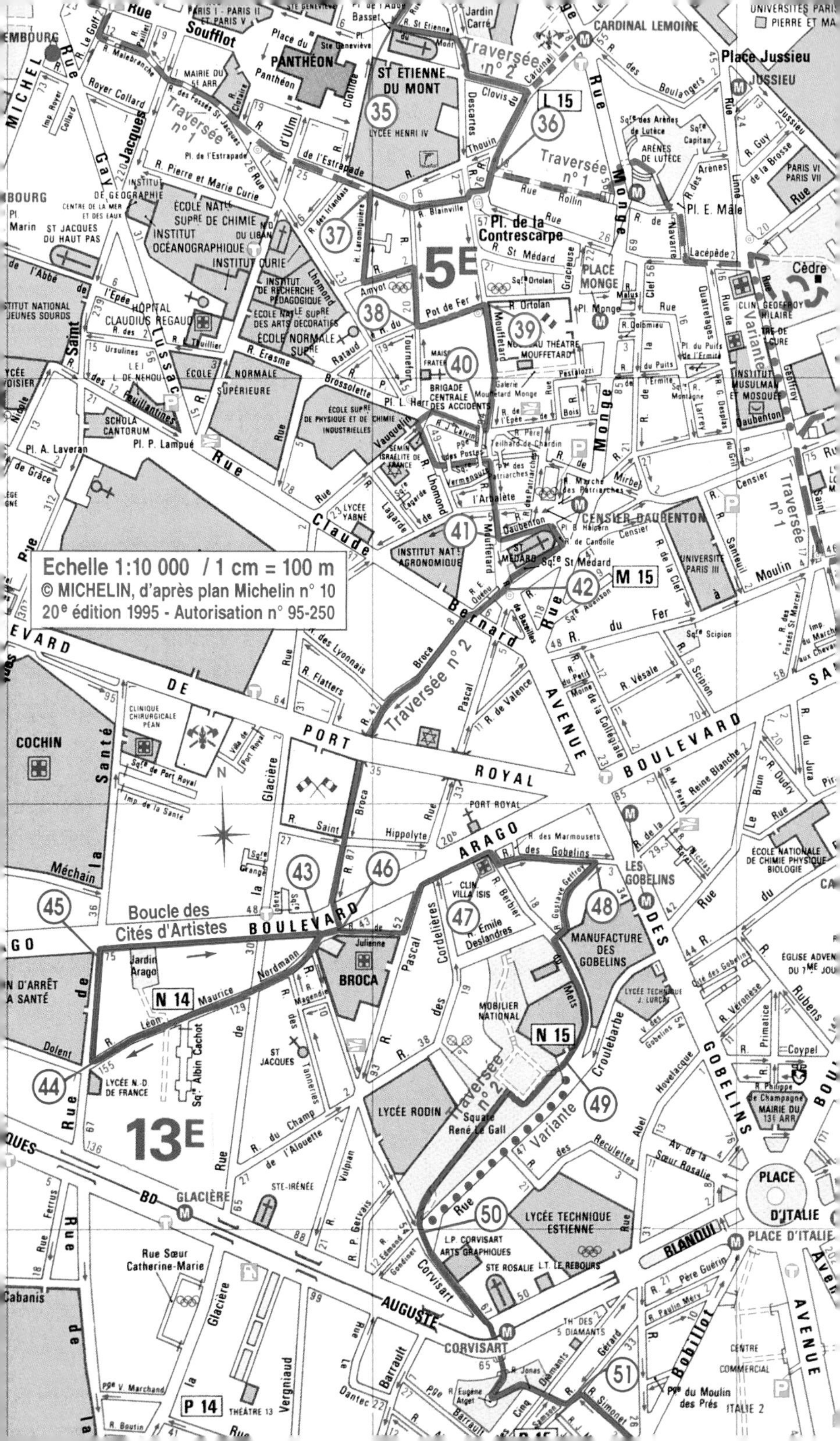
Echelle 1:10 000 / 1 cm = 100 m
© MICHELIN, d'après plan Michelin n° 10
20e édition 1995 - Autorisation n° 95-250
PANTHÉON
ST ETIENNE DU MONT
LYCÉE HENRI IV
Traversée n° 2
Traversée n° 1
MAIRIE DU 5E ARR.
CARDINAL LEMOINE
Place Jussieu
JUSSIEU
ARÈNES DE LUTÈCE
Pl. de la Contrescarpe
PLACE MONGE
5E
ÉCOLE NATLE SUPRE DE CHIMIE
INSTITUT OCÉANOGRAPHIQUE
INSTITUT CURIE
INSTITUT DE RECHERCHE PÉDAGOGIQUE
ÉCOLE NATLE SUPRE DES ARTS DÉCORATIFS
ÉCOLE NORMALE SUPRE
HÔPITAL CLAUDIUS REGAUD
ST JACQUES DU HAUT PAS
INSTITUT NATIONAL JEUNES SOURDS
ÉCOLE NORMALE SUPÉRIEURE
SCHOLA CANTORUM
ÉCOLE SUPRE DE PHYSIQUE ET DE CHIMIE INDUSTRIELLES
BRIGADE CENTRALE DES ACCIDENTS
NOUVEAU THÉATRE MOUFFETARD
INSTITUT MUSULMAN ET MOSQUÉE
CLIN. GEOFFROY ST HILAIRE
CENSIER DAUBENTON
UNIVERSITÉ PARIS III
INSTITUT NATL AGRONOMIQUE
LYCÉE YABNÉ
ST MÉDARD
L 15
M 15
N 14
N 15
P 14
Rue Soufflot
Rue Mouffetard
Rue Monge
Rue Claude Bernard
BOULEVARD DE PORT ROYAL
BOULEVARD ARAGO
AVENUE DES GOBELINS
CLINIQUE CHIRURGICALE PÉAN
COCHIN
PORT ROYAL
Boucle des Cités d'Artistes
Jardin Arago
BROCA
CLIN. VILLA ISIS
MANUFACTURE DES GOBELINS
LES GOBELINS
MOBILIER NATIONAL
LYCÉE TECHNIQUE J. LURÇAT
ÉCOLE NATIONALE DE CHIMIE PHYSIQUE BIOLOGIE
LYCÉE RODIN
Square René Le Gall
Variante
LYCÉE TECHNIQUE ESTIENNE
L.P. CORVISART ARTS GRAPHIQUES
STE ROSALIE
L.T. LE REBOURS
LYCÉE N.-D. DE FRANCE
13E
ST JACQUES
STE-IRÉNÉE
GLACIÈRE
CORVISART
BD AUGUSTE BLANQUI
PLACE D'ITALIE
MAIRIE DU 13E ARR.
TH DES 5 DIAMANTS
CENTRE COMMERCIAL ITALIE 2
THÉATRE 13
Rue Sœur Catherine-Marie
35
36
37
38
39
40
41
42
43
44
45
46
47
48
49
50
51

L'époque haussmanienne a substitué à l'antique rue Mouffetard, qui remontait jusqu'à la place d'Italie, les voies modernes que sont la rue de Bazeilles puis l'avenue des Gobelins. On aperçoit dans cet axe la massive tour «Antoine et Cléopâtre» de l'avenue d'Italie, l'une des deux seules construites côté Est dans les années soixante, alors que l'opération «Galaxie» absorba tout un îlot en face, après quoi ce type de rénovation lourde fut enfin abandonné. Se détache également sur le ciel le curieux «signal» surmontant le campanile de l'ensemble dit Grand Ecran côté sud de la place d'Italie.

La voie romaine de Melun, juste après l'église Saint-Médard, franchissait à l'origine la Bièvre par un gué (vers le n° 4 de la rue de Bazeilles) et se poursuivait après la place d'Italie par la route de Choisy. Notre itinéraire l'abandonne ici définitivement. Par la suite fut construit sur la rivière le pont aux Tripes, alors que s'étaient déjà établis des bouchers-équarisseurs qui jetaient leurs déchets dans le courant.

▸ A la sortie du square, on peut aller profiter d'une vue intéressante sur l'ensemble de l'église Saint-Médard à l'angle de la rue Pascal.

(42) Prendre, dans l'axe face au square, la petite **rue Edouard-Quenu** (en 1182, rue de Lourcine ou de l'Oursine, de «locus cinerum», lieu des cendres, en souvenir de la nécropole primitive). C'était le début du vieux chemin du bourg Saint-Médard au bourg de Gentilly, qui au départ longeait les propriétés riveraines de la Bièvre. Partant de son ancien niveau, la chaussée actuelle remonte nettement pour croiser à niveau la moderne rue Claude-Bernard, où l'on voit à droite l'Institut national agronomique.

▸ **Bus 27** *à gauche dans cette rue, à proximité.*

Continuer en face par la **rue Broca**, au tracé sinueux, dont la chaussée redescend jusqu'au niveau primitif (n° 17). Vieilles maisons aux n° 28 *(avec cour typique de l'habitat villageois)* et 30. Après la rue des Lyonnais, passer sous le pont du boulevard de Port-Royal, surélevé, qui relie le carrefour Gobelins/Saint-Marcel à Montparnasse.

▸ **Bus 83 et 91** *à 100 m à droite sur le boulevard de Port-Royal.*

Ici se termine le long périple très varié du 5e arrondissement ; on pénètre maintenant dans le **13e arrondissement** (quartier Croulebarbe).

Le mur qu'on longe aussitôt à droite est celui de l'actuelle caserne de Lourcine, dont l'origine se situe en 1780. Vieilles maisons en saillie aux n° 69, 77, 89. Traverser la rue Saint-Hippolyte : c'était, bien avant son amputation par le boulevard Arago, une artère importante qui, à gauche, traversait la Bièvre. La chaussée remonte ensuite jusqu'au niveau du boulevard Arago, qui relie le carrefour Gobelins / Saint Marcel / Port-Royal à la place Denfert-Rochereau.

Traverser le boulevard Arago sur la gauche.

Variante : boucle des Cités d' Artistes (1 km)

(43) Continuer en face par la **rue Léon-Maurice-Nordmann** (suite de la vieille rue de Lourcine), qui laisse à gauche la rue Corvisart, oblique vers la droite, et croise la rue de la Glacière.

▶ **Bus 21** *(arrêts à droite dans cette rue).*

Cette rue conduisait à la zone marécageuse qui bordait la Bièvre vers le Sud ; des quantités de flaques dans les creux de terrain, qui gelaient facilement l'hiver, produisaient des blocs de glace que l'on prélevait et conservait soigneusement dans des caves jusqu'à l'été.

Au n° 138/138 bis subsiste un mini-hameau de maisons typiquement faubouriennes, dont le fond rejoint la Cité fleurie. Après l'école qui suit, un accès public conduit au jardin Arago.

Au n° 147, la longue allée bordée de pavillons bas est une cité d'artistes : la Cité verte, et, au n° 152, se trouve la toute petite cité des Vignes.

L'ex-rue de Lourcine se terminait en rejoignant la rue de la Santé, très vieux chemin menant à Gentilly et Arcueil, ainsi appelé en 1763, car il desservait la maison de Santé, actuel hôpital Sainte-Anne, fondée par Anne d'Autriche.

A l'angle gauche (n° 63 et n° 159 rue précédente), beau porche du parc contenant le collège Notre-Dame-de-France.

(44) Tourner à droite dans le **rue de la Santé** pour longer l'impressionnant mur en meulière de la prison de la Santé (1867) ; seul établissement pénitentiaire subsistant dans Paris, il est en principe affecté aux prévenus en instance de jugement, mais a souvent accueilli jusqu'à nos jours des détenus de caractère politique.

On aperçoit ensuite, au loin, le dôme caractéristique de l'ancienne abbaye du Val-de-Grâce (17e siècle), fondée par Anne d'Autriche et depuis 1793, hôpital militaire.

(45) Tourner à droite dans le **boulevard Arago** aux belles plantations doubles de marronniers. (A gauche à 20 m, un urinoir oublié du temps passé). Au n° 69, la Mairie de Paris a ouvert un nouveau jardin de quartier agréable, suivi de la Cité fleurie (acacias, sureaux , glycines et tilleul remarquable) au n° 65.

Cette charmante cité, en raison de son cadre verdoyant et du calme qui y règne, est aujourd'hui classée, après avoir été longtemps menacée de disparition. Ce sont vingt-neuf ateliers à structure en bois, construits en 1878-80 sur un terrain vague avec des éléments récupérés de l'Exposition universelle qui venait de fermer. Elle hébergea notamment Picasso, Modigliani et Gauguin, Rodin et Maillol.

▶ **Bus 21 et 83** *au croisement suivant, dans la rue de la Glacière.*

(46) La boucle se termine au carrefour L.-M.-Nordmann/Broca.

(Suite de l'itinéraire de la traversée n° 2)

(46) Laissant le boulevard Arago qui oblique vers la gauche, prendre tout droit la petite **rue de Julienne**, ouverte en 1805 sur une partie des jardins de l'abbaye des Cordelières.

C'était en 1674 une des neuf grandes abbayes de Paris. Il en reste le vestige à deux fenêtres gothiques et arcade en retour en équerre visible à droite, dans ce qui est devenu l'hôpital Broca, d'ailleurs reconstruit récemment avec vocation nouvelle de gériatrie - gérontologie.

Tourner à gauche **rue Pascal**, et reprendre le **boulevard Arago** à droite pour un bref trajet. On passe ici au-dessus de la Bièvre morte, invisible à cet endroit.

En effet, du pont aux Tripes en remontant tout son cours dans Paris, la rivière était dédoublée en raison d'un bras artificiel dénommé «Bièvre vive» ou «Bièvre troussée», destiné surtout à alimenter des moulins. La Bièvre morte suit très précisément la séparation entre les grands immeubles du 25-27 et du 23 bis (muret entre les espaces jardinés).

(47) Tourner aussitôt à droite **rue Berbier-du-Mets** (ruelle des Gobelins jusqu'en 1935), établie sur le cours de la Bièvre vive recouverte en 1912, ainsi que sur le sentier qui la longeait. L'alignement en ligne brisée des façades en face (côté pair) trahit le cours d'eau dans lequel elles baignaient. La quitter aussitôt à gauche pour la **rue des Gobelins** (rue de Bièvre en 1552, et jusqu'au 17e siècle), au gabarit étroit, mais bien plus encore autrefois comme en témoignent les façades en saillie de vieilles maisons : n° 19, 20, 15, et 12 au 8 bis (maison basse). Après la rue des Marmousets, le n° 19 montre un hôtel fin 15e - début 16e dont la cour est intéressante, avec un bel escalier à vis dans la tour.

Cour intérieure dans
la rue des Gobelins.
Photo Anne-Marie Minvielle.

Cour de l'hôtel de la Reine Blanche. *Photo Anne-Marie Minvielle.*

La manufacture des Gobelins

A l'origine était une charmante rivière coulant dans un frais vallon. En 1443, Jean Gobelin, teinturier en écarlate de son état, s'établit au bord de la Bièvre au bourg Saint-Marcel. L'eau en était propice à cette activité, en raison apparemment d'une forte teneur en azote, et de nombreux concurrents vinrent ensuite tenter leur chance en ce site. Mais de toute manière, Jean Gobelin tenait d'un chimiste allemand un secret de fabrication jalousement gardé par ses descendants, lesquels firent à sa suite prospérer l'affaire à merveille. Lorsque l'un d'entre eux devint marquis de Brinvilliers, la famille possédait toutes les rives de la Bièvre depuis Arcueil.

Par la suite, la famille Canaye, venue d'Italie, s'allia aux Gobelins et fabriqua les premières tapisseries de haute lice, alors que Henri IV avait fait venir en 1601 deux lissiers flamands qualifiés, qu'il installa au bord de la Bièvre. Le hollandais Jean Glück, qui reprit le tout en 1656, atteignit une qualité telle que Colbert racheta tous les bâtiments, les agrandit et en fit une Manufacture Royale des Meubles de la Couronne.

La Révolution faillit être fatale aux ateliers, et s'ils étaient redevenus sous l'Empire une manufacture d'Etat, depuis le 19e siècle seule subsiste la fabrication des tapisseries. Enfin, les destructions par incendie de 1871 expliquent que le bâtiment situé le long de l'avenue des Gobelins soit une construction de 1914. Mais il reste à l'intérieur de nobles édifices des 17e-18e siècles.

Au n° 17, on peut voir, même assez bien de la rue, l'édifice appelé couramment hôtel de la Reine Blanche, vestige d'un ensemble plus important bâti aux environs de 1520 mais partiellement détruit en 1867. Ce que l'on voit aujourd'hui est dans un triste état mais contient un bel escalier à vis et a eu des fenêtres à meneaux. C'est le résultat d'une déchéance liée de longue date à divers emplois à usage industriel , mais il est réconfortant d'apprendre que les vestiges sont classés et qu'un projet de réhabilitation de tout l'îlot leur apportera restauration et mise en valeur. Quant à l'appellation «Reine Blanche», les historiens sont perplexes mais, écartant Blanche de Castille pour évidence chronologique (résidence primitive : 1290), hésitent entre Blanche de France, Blanche d'Evreux, et Blanche de Bourgogne qui serait assez plausible.

Enfin, au n° 3 bis, se trouve au fond d'une cour l'hôtel Mascarini ou «grande maison des Gobelins», du 17e siècle, agrémenté côté jardin d'une colonnade qui était l'ancienne orangerie (le peintre Watteau a pu y exposer ses œuvres).

Métro Gobelins (ligne 7) *au bout de la rue et à gauche, sur l'avenue*

Bus 27, 47, 83, 91

(48) Prendre à droite la **rue Gustave-Geffroy**, qui contourne l'îlot.

Au n° 4 bis, il est possible de revoir l'hôtel de la Reine Blanche. A gauche derrière une clôture, un terrain vague contient deux bosquets touffus de buddleias (arbre à papillon), arbuste prolifique que l'on retrouve dans tous les terrains abandonnés et sur les talus de chemin de fer.

Prendre à gauche la **rue Berbier-du-Mets**.

La rue Emile-Deslandres, un peu à droite, accuse encore par son léger dos-d'âne le passage de la Bièvre vive, qui suit à droite la clôture entre un espace planté et une tour. C'était autrefois le passage Moret, jusqu'en 1930 centre d'une misérable cité établie à l'extrémité de l'île aux Singes comprise entre les deux bras de la Bièvre.

Aux n° 12 et 14, se remarquent de vieilles bâtisses, auxquelles succèdent des bâtiments anciens à grands corps de cheminée et couverts en tuiles plates : du 17e siècle, avec une saillie qui était le chevet de la chapelle, ils font partie de la **Manufacture des Gobelins**.

Une plaque posée à gauche de la porte qui suit porte une inscription relative à la fondation de l'atelier de teinture. A la fin du long bâtiment apparaît la silhouette du mur pignon se terminant par une large cheminée.

On longe à droite les réserves du Mobilier national, où sont stockés tous les meubles en attente d'affectation destinés aux ministères, à la présidence de la République, aux ambassades ; c'est une construction en «ciment armé» de 1935, une des premières d'Auguste Perret, qui a été réalisée à la place de la cité Moret.

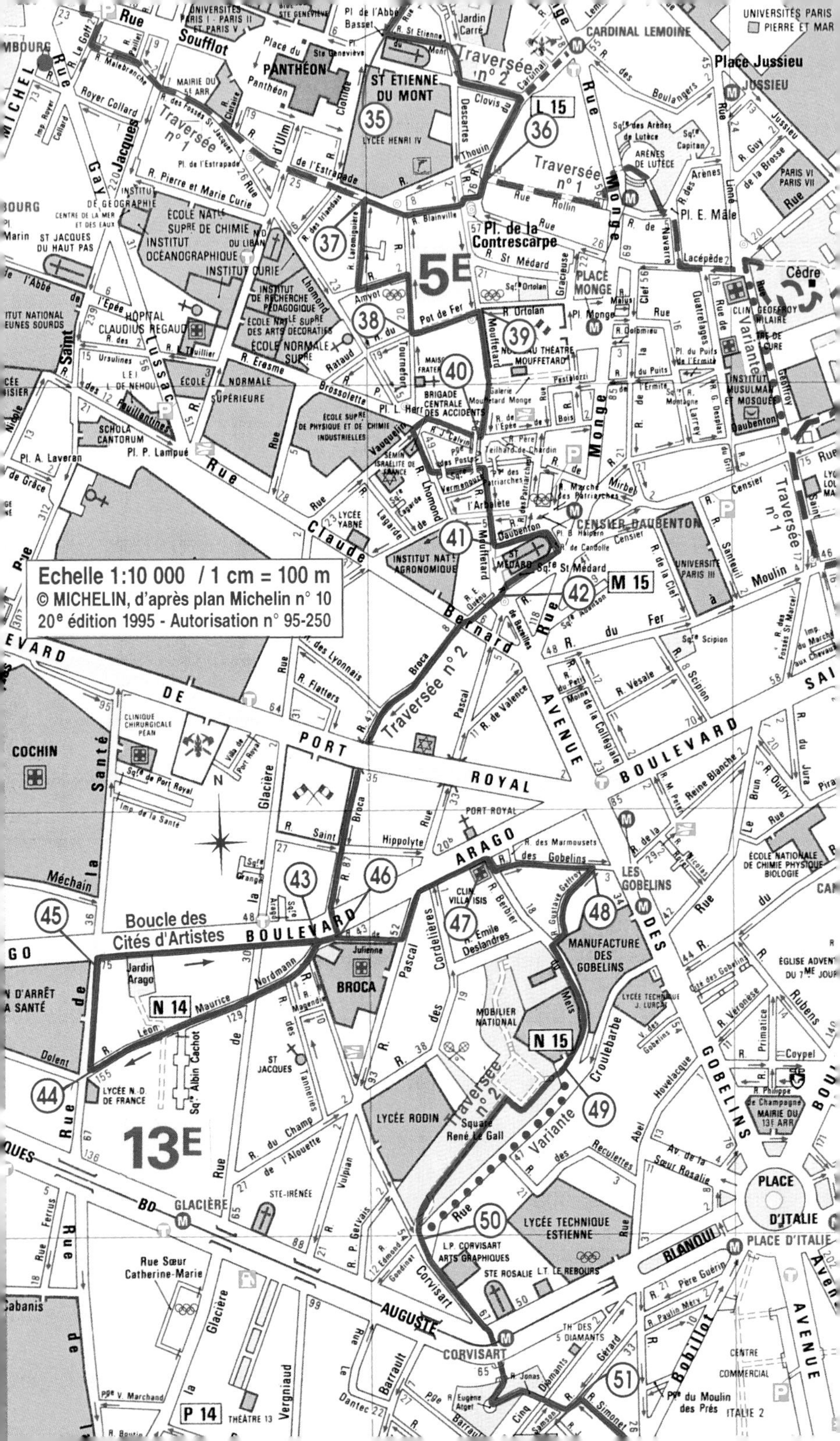
Echelle 1:10 000 / 1 cm = 100 m
© MICHELIN, d'après plan Michelin n° 10
20e édition 1995 - Autorisation n° 95-250
5E
13E
PANTHÉON
ST ETIENNE DU MONT
LYCÉE HENRI IV
Traversée n° 1
Traversée n° 2
Variante
Boucle des Cités d'Artistes
L 15
M 15
N 14
N 15
P 14
Place Jussieu
JUSSIEU
CARDINAL LEMOINE
ARÈNES DE LUTÈCE
Pl. de la Contrescarpe
PLACE MONGE
NOUVEAU THÉÂTRE MOUFFETARD
ÉCOLE NORMALE SUPÉRIEURE
INSTITUT OCÉANOGRAPHIQUE
INSTITUT CURIE
INSTITUT MUSULMAN ET MOSQUÉE
CENSIER DAUBENTON
UNIVERSITÉ PARIS III
INSTITUT NATL AGRONOMIQUE
BRIGADE CENTRALE DES ACCIDENTS
COCHIN
CLINIQUE CHIRURGICALE PÉAN
PORT ROYAL
BOULEVARD DE PORT ROYAL
BOULEVARD ARAGO
LES GOBELINS
MANUFACTURE DES GOBELINS
MOBILIER NATIONAL
BROCA
LYCÉE RODIN
Square René Le Gall
LYCÉE TECHNIQUE ESTIENNE
L.P. CORVISART ARTS GRAPHIQUES
STE ROSALIE
L.T. LE REBOURS
GLACIÈRE
CORVISART
PLACE D'ITALIE
MAIRIE DU 13E ARR
LYCÉE N.D. DE FRANCE
Jardin Arago
ÉCOLE NATIONALE DE CHIMIE PHYSIQUE BIOLOGIE
Rue Mouffetard
Rue Monge
Rue Claude Bernard
Rue Broca
AVENUE DES GOBELINS
BD AUGUSTE BLANQUI
Rue Soufflot
Rue Gay Lussac
Rue Saint Jacques
35
36
37
38
39
40
41
42
43
44
45
46
47
48
49
50
51

La dernière maison à gauche (n° 2) est intéressante. Ici la **rue Berbier-du-Mets** se termine et se prolonge par la **rue de Croulebarbe**, au nom inchangé depuis toujours : c'est celui d'une famille qui possédait le fief, comprenant un moulin sur la Bièvre réputé, déjà mentionné en 1214. (Au n° 27 : sortie inférieure des ateliers d'entretien du métro situés au-dessus, où le matériel se répartit sur un faisceau de voies en partie à ciel ouvert. Au n° 33, la tour de 65 m en 5 étages plus 16 , aux structures métalliques passablement rouillées, avait été baptisée par ses promoteurs, en 1959, «le gratte-ciel n° 1» de Paris !).

(49) Sur la placette, gagner un escalier de descente au **square René-Le-Gall** situé en contrebas, qui a été aménagé en 1938 sur 3,4 hectares occupant le restant de l'île aux Singes.

▶ En cas de fermeture du square, poursuivre par la rue de Croulebarbe.

Ici se trouvait auparavant le jardin des Gobelins, ensemble de potagers à la disposition du personnel de la manufacture, le tout entre la Bièvre vive le long de la rue de Croulebarbe et la Bièvre morte coulant le long des ormes fastigiés qui, à l'opposé, ont remplacé les vieux peupliers ; le niveau actuel est donc pratiquement celui d'origine, et c'est le seul endroit de Paris où le fond de vallon n'a pas été remblayé.

Le jardin, avec ses gloriettes et son obélisque, a été traité dans un style évoquant l'époque de la Renaissance. Remarquer, plaquées sur les murs en meulière saillante, de curieuses figures en relief composées de galets et coquillages.
Après deux marronniers centenaires, on aperçoit au niveau d'une rampe de sortie, parmi les façades, celle d'un restaurant basque qui occupe l'emplacement du cabaret de Madame Grégoire, guinguette de qualité que fréquentait entre autres Victor Hugo. En rejoignant les ormes de l'autre côté, on trouve un accès créé récemment, pourvu d'un ruisseau qui veut évoquer la Bièvre.

A la fin du square, le cours de la Bièvre morte continuait par la rue Paul-Gervais au tracé courbe.
Ressortir du square *(W-C publics au bout du jardin)* ; on voit dans le prolongement la rue Edmond-Gondinet par où passait la Bièvre vive. Les deux bras devenaient contigüs au niveau du boulevard Blanqui. C'est vers la placette plantée de paulownias que se situait le moulin de Croulebarbe.

(50) Prendre à gauche la **rue Corvisart** (avant 1867 rue du Champ-de-l'Alouette, du nom d'Eustache Laloué ou Lalouette propriétaire des terrains en 1547, nom réemployé plus récemment pour une rue voisine). La pente qu'il faut gravir marque en fait le début de la Butte-aux-Cailles, même si la coupure du boulevard Blanqui atténue l'apparence de colline.
Subsistent, sur la droite, quelques maisonnettes plus que modestes, témoins du caractère du secteur autrefois.

La rue se termine sur la chaussée Nord du **boulevard Auguste-Blanqui** (avant 1905 boulevards respectivement des Gobelins et d'Italie, c'est-à-dire chaussées extérieure et intérieure, élément des boulevards du Midi hors Paris décidés en 1704, réalisés en 1761 et destinés à faire pendant aux grands boulevards de la rive droite).

▶ **Métro Corvisart** (ligne 6).

Echelle 1:10 000 / 1 cm = 100 m
© MICHELIN, d'après plan Michelin n° 10
20e édition 1995 - Autorisation n° 95-250
14E
13E
PLACE D'ITALIE
AVENUE D'ITALIE
CORVISART
AUGUSTE BLANQUI
TOLBIAC
Rue de Tolbiac
Rue Bobillot
Rue d'Alésia
Rue de la Santé
STE ANNE
HÔPITAL DES PEUPLIERS
PARC MONTSOURIS
CITÉ UNIVERSITAIRE
PORTE D'ARCUEIL
BOULEVARD KELLER
BOULEVARD JOURDAN
RÉSERVOIRS DE MONTSOURIS
UNIVERSITÉ DE PARIS
Pl. de Rungis
Rue Brillat Savarin
Rue de l'Amiral Mouchez
Traversée n° 2
CITÉ FLORALE
POTERNE DES PEUPLIERS
MAISON BLANCHE
P 13
P 14
P 15
P 16
R 13
R 14
R 16
51
52
53
54
55
56
57
58

7. De Corvisart à Cité-Universitaire 2,3 km

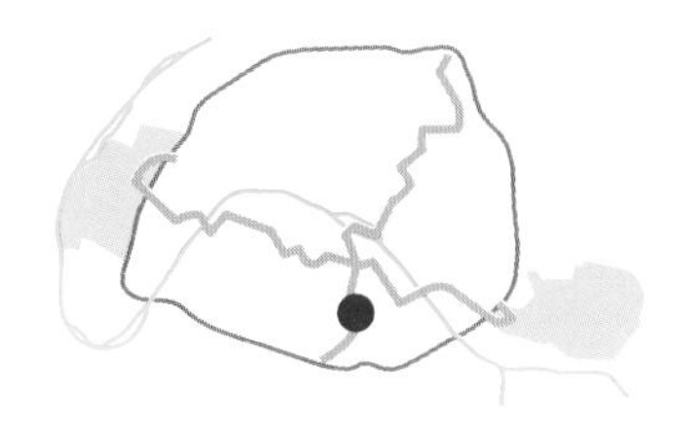

Ici passait le mur dit des Fermiers Généraux, coïncidant avec les boulevards du Midi entre la place d'Italie et le carrefour Sèvres/Raspail, et, au début du siècle, la ligne de métro n°6 fut établie - partie en souterrain, partie en viaducs - sur le tracé de cette enceinte. C'était en effet, à l'origine, une zone non bâtie de cent-douze mètres de largeur qui contenait le mur et un boulevard avec chemin de ronde de part et d'autre.

A 500 m à gauche, se trouvait la barrière d'Italie ou de Fontainebleau, ici même la barrière de Croulebarbe, et à 400 m à droite (après le passage des bras de la Bièvre sous une voûte unique fermée à ses extrémités) la barrière de Lourcine.

Franchir le métro, ici semi-aérien, sous la voûte en face ; avant 1860, cela revenait à quitter Paris pour entrer sur le territoire de Gentilly. Emprunter en face, sous un très grand immeuble-barre qui cache la colline, le passage dénommé **rue Eugène-Atget**, qui devient un escalier gravissant un long talus incorporé à un square aux plantations agréables. On parvient alors en haut de la **Butte-aux-Cailles.**

La rue traversant ensuite le square sur la gauche se continue par la courte **rue Jonas** (nom dû au sobriquet d'un propriétaire de terrain ; ancien sentier des Groseilliers), qui croise la rue des Cinq-Diamants, artère typique de la butte, bordée de maisons basses, et débouche dans la **rue Gérard** (située dans le prolongement de la rue Samson).

(51) Quitter cette dernière aussitôt à droite pour la **rue Simonet**, qui débouche sur la **place Paul-Verlaine**, carrefour des rues Bobillot, du Moulin-des-Prés et de la Butte-aux-Cailles (et avant 1905 place du Puits-Artésien).

▶ **Bus 57, 67**

On aperçoit les tours à la silhouette écrasante construites dans l'îlot de rénovation «Galaxie». La rue du Moulin-des-Prés qui vient de gauche était initialement le chemin de la Butte-aux-Cailles, et si elle plonge aussitôt en contrebas de la place (malgré la rupture de profil qui lui fait ensuite croiser à niveau la rue de Tolbiac, qu'elle franchissait primitivement sous un pont), c'est que, sous son nom actuel, elle menait à un moulin à eau au bord de la Bièvre (vive). C'est devant et vers la gauche que la butte a son sommet.

Place Verlaine, une stèle visible en face rappelle que le 21 novembre 1783 la montgolfière partie vingt-cinq minutes plus tôt de la Muette (voir itinéraire n° 1) se posa près d'ici, entre le moulin Vieux et le moulin des Merveilles, avec à son bord Pilâtre de Rozier et le marquis d'Arlandes. Ce fut véritablement le premier vol humain (neuf kilomètres au gré du vent).

La butte aux Cailles

En prolongement occidental du plateau compris entre l'avenue d'Italie et le haut de la rue Bobillot existe, peu apparente depuis son urbanisation à cent pour cent, une colline culminant à soixante-quatre mètres d'altitude, c'est-à-dire à peine plus que la montagne Sainte-Geneviève, mais moins que les soixante-quinze mètres du parc Montsouris. Son nom : butte à Caille ou des Caille à l'origine, est celui d'une famille, Pierre Caille y ayant fait sa première acquisition en 1543. Son axe sommital est représenté par les rues de la Butte-aux-Cailles et de l'Espérance, autrefois chemin se terminant en impasse sur la pente sud dominant les deux bras de la Bièvre dans leur boucle prononcée (Tolbiac-place de Rungis-Tolbiac). Isolé entre la rivière et le mur des Fermiers Généraux, ce modeste écart de la commune de Gentilly (jusqu'à son annexion par Paris en 1860) était totalement déshérité, sans pavage ni éclairage, et ses premiers occupants furent des chiffonniers.

La position de la butte, à l'origine assez escarpée du côté ouest, lui valut de compter plusieurs moulins à vent, dont témoignent encore aujourd'hui les rues du Moulinet et du Moulin-de-la-Pointe. La qualité médiocre du sous-sol (anciennes carrières) a préservé le secteur des constructions gigantesques des années 60, et le charme conservé des petites rues aux maisons basses, l'ambiance villageoise qui survit ont poussé la mairie de Paris à sauvegarder cet environnement de qualité. Grâce à une Opération Programmée d'Amélioration de l'Habitat, des aides permettent aux propriétaires d'engager des travaux de ravalement et embellissement, et la Ville a entrepris de rendre les rues plus agréables par élargissement de trottoirs avec plantation d'arbres, installation de bancs et réverbères à l'ancienne.

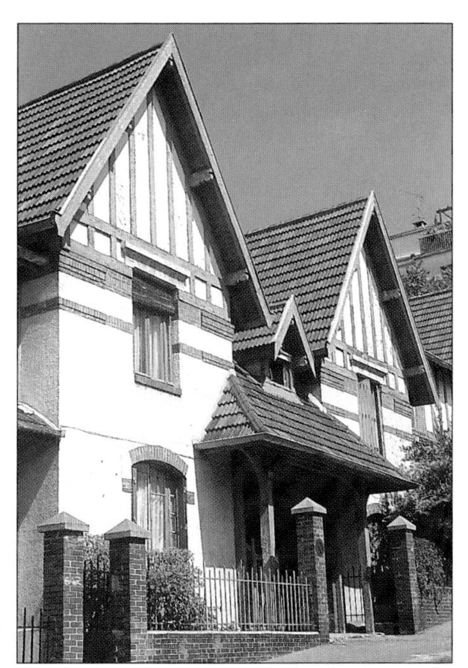

La «petite Alsace». *Photo Anne-Marie Minvielle.*

Mais plus rien aujourd'hui, au-dessus du sol, ne manifeste l'existence du puits artésien de la butte. Ce dernier, dont le forage commença en 1866, avait été préconisé par Etienne Arago, frère du savant François Arago, pour réinjecter du courant dans la Bièvre languissante et envasée, et accessoirement pour alimenter en eau le nouveau quartier. Avec une grande superstructure conique en bois à la manière des forages pétroliers, le chantier, interrompu après six ans d'efforts infructueux, reprit en 1893, et en 1903 l'eau jaillissait enfin, à 28° C et venant de cinq cent quatre-vingt-deux mètres de profondeur. Elle fut définitivement affectée à la piscine de la Butte-aux-Cailles construite en 1924 (une des plus anciennes de Paris), édifice à façade de briques de l'autre côté de la place.

52 Tourner à droite, à angle aigu, dans la **rue de la Butte-aux-Cailles**, qui est en quelque sorte la grande rue de l'ancien hameau, après avoir été chemin dans la campagne. Son récent réaménagement lui confère un aspect plus évocateur de son passé. Parvenu à la pointe formée avec la rue des Cinq-Diamants, prendre à droite la **rue Alphand** (en 1846 passage Alphand, nom d'un maître-carrier).

53 S'engager à gauche dans le pittoresque **passage Sigaud**, qui descend jusqu'à la **rue Barrault** (à l'origine sentier tortueux en corniche sur le flanc ouest de la butte, en position escarpée au-dessus du vallon de la Bièvre) au niveau du palier central de son dos d'âne, et la prendre à gauche. Après l'arrivée à gauche de la rue de la Butte-aux-Cailles, se détache à droite la rue Daviel, dont la pente assez forte, malgré les comblements et écrêtements modernes, témoigne encore de la topographie d'autrefois.

▶ Face à l'impasse toute en pavillons dite villa Daviel, au n° 10 de la rue Daviel s'ouvre derrière un porche une sorte d'HLM horizontale : c'est la cité Daviel, appelée aussi la Petite Alsace, série de pavillons avec colombages autour d'une petite cour agrémentée d'arbres et de verdure. Un passage au fond à gauche conduit au n° 17-18, d'où on domine un jardin situé nettement plus bas que le sol actuel : là coulait la Bièvre vive.

54 Prendre à gauche la **rue Michal** aux nombreuses maisonnettes à un ou deux niveaux. A son extrémité, se profilent le chevet puis la coupole de l'église Sainte-Anne-de-la-Maison-Blanche.
Emprunter à droite la **rue de l'Espérance** (avant 1845 sentier de la Butte-aux-Cailles), dont la maisonnette du n° 21 présente un certain charme.

Poursuivant l'axe de la rue de la Butte-aux-Cailles, elle a bénéficié du même traitement. Sa pente initiale a été fortement adoucie lors de la construction de la rue de Tolbiac (1863-1892) - nom dans le 13e arrondissement de la grande voie de rocade de la rive gauche en périphérie. Il a fallu en effet, tout près d'ici, combler pour cette dernière par un très important remblai le fond de vallée.

Croiser la rue de Tolbiac **(bus 62)**, puis la rue de la Colonie (c'était ici la première «colonie» de chiffonniers peuplant la butte) au carrefour suivant. Elle marque l'extrémité du sentier d'origine, qui s'arrêtait à mi-pente dans une prairie enserrée par la boucle de la Bièvre Vive.

La **rue de l'Espérance** se continue par la **rue Auguste-Lançon** (ouverte en 1886 après couverture des bras de la rivière), qui passe au-dessus du lit du bras vif juste avant la rue Boussingault ; au croisement, vue à droite sur la tour Montparnasse.

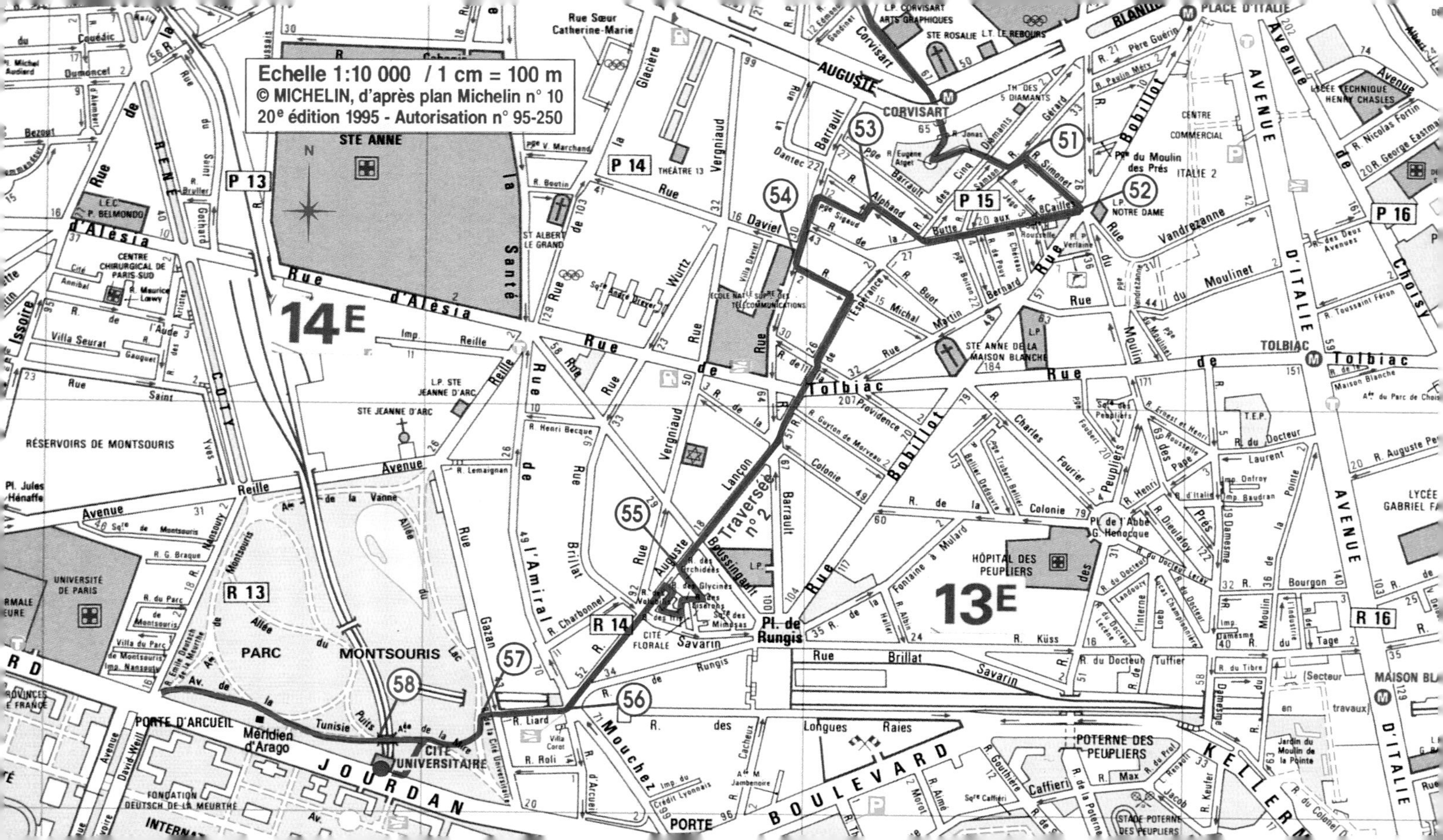

Echelle 1:10 000 / 1 cm = 100 m
© MICHELIN, d'après plan Michelin n° 10
20e édition 1995 - Autorisation n° 95-250
14E
13E
51
52
53
54
55
56
57
58
PLACE D'ITALIE
CORVISART
AVENUE D'ITALIE
Rue Bobillot
Rue de Tolbiac
TOLBIAC
Rue d'Alésia
Rue de la Santé
STE ANNE
PARC MONTSOURIS
CITÉ UNIVERSITAIRE
BOULEVARD JOURDAN
BOULEVARD KELLERMANN
PORTE D'ARCUEIL
HÔPITAL DES PEUPLIERS
Pl. de Rungis
Rue Brillat Savarin
Rue de l'Amiral Mouchez
Avenue Reille
RÉSERVOIRS DE MONTSOURIS
UNIVERSITÉ DE PARIS
CITÉ FLORALE
POTERNE DES PEUPLIERS
Rue Vergniaud
Rue Barrault
Rue de la Butte aux Cailles
Rue Daviel
Rue Gazan
Av. de la Tunisie
Méridien d'Arago
MAISON BLANCHE
STE ANNE DE LA MAISON BLANCHE
CENTRE COMMERCIAL ITALIE 2

55 Juste après, on pénètre dans la Cité florale ou Floréale créée en 1928 à l'emplacement d'un ancien étang longé par le bras mort, et composée de petits pavillons tous différents précédés d'une bande de verdure.

Tourner à gauche dans la **rue des Orchidées**, puis à droite **rue des Glycines** et à gauche **rue des Iris**, puis à droite **rue des Volubilis** pour, par la rue des Glycines à nouveau, ressortir sur la **rue Auguste-Lançon**.
Croiser la rue Brillat-Savarin (rue du Pot-au-Lait en 1730) : on passe au-dessus de la Bièvre morte que longeait cette voie. La chaussée remonte ensuite et se termine en rejoignant le haut de la **rue de Rungis**.
▶ **Bus 67**

Traverser à droite la rue de l'Amiral-Mouchez (ancien chemin de Gentilly, qui aboutit, à gauche, à la Porte de Gentilly).
▶ **Bus 21** *(à droite un peu plus bas)*

Ici passait le chemin de fer dit de la Petite-Ceinture de Paris, sous les immeubles modernes de gauche mais en tranchée profonde à droite ; en bordure du carrefour existait naguère la station Parc-de-Montsouris démolie pour élargissement.

On quitte le 13e arrondissement pour le **14e arrondissement** (quartier du parc de Montsouris).

56 Prendre en face la **rue Liard**, toujours en pente ascendante, qui longe la tranchée de la Petite-Ceinture aux talus couverts d'une végétation luxuriante, entre autres d'ailantes. Elle débouche devant la lisière du **parc de Montsouris**, longée par la rue Gazan (à gauche : rue de la Cité-Universitaire).
▶ **Bus 21** (arrêt en venant de Saint-Lazare)

57 Entrer dans le parc et gravir les vingt-cinq marches qui mènent devant un élégant pavillon de garde ; juste à droite : de beaux cèdres du Liban (la tranchée, très profonde ici, de la Petite-Ceinture se devine à peine en bas de la pelouse). Prendre à gauche l'allée courbe qui s'élance entre un gros marronnier et deux cèdres de l'Atlas et monte encore, pour rejoindre une large allée avec trottoirs (allée de la Mire).

Rue des Iris.
Photo Christophe Marcouly.

Le parc de Montsouris

Avec seize hectares, ce parc est le plus grand de Paris après celui des Buttes-Chaumont, auquel d'ailleurs il fait pendant, puisqu'aussi bien Napoléon III avait voulu pour les Parisiens, en complément des bois de Boulogne et de Vincennes à l'ouest et à l'est, deux grands parcs au nord et au sud . Il a été lui aussi établi, difficilement d'ailleurs, par Alphand en 1867-1878 sur un site bouleversé par quatre carrières plus deux lignes de chemin de fer qui s'y croisaient, le tout s'opposant à tout projet de lotissement. C'est aussi le lieu -relativement élevé- du point culminant du Paris actuel rive gauche avec 78 m environ, donc plus haut que la montagne Sainte-Geneviève et que la Butte-aux-Cailles.

En réalité ce «mont», auquel conviendrait mieux la notion de plateau, s'appelait autrefois Moquesouris, car s'il portait bien entendu des moulins à farine, ceux-ci restèrent longtemps abandonnés avant de disparaître définitivement.

Un relief accidenté donne à ce parc beaucoup de variété, avec en outre l'agrément d'un lac de près d'un hectare en partie basse, et l'intermède de la ligne B du RER (dont une station) habilement dissimulée par les plantations et franchie par deux ponts, ainsi que du chemin de fer de ceinture qui, après une discrète tranchée profonde, poursuit la traversée du parc en tunnel.

Le parc de Montsouris, lui aussi, est pourvu de nombreux arbres intéressants, les plus remarquables étant signalés par des panonceaux.

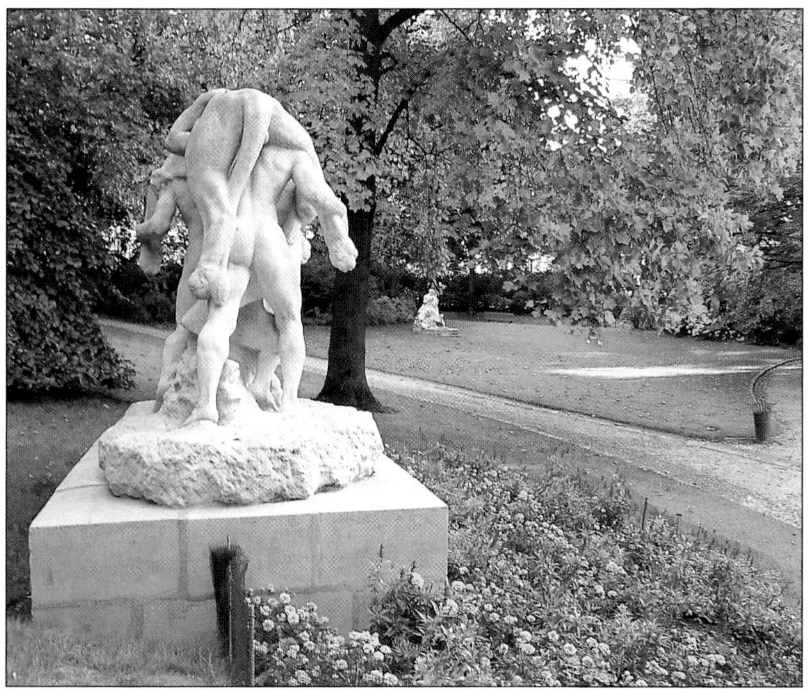

Allée du parc Montsouris. *Photo Christophe Marcouly.*

En croisant cette dernière, on peut à 10 m à gauche sortir sur le boulevard Jourdan au niveau du

RER Cité-Universitaire (ligne B).
Bus PC

Ici, comme dans une grande partie des 13e et 14e arrondissements, on marche au-dessus des grandes carrières souterraines de la rive gauche.
On aperçoit de l'autre côté du boulevard les pavillons de la Cité internationale universitaire de Paris, notamment les édifices évoquant le style «château» qui marquent l'entrée principale, à péristyle, précédant la maison Internationale. Poursuivre l'allée, dont la pente s'adoucit enfin, au-delà de la tranchée du RER (avenue de Tunisie).

Au niveau d'une entrée secondaire s'élève à gauche de l'allée une stèle de près de cinq mètres à la pierre usée, terminée par un oculus, portant l'inscription : «Du règne de (Napoléon) - mire de l'Observatoire - MDCCCVI». C'est la «mire du Sud», de 1806, qui fait pendant à la «mire du Nord» de Montmartre (près du moulin de la Galette) ; elles ont été l'une comme l'autre érigées en 1675/1736 pour marquer le méridien de Paris de l'époque. Aujourd'hui, le méridien de référence international (base Greenwich) est calé sur le repère 600 de l'IGN (10 000 sur le plan de Paris) et passe 35 m plus à l'Ouest (un discret médaillon posé dans l'axe de l'allée le signale : c'est l'un des 135 répartis dans Paris)

A droite s'étend une belle pelouse qui marque l'emplacement du palais du Bardo, réplique du palais du bey de Tunis de 1867 détruite par incendie en 1991 ; à l'extrémité du terre-plein, s'ouvre une grande perspective descendant vers l'avenue René-Coty. De l'allée, les yeux situés à hauteur de la coupole du Panthéon aperçu au loin, font prendre conscience de l'altitude du lieu, déjà supérieure à celle de la montagne Sainte-Geneviève.

La colonne située contre le terre-plein porte en son sommet un anémomètre et d'autres instruments : elle est reliée au bâtiment situé plus bas, où la Météorologie nationale effectue des relevés quotidiens de température (dits «à Montsouris»), pression, vent, etc.

Une curiosité sur la plate-bande à gauche après la mire : un if en cépée à huit troncs en étoile au sol avant de se redresser verticalement.

(58) Prendre à gauche à la fourche.
Sur le boulevard, se remarque le groupe de pavillons de la fondation Deutsch-de-la-Meurthe, qui fut en 1925 la première résidence construite dans la nouvelle Cité universitaire, et se signale par son «beffroi» à horloge.

Juste avant la fin se démasque en contrebas à droite un édicule modeste à douze pans coiffé d'une coupole en zinc noire : il abrita l'équatorial (lunette astronomique).

C'est ici le sommet des lieux (axe Ouest-Est) : altitude 78 m.

L'allée se termine à la sortie Sud-Ouest du parc Montsouris, carrefour rue Emile-Deutsch-de-la-Meurthe/boulevard Jourdan, ce qui correspond à la porte d'Arcueil des anciennes fortifications de Thiers.
Bus PC

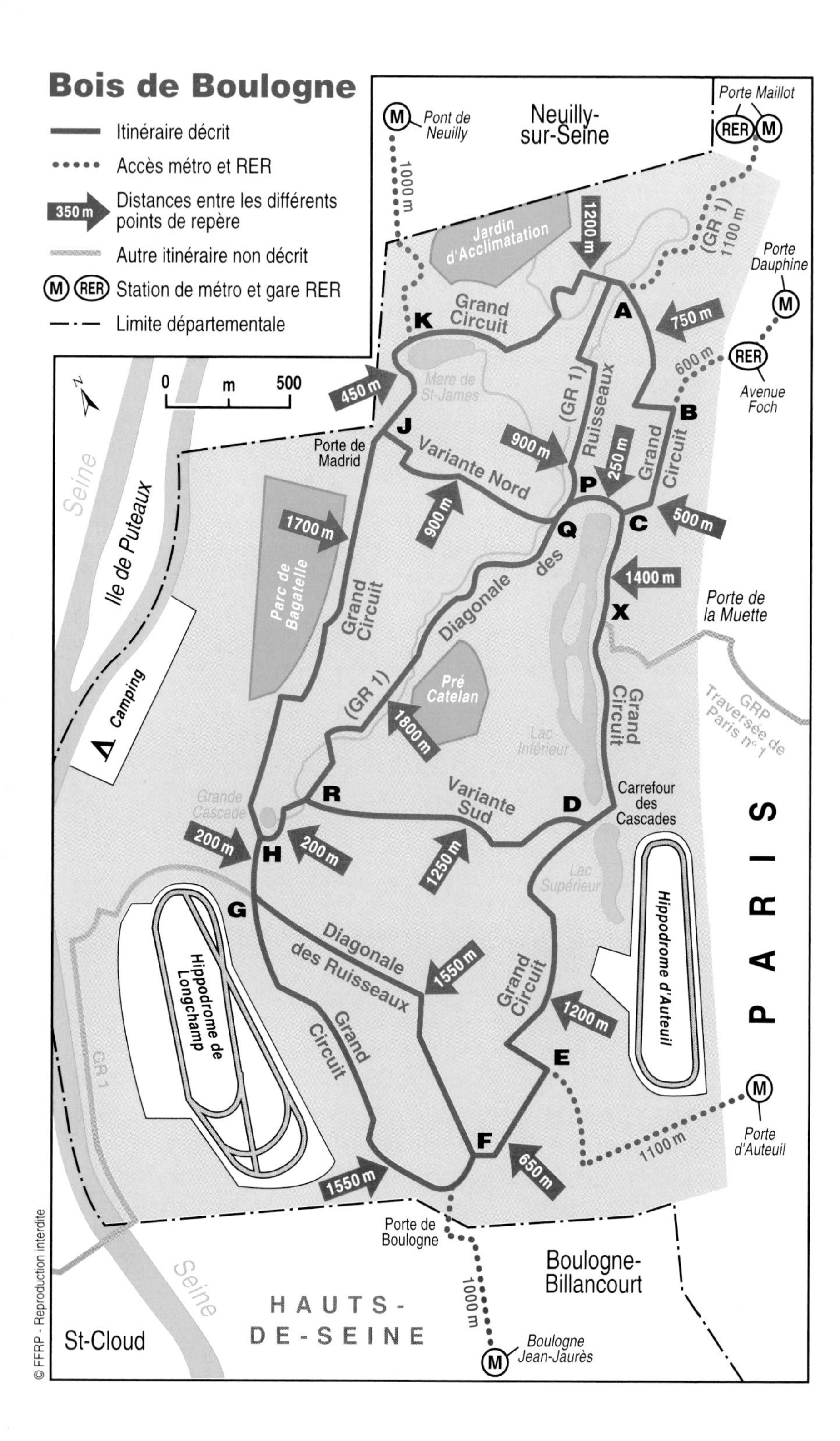

Bois de Boulogne
Itinéraire décrit
Accès métro et RER
350 m
Distances entre les différents points de repère
Autre itinéraire non décrit
M RER Station de métro et gare RER
Limite départementale
0 m 500
Neuilly-sur-Seine
Pont de Neuilly
Porte Maillot
Porte Dauphine
Avenue Foch
Porte de la Muette
Porte d'Auteuil
Porte de Boulogne
Boulogne Jean-Jaurès
Boulogne-Billancourt
HAUTS-DE-SEINE
St-Cloud
PARIS
Seine
Ile de Puteaux
Camping
Jardin d'Acclimatation
Mare de St-James
Parc de Bagatelle
Pré Catelan
Lac Inférieur
Lac Supérieur
Grande Cascade
Carrefour des Cascades
Hippodrome de Longchamp
Hippodrome d'Auteuil
Porte de Madrid
Grand Circuit
Variante Nord
Variante Sud
Diagonale des Ruisseaux
(GR 1)
GR 1
GRP Traversée de Paris n° 1
A B C D E F G H J K P Q R X
1000 m 1200 m 1100 m 750 m 600 m 450 m 900 m 250 m 500 m 1400 m 1700 m 1800 m 200 m 1250 m 1550 m 1200 m 650 m 1100 m

Le Bois de Boulogne

L'actuel bois dit «de Boulogne» n'était à l'époque gauloise qu'une partie de l'immense forêt de Rouvray…

Origine et évolution

L'actuel bois dit «de Boulogne» n'était à l'époque gauloise qu'une partie de l'immense forêt de Rouvray, ainsi dénommée en raison de la prédominance du chêne rouvre *(quercus robur)*, qui est demeuré l'essence la plus répandue de nos jours. Cette forêt, peuplée de bêtes fauves, englobait les actuels massifs de Saint-Germain, Marly, Fausses-Reposes et le parc de Saint-Cloud. Dénommé encore en 1358, «bois de Saint-Cloud», il vit se créer un modeste hameau de bûcherons du nom de «Menuz-lès-Saint-Cloud» qui cessa en 1343 de dépendre d'Auteuil en devenant paroisse à part entière. De retour d'un pèlerinage à Boulogne-sur-Mer, les habitants décidèrent de construire une église qui prit le nom de «Notre-Dame-de-Boulogne-la-Petite» et attira à son tour les pèlerins. Dès 1417, il n'est plus question que du Bois de Boulogne.

Après avoir appartenu à l'abbaye de Saint-Denis, par un don de Chilpéric II en 617, la forêt est rachetée par Philippe-Auguste au début du 13e siècle et délimitée par murs et fossés. Chasse royale privilégiée jusqu'à la Révolution, elle fut au 16e siècle entourée par Henri II d'un grand mur d'enceinte percé de huit portes, délimitant ainsi un millier d'hectares.

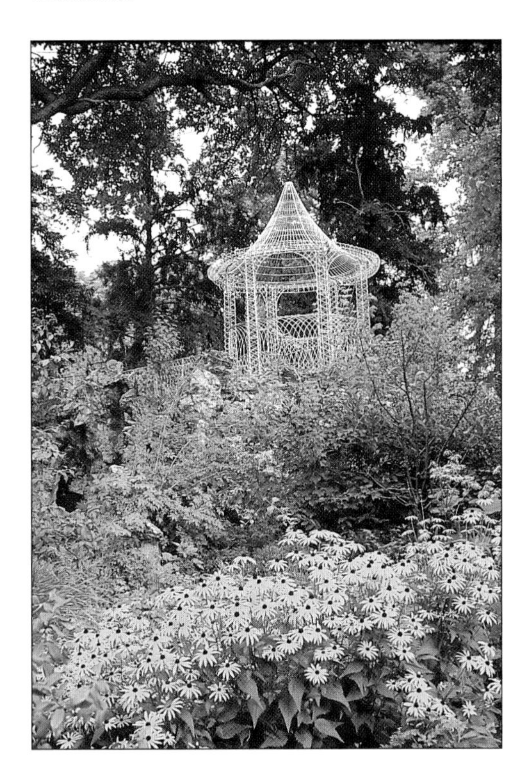

Pavillon dans le parc de Bagatelle. *Photo Anne-Marie Minvielle.*

La guerre de Cent Ans fut particulièrement néfaste au massif, qui fut ravagé en même temps que les hameaux voisins pillés et incendiés, et les brigands s'installèrent à demeure. Le bois dut souffrir à nouveau de la Révolution qui entraîna une destruction quasi totale et le retour des voleurs, mendiants et vagabonds. La dernière vague de destruction coïncida avec les invasions des troupes alliées en mars 1814 et juin 1815.

En réparation de ces ravages cycliques furent décidées de grandes opérations de reboisement : par Louis XI en 1460, qui en chargea son sinistre barbier Olivier le Daim ; par François Ier, qui fit construire le château de Madrid ou «château de faïence» (aux galeries et façades recouvertes de faïences de Bernard Palissy) détruit à la Révolution ; par Louis XIV, soucieux en outre de disposer de grandes quantités de chênes pour construire ses vaisseaux, et qui fit percer pour la chasse de grandes allées rectilignes ; par Bonaparte, motivé par le voisinage de sa résidence de Saint-Cloud ; enfin sous la Restauration après les dégâts de 1815, avec déjà des plantations d'essences non indigènes. La forêt était ouverte au public depuis Louis XIV.

Devenu propriété de l'Etat en 1848, le Bois de Boulogne est ensuite cédé par décret de Napoléon III du 2 juin 1852 à la Ville de Paris, à charge pour cette dernière de l'aménager en promenade publique. Cependant l'Empereur, impressionné par les beaux jardins anglais tels celui de Hyde Parc à Londres, désire voir des lacs et rivières à Boulogne et prend personnellement les choses en main. C'est le préfet Haussmann qui confie à Alphand le soin de créer les deux lacs, dont le plus élevé (lac Supérieur, qui est le réservoir d'alimentation de tout le système des ruisseaux et pièces d'eau) reçoit l'eau du puits artésien de Passy foré depuis peu, mais dont l'eau présentait un goût peu apprécié. Le bois est en outre remodelé dans son aspect et sa voirie : ne subsistent plus de la grande époque des chasses royales que les allées de Longchamp et de la Reine-Marguerite, les autres voies rectilignes ayant été remplacées par des allées sinueuses, et la fantaisie introduite dans le paysage.

Amputé de parcelles en périphérie vendues pour le financement des travaux, le bois est agrandi vers la Seine par incorporation de la plaine de Longchamp. Enfin sont créés les pavillons et chalets à l'aspect romantique qui se remarquent encore de nos jours, ainsi que le Pré Catelan et le Jardin d'Acclimatation. Après cinq années de travaux et plantations de quelque quatre cent mille arbres d'espèces très variées, le Bois de Boulogne se présente en 1858 tel que nous le connaissons aujourd'hui.

L'actuelle Direction des Parcs, Jardins et Espaces verts de la Mairie de Paris s'emploie avec efficacité à l'entretien des massifs boisés et floraux, et a pourvu le bois de tous les équipements souhaitables en sports de plein air, sans oublier le dernier d'entre eux : le réseau de cheminements pédestres.

Les châteaux du Bois de Boulogne

Outre le château de Madrid cité plus haut, il faut mentionner d'autres édifices construits au 18e siècle : ceux de Neuilly, de la Muette, du Ranelagh, la Folie Saint-James, la Folie de Bagatelle. Cette dernière a été épargnée par la Révolution, qui fit disparaître en même temps l'abbaye de Longchamp.

Le système des ruisseaux, lacs et pièces d'eau

Même un observateur attentif aurait de grandes difficultés à repérer sans hésitation le sens du courant de ces nombreux ruisseaux au réseau en apparence très mystérieux. Il est vrai que la pente en est des plus faibles et le débit des plus minces, car leur rôle, outre l'agrément qu'ils procurent aux promeneurs, est essentiellement de fournir l'appoint nécessaire pour compenser l'évaporation en maintenant le niveau des lacs et pièces d'eau.

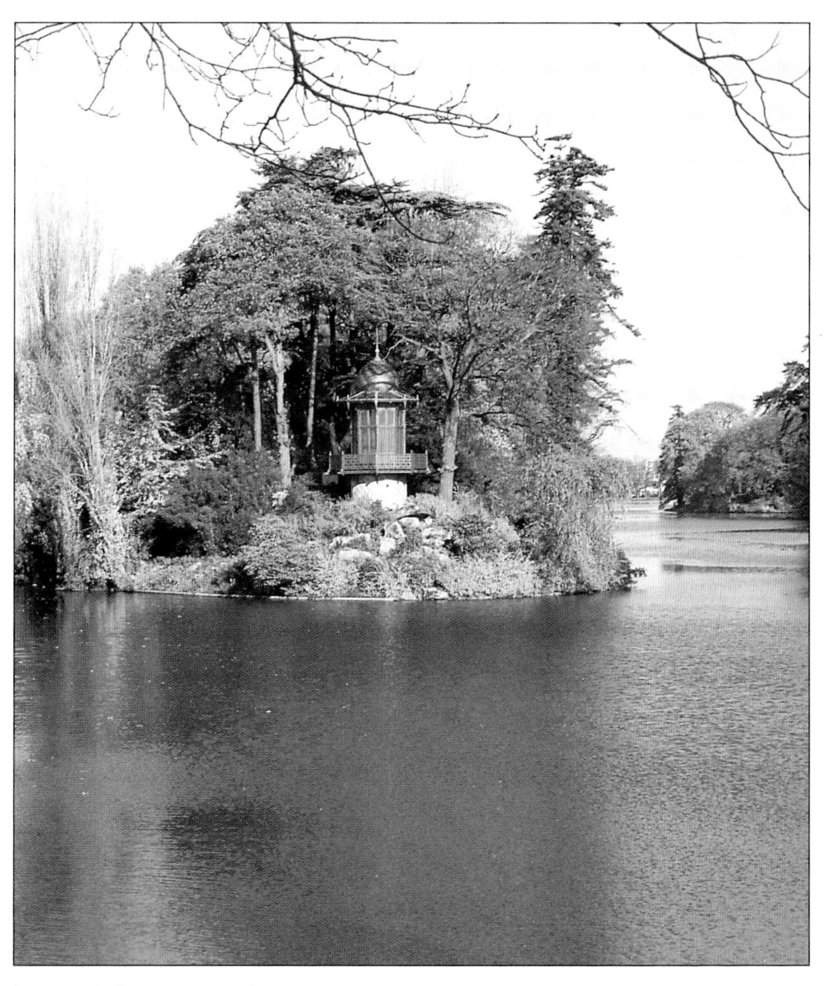

Kiosque de l'Empereur sur l'île du Lac Inférieur. *Photo Patrice Hémond.*

Le bois étant autrefois totalement dépourvu de cours d'eau naturels (on n'y trouvait que deux mares), le système créé en 1853 est entièrement artificiel et repose sur un réservoir commun alimenté par refoulement : le lac Supérieur, situé à la cote d'altitude de 45 m. Son déversoir débouche par une cascade dans le lac Inférieur (le plus grand) situé plus bas, et de ce dernier se détache un court ruisseau à l'Ouest du Pavillon Royal.

Sous un bosquet d'ifs *(repère P sur la Diagonale des Ruisseaux)*, on peut observer une première bifurcation. Le ruisseau de Longchamp s'éloigne vers le Sud-Ouest, pour se déverser dans le réservoir qui alimente la Grande Cascade, d'où il réapparaît après le carrefour de Longchamp pour encercler le moulin de l'ancienne abbaye, et alimenter successivement les étangs de Suresnes, des Tribunes et de Boulogne avant de rejoindre la Seine.
Une partie du flux coulant sous le bosquet se déverse en contrebas dans un cours d'eau adjacent qui s'éloigne vers le Nord. A 100 m de là, un embranchement va rejoindre le lac du Tir-aux-Pigeons pour finir dans la mare de Saint-James (dont l'exutoire rejoint la Seine par les égouts).
Le cours d'eau principal, ruisseau d'Armenonville, suit un long développement qui le conduit au Nord-Est jusqu'à la mare d'Armenonville, puis, contournant le pavillon du même nom, le ramène sous le nom de ruisseau des Sablons dans le Jardin d'Acclimatation pour finir à la pièce d'eau de la Porte de Neuilly, où la cote d'altitude n'est plus que de 30 m, avec exutoire également en égout.

Les essences forestières

Si, dans les temps anciens, le chêne rouvre dominait largement, la diversité de peuplements voulue à l'époque moderne lui a cependant laissé une place de choix, ne serait-ce que, à l'époque de Louis XIV, en vue du bois d'œuvre nécessaire à la construction de nombreux vaisseaux.

Au cours des âges ont été introduites les différentes espèces suivantes : hêtre, charme, aulne. En 1816 : chêne d'Amérique, noyer d'Amérique, bouleau, orme, érable sycomore, pin Laricio. Sous Napoléon III : marronnier, platane, ailante, sophora, ginkgo, cyprès chauve, tilleul, cèdre, mélèze et autres résineux ; et, afin d'attirer et fixer les oiseaux : sorbiers, merisiers, alisiers.

A notre époque, la répartition des principales essences se présente ainsi : pour 54-58 % : chênes ; 10-11 % : érables ; 6 % : pins ; 5-6 % : ormes (à corriger à la baisse en raison de la maladie qui les fait dépérir) ; 4 % : robiniers faux acacias ; 3 % : marronniers ; pour un total d'environ 144 000 arbres de taille forestière (circonférence d'au moins 55 cm à 1 m du sol).

Sur le plan anecdotique, il est intéressant de savoir que sous Henri IV ont été plantés 15 000 mûriers en vue de... l'élevage de vers à soie ! (voir château de Madrid, description du Pourtour, repère J).

Les oiseaux

Le Bois de Boulogne est typiquement un bois-parc d'Ile de France. L'évolution de son avifaune a suivi celle du bois lui-même.

Dans les années quarante, il y avait encore du pipit des arbres. Le coucou gris était abondant et le rossignol atteignait une densité remarquable. Les pics-verts, épeiches et épeichettes étaient courants... Il serait possible d'allonger la liste des oiseaux observés à cette époque.

Si le rossignol, le gobemouche gris, la fauvette grisette, le gros-bec ont disparu et les pics diminué en nombre, par contre, avec la pénétration des résineux (pins, sapins, etc.), nous avons noté avec intérêt l'installation des espèces qui accompagnent le conifère : mésange huppée, mésange noire, roitelet huppé.

Environ une trentaine d'espèces peuvent être observées à chaque sortie. A ces oiseaux fidèles viennent s'ajouter des «raretés» aux passages. C'est la prime d'encouragement.

Un mot encore pour signaler la présence sur les lacs, autour des cygnes tuberculés : colverts et barbarie de service, de quelques autres espèces de canards vraiment sauvages pendant l'hiver. C'est alors que des troupes de foulques macroules peuvent s'observer de même que les mouettes rieuses qui fréquentent aussi les pelouses des hippodromes.

D'après J. Penot

Pic épeiche.
Photo Fabrice Cahez.

Sittelle. *Photo Fabrice Cahez.*

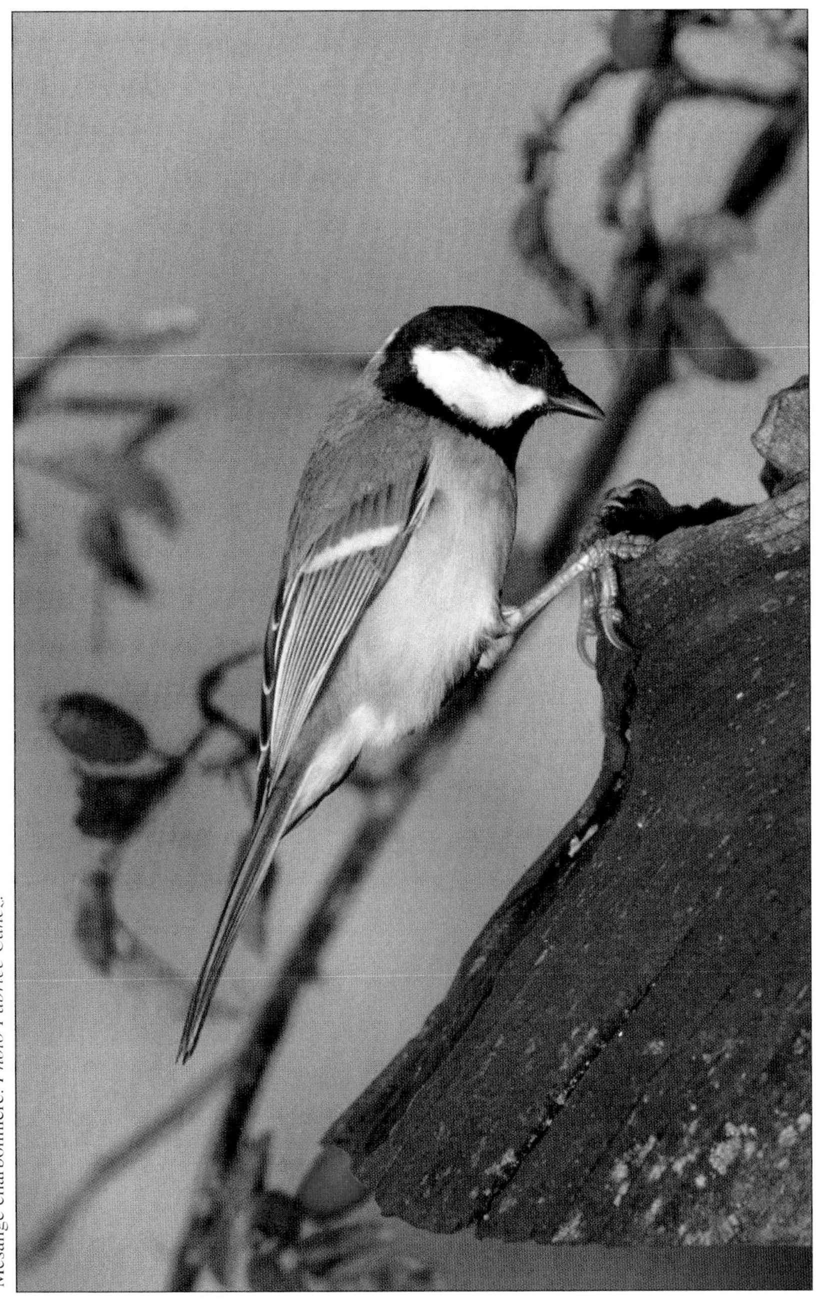

Mésange charbonnière. *Photo Fabrice Cahez.*

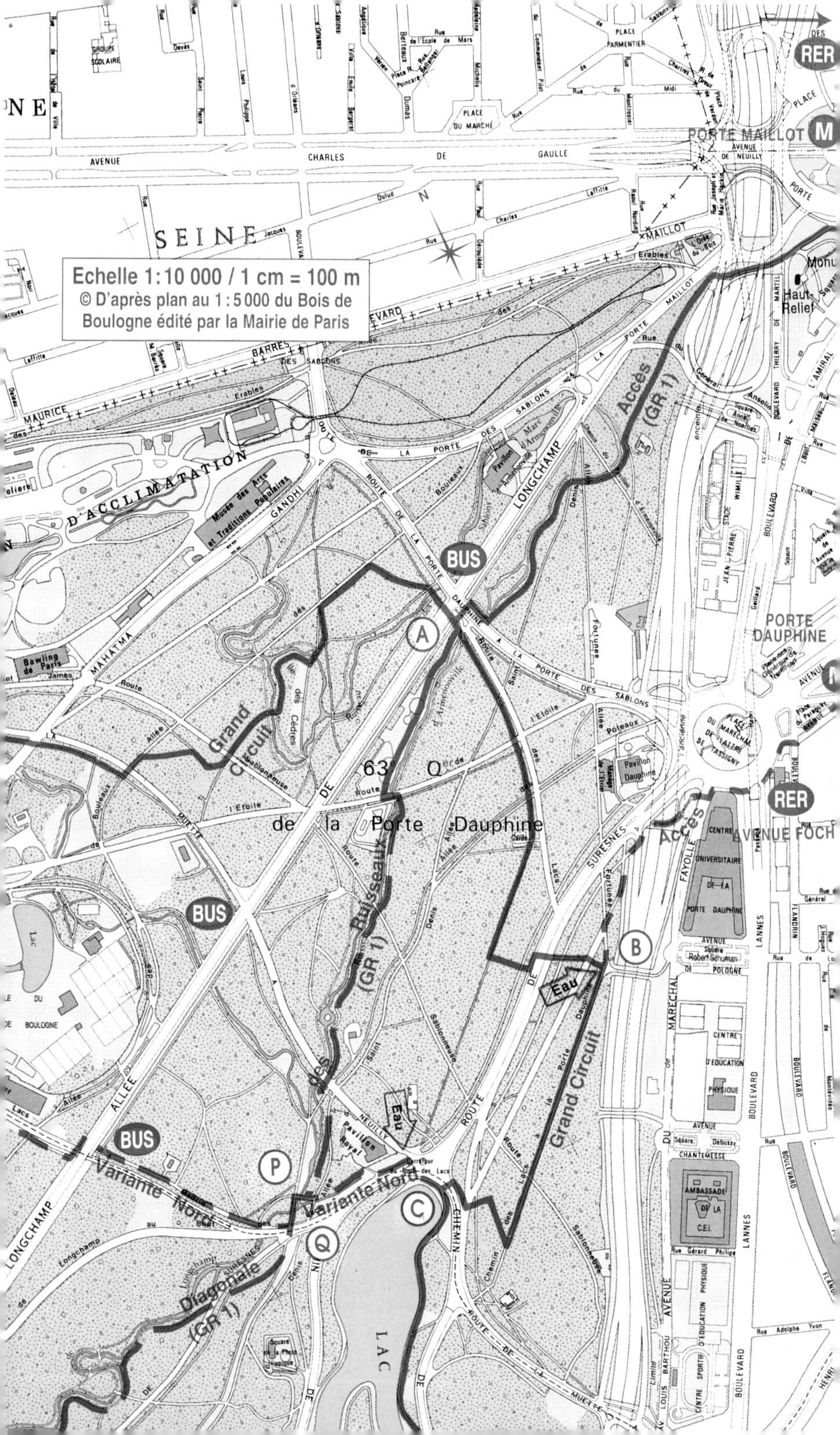

Echelle 1:10 000 / 1 cm = 100 m
© D'après plan au 1:5000 du Bois de Boulogne édité par la Mairie de Paris
PORTE MAILLOT
RER
M
AVENUE CHARLES DE GAULLE
PLACE PARMENTIER
PLACE DU MARCHÉ
GROUPE SCOLAIRE
SEINE
BOULEVARD MAURICE BARRES
D'ACCLIMATATION
Musée des Arts et Traditions Populaires
Bowling de Paris
MAHATMA GANDHI
ROUTE DE LA PORTE DAUPHINE
LONGCHAMP
Pavillon d'Armenonville
Accès (GR 1)
BUS
A
Grand Circuit
63e Q
de la Porte Dauphine
Ruisseaux (GR 1)
Pavillon Dauphine
PORTE DAUPHINE
PLACE DU MARÉCHAL DE LATTRE DE TASSIGNY
STADE JEAN PIERRE WIMILLE
CENTRE UNIVERSITAIRE DE LA PORTE DAUPHINE
AVENUE FOCH
Accès
B
Eau
Grand Circuit
CENTRE D'EDUCATION PHYSIQUE
AMBASSADE DE LA C.E.I.
Pavillon Royal
Carrefour du Bout des Lacs
Variante Nord
P
C
Q
Diagonale (GR 1)
Lac
LAC
ALLÉE DE LONGCHAMP
ROUTE DE SURESNES
BOULEVARD LANNES
BOULEVARD FLANDRIN
AVENUE LOUIS BARTHOU
CENTRE SPORTIF D'ÉDUCATION PHYSIQUE

Le Grand circuit

Départ : métro Porte Maillot
Longueur : 12 km en boucle
Durée : 3 h
Balisage : jaune du métro vers le départ du circuit (repère A), puis jaune-rouge dans le sens de la description (rouge-jaune dans le sens inverse)
Accès : - métro Porte-Maillot (ligne 1) ;
- RER C Neuilly-Porte Maillot ;
- Autobus Bus PC

Autres accès possibles :
- métro Porte Dauphine (ligne 2) : sortir en tête "avenue Bugeaud vers Boulevard Lannes" ;
- métro Porte d'Auteuil (ligne 10) : prendre en tête la sortie "Boulevard Murat" (premier couloir à gauche) ;
- métro Boulogne-Jean-Jaurès (ligne 10) : à la sortie du métro, prendre la rue du Château ;
- métro Pont-de-Neuilly (ligne 1) : en tête de station, emprunter l'escalier "avenue de Madrid" .

Attention ! les itinéraires d'accès sont balisés en *jaune* dans le sens du métro vers le Bois et en *rouge* dans le sens du Bois vers le métro.

Le Grand circuit commence au repère (A), mais nous décrivons ci-dessous un itinéraire d'accès balisé pour le rejoindre à partir du métro Porte-Maillot.

Accès au repère (A) **à partir du métro Porte-Maillot**
(balisage jaune dans ce sens).
C'est ici le point de départ du GR 1, balisé en blanc-rouge, qui traverse le Bois de Boulogne (voir topo-guide «Tour de l'Ile-de-France»).

En venant de Paris, prendre la sortie «boulevard Gouvion-Saint-Cyr», continuer par l'escalator, puis, en haut, tourner deux fois à gauche pour emprunter l'escalier débouchant sur le terre-plein central de la place de la **Porte-Maillot.**

En ce point précis, on passe de Paris «intra muros» à Paris «extra muros», puisque se situait, à la bouche du métro, la limite de l'ancienne enceinte fortifiée. Distincte de la Porte de Neuilly voisine, la Porte Maillot, anciennement Mahiaulx, ouvrait sur la route de la Révolte vers Saint-Denis, et devrait son nom à un ancien jeu de maillet.

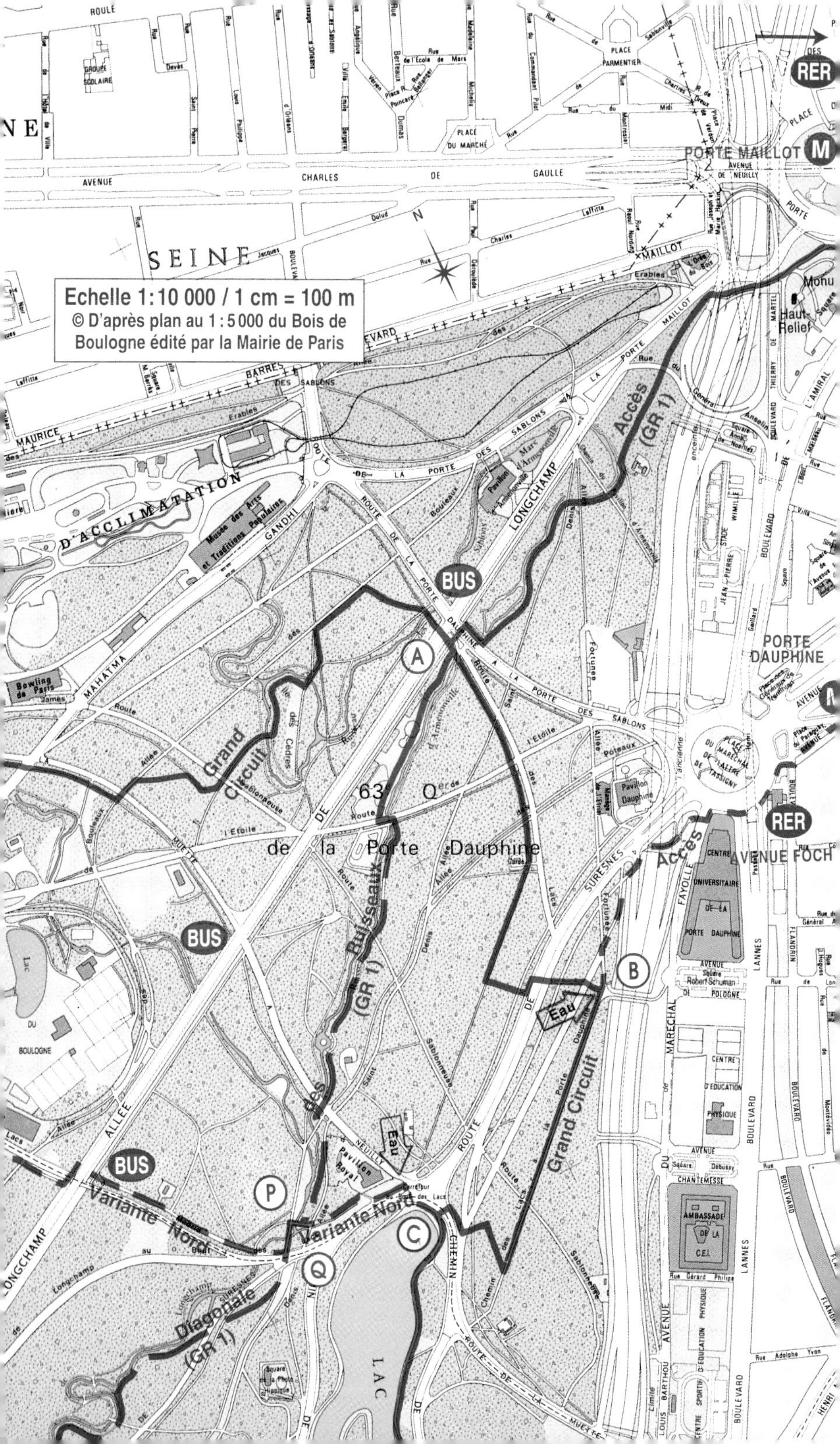

Echelle 1:10 000 / 1 cm = 100 m
© D'après plan au 1:5000 du Bois de Boulogne édité par la Mairie de Paris
PLACE PARMENTIER
PLACE DU MARCHÉ
PORTE MAILLOT
RER
M
AVENUE CHARLES DE GAULLE
SEINE
GROUPE SCOLAIRE
JARDIN D'ACCLIMATATION
Musée des Arts et Traditions Populaires
Pavillon d'Armenonville
Bowling de Paris
BUS
Accès (GR 1)
Grand Circuit
Ruisseaux (GR 1)
Variante Nord
Diagonale (GR 1)
63° Q de la Porte Dauphine
PORTE DAUPHINE
PLACE DU MARÉCHAL DE LATTRE DE TASSIGNY
Pavillon Dauphine
CENTRE UNIVERSITAIRE DE LA PORTE DAUPHINE
AVENUE FOCH
CENTRE D'ÉDUCATION PHYSIQUE
AMBASSADE DE LA C.E.I.
STADE JEAN-PIERRE WIMILLE
Pavillon Royal
Eau
LAC
Lac DU BOULOGNE
A
B
C
P
Q
ROUTE DE LA PORTE DAUPHINE
ROUTE DE LA PORTE DES SABLONS
ALLÉE DE LONGCHAMP
ROUTE DE SURESNES
CHEMIN DE CEINTURE DU LAC
ROUTE DE LA MUETTE
BOULEVARD LANNES
AVENUE DU MARÉCHAL FAYOLLE
AVENUE LOUIS BARTHOU

Emprunter le souterrain ; à l'opposé, à sa sortie, au lieu de monter tout droit vers le monument moderne à la mémoire du général Koenig, prendre à droite (panneau «Bois de Boulogne»), puis monter à gauche (dans le square : haut relief dédié au coureur et constructeur automobile Levassor).

Franchir le boulevard périphérique pour atteindre la lisière du bois. S'engager alors sur une sente qui s'écarte de la route de la Porte des Sablons et, après la bretelle d'accès au périphérique, poursuivre par une allée de marronniers. Après un enclos destiné aux cantonniers, rejoindre le **ruisseau d'Armenonville** et le longer vers le Sud-Ouest jusqu'à la route de la Porte Dauphine à la Porte des Sablons. Traverser cette route au feu de circulation. En face, se trouve le repère (A), départ du grand circuit.

▶ A droite, en traversant l'allée de Longchamp, on trouve le balisage rouge sur jaune de l'itinéraire du Grand circuit qui conduit au repère (K) (sens inverse de la description).
▶ En face, le long du ruisseau, on trouve le balisage jaune sur bleu de la Diagonale des Ruisseaux conduisant au repère (P) et à la Grande Cascade. Suite du GR 1. Description page 179.
▶ A gauche, commence le balisage jaune-rouge du Grand circuit : voir description ci-après.

(A) L'itinéraire du Grand circuit prend à gauche, après le massif de fleurs, le sentier *(emprunté par les cavaliers)* parallèle à la route des Lacs, qui croise ensuite la route de l'Etoile puis une allée cavalière. Après une maison de garde, il s'infléchit à droite sous les frondaisons. Quitter ensuite ce sentier à mi-parcours sur la gauche pour aller franchir la route de Suresnes par le passage piétons. On rejoint un kiosque à tuiles de bois. C'est le repère (B).

▶ Sur la gauche, on trouve le balisage rouge permettant de rejoindre **en 10 minutes** la station de métro **Porte Dauphine**. Cet itinéraire est indiqué en tirets sur la carte et balisé en jaune du métro vers le bois.

A Porte Dauphine, si on choisit la sortie «avenue Foch côté pairs», on peut remarquer un spécimen typique de bouche de métro «modern'style» avec marquise complète, l'un des rares témoins subsistant à Paris des créations d'Hector Guimard.

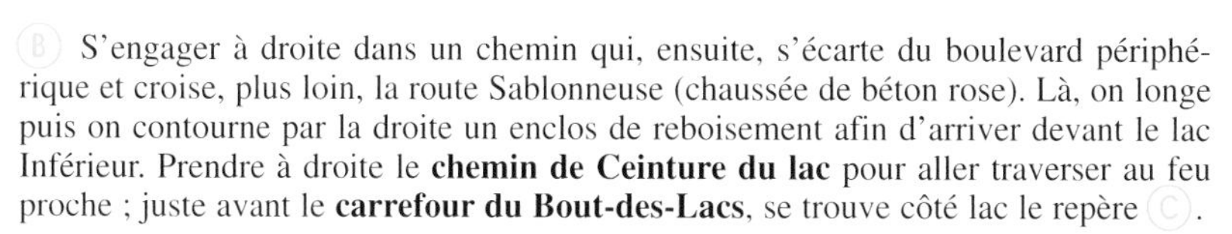

(B) S'engager à droite dans un chemin qui, ensuite, s'écarte du boulevard périphérique et croise, plus loin, la route Sablonneuse (chaussée de béton rose). Là, on longe puis on contourne par la droite un enclos de reboisement afin d'arriver devant le lac Inférieur. Prendre à droite le **chemin de Ceinture du lac** pour aller traverser au feu proche ; juste avant le **carrefour du Bout-des-Lacs**, se trouve côté lac le repère (C).

▶ Départ de la variante Nord (**balisée en jaune**) permettant de rejoindre la Porte de Madrid (repère (J)) : voir description page 175.

(C) L'itinéraire du grand circuit *(jaune sur rouge)* part à gauche pour longer la berge du **lac Inférieur** jusqu'à son extrémité Sud, soit 1,3 km.

Echelle 1:10 000 / 1 cm = 100 m
© D'après plan au 1:5 000 du Bois de Boulogne édité par la Mairie de Paris
Variante Nord
Grand Circuit
Variante Sud
GR de Pays
Traversée de Paris
Ruisseaux (GR 1)
LAC INFÉRIEUR
LAC SUPÉRIEUR
HIPPODROME
RACING CLUB DE FRANCE
Services Municipaux
Pelouses de la Muette
Carrefour des Cascades
Eau
BUS
WC

A un bosquet de grands pins noirs d'Autriche succèdent trois séquoias, un olivier de Bohême (chalet), des peupliers blancs, puis diverses essences d'une grande variété. De même pour le boisement des deux îles successives.

(X) A l'endroit où le chemin remonte, on laisse partir à gauche, avant de redescendre, le GR de Pays Traversée de Paris n°1 *(voir page 27)*.

Juste après l'embarcadère *(accès par le bac au restaurant-salon de thé du «Chalet des Iles» et aux sentiers des deux îles)*, remarquer deux «ginkgos», «arbres aux quarante écus», dont un femelle de 1896.

On aperçoit ensuite deux remarquables cèdres du Liban dont l'un, de 1802, mesure 5,10 m de circonférence.

Au moment de remonter à nouveau, il faut quitter le chemin puis retrouver la berge. On arrive devant deux cyprès chauves de Louisiane de 1859 (35 m de haut) ; leurs racines «traçantes» courent horizontalement au ras de l'eau en laissant émerger des «pneumatophores», protubérances curieuses qui ont une fonction respiratoire.

Une fois remonté à l'extrémité du lac (à gauche, *magnolia* à grandes fleurs de 1862), contourner celle-ci entre quelques blocs de grès qui encadrent le déversoir du lac Supérieur, formant ici cascade au-dessus du lac Inférieur.

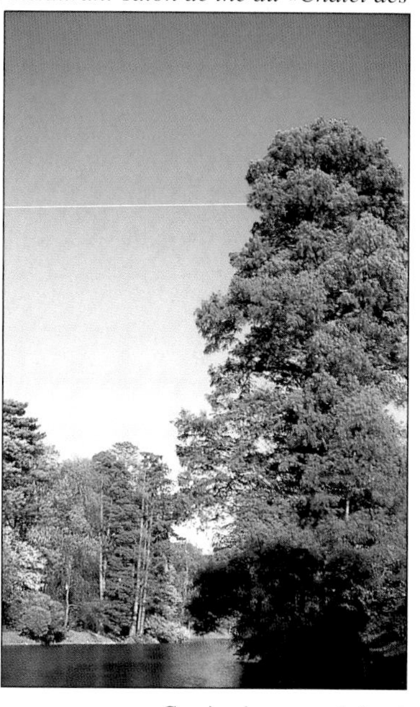

Cyprès chauve sur le bord
du Lac Inférieur, en automne.
Photo Patrice Hémond.

A gauche, de curieux hêtres «tortillards» ou «faux de Verzy», à troncs multiples enlacés, l'un de 1852.

L'itinéraire débouche alors sur la chaussée Ouest du chemin de Ceinture du lac, où on revient sur la gauche.

A 500 m plus à gauche (Est), par la route des Lacs à Passy, arrêt des autobus PC (pour Porte Maillot et pour Porte d'Auteuil) et 32 pour gare de l'Est (sauf dimanches et fêtes).

On rencontre le Sentier Nature (étape n°12). Traverser la chaussée par les passages piétons vers le rond-point central (cèdre), puis vers un gros marronnier (ici, borne-fontaine). Un peu à gauche, s'engager dans une allée en sous-bois, puis à droite ; à 50 m, se trouve le repère (D).

▶ Départ sur la droite de la variante Sud, balisée en jaune, permettant de rejoindre la Grande Cascade, repère (H) : voir page 177.

Echelle 1:10 000 / 1 cm = 100 m
© D'après plan au 1:5 000 du Bois de Boulogne édité par la Mairie de Paris
LAC INFÉRIEUR
LAC SUPÉRIEUR
Grand Circuit
Variante Nord
Variante Sud
GR de Pays Traversée de Paris
Ruisseaux des (GR 1)
RACING CLUB DE FRANCE
Services Municipaux
HIPPODROME
Pelouses de la Muette
Carrefour des Cascades
Carrefour du Bout des Lacs
Place de la Porte de Passy
Eau
WC
BUS
AMBASSADE DE LA C.E.I.
ORGANISATION DE COOPÉRATION ET DE DÉVELOPPEMENT ÉCONOMIQUE
CENTRE SPORTIF D'ÉDUCATION PHYSIQUE
Square des Écrivains Combattants Morts pour la France
Ambassade du Gabon
Ambassade de l'Afghanistan
Musée Marmottan
PISCINE
Pelouses de Saint Cloud
Clos des Enfants
Chalet des Îles
ROUTE DE LA MUETTE À NEUILLY
ROUTE DES LACS À PASSY
AVENUE DE SAINT CLOUD
CHEMIN DE CEINTURE DU LAC INFÉRIEUR
CHEMIN DE CEINTURE DU LAC SUPÉRIEUR
ROUTE DE SAINT CLOUD
ROUTE DE L'HIPPODROME
BOULEVARD SUCHET
BOULEVARD LANNES
AVENUE DU MARÉCHAL MAUNOURY
AVENUE DU MARÉCHAL FRANCHET D'ESPEREY
ALLÉE DES FORTIFICATIONS
AVENUE LOUIS BARTHOU
Rue Louis Boilly
Rue Ernest Hebert
Rue Adolphe Yvon
Rue Gérard Philipe
Square Henry Bataille
Square Tolstoï
Square de Rocamadour
Square des Aliscamps
Square de Padirac
Square Alfred Capus
Square d'Urfé

Un pavillon Napoléon III : la location des barques au lac Inférieur. *Photo Dominique Gengembre.*

D L'itinéraire du Grand circuit continue tout droit parallèlement à l'avenue de l'Hippodrome proche et, après 50 m, va la rejoindre pour la traverser, rejoignant ainsi l'angle de l'avenue de Saint-Cloud.

Déviation : Pendant la «Fête à Neu-Neu», qui, en septembre, occupe les pelouses de Saint-Cloud et l'emprise de l'avenue de Saint-Cloud, il faut conserver le trottoir Ouest de cette dernière et longer le petit ruisseau qui prend naissance un peu à droite. On débouche sur un bon chemin qui va, à gauche, frôler le jeu de boules de Passy et rejoint l'avenue, que l'on traverse pour entrer sous bois, vers un gros sophora du Japon centenaire. Là, un petit sentier part vers la droite, qui rejoint bientôt l'itinéraire normal du Grand Circuit juste avant que l'on aperçoive les tribunes de l'hippodrome d'Auteuil.

L'itinéraire du Grand circuit traverse, lui, l'avenue de Saint-Cloud, puis, dans le prolongement, coupe la clairière pour en rejoindre la lisière Est et longer cette dernière qui oblique alors à droite. A la fin de la pelouse de Saint-Cloud, avant de pénétrer dans le sous-bois, obliquer à gauche pour traverser une large percée qui laisse voir au loin (l'hiver) l'hippodrome **d'Auteuil.**

L'hippodrome **d'Auteuil**, postérieur à celui de Longchamp, a été créé en 1875 pour le steeple-chase, au sud du lac Supérieur, en un lieu où préexistait l'un des deux points d'eau naturels du bois : la mare d'Auteuil, qui se situait à l'emplacement actuel des guichets Sud.

Le sentier se déroule donc en sous-bois, puis aboutit sur la route asphaltée de la Seine à la Butte-Mortemart, que l'on emprunte à droite.

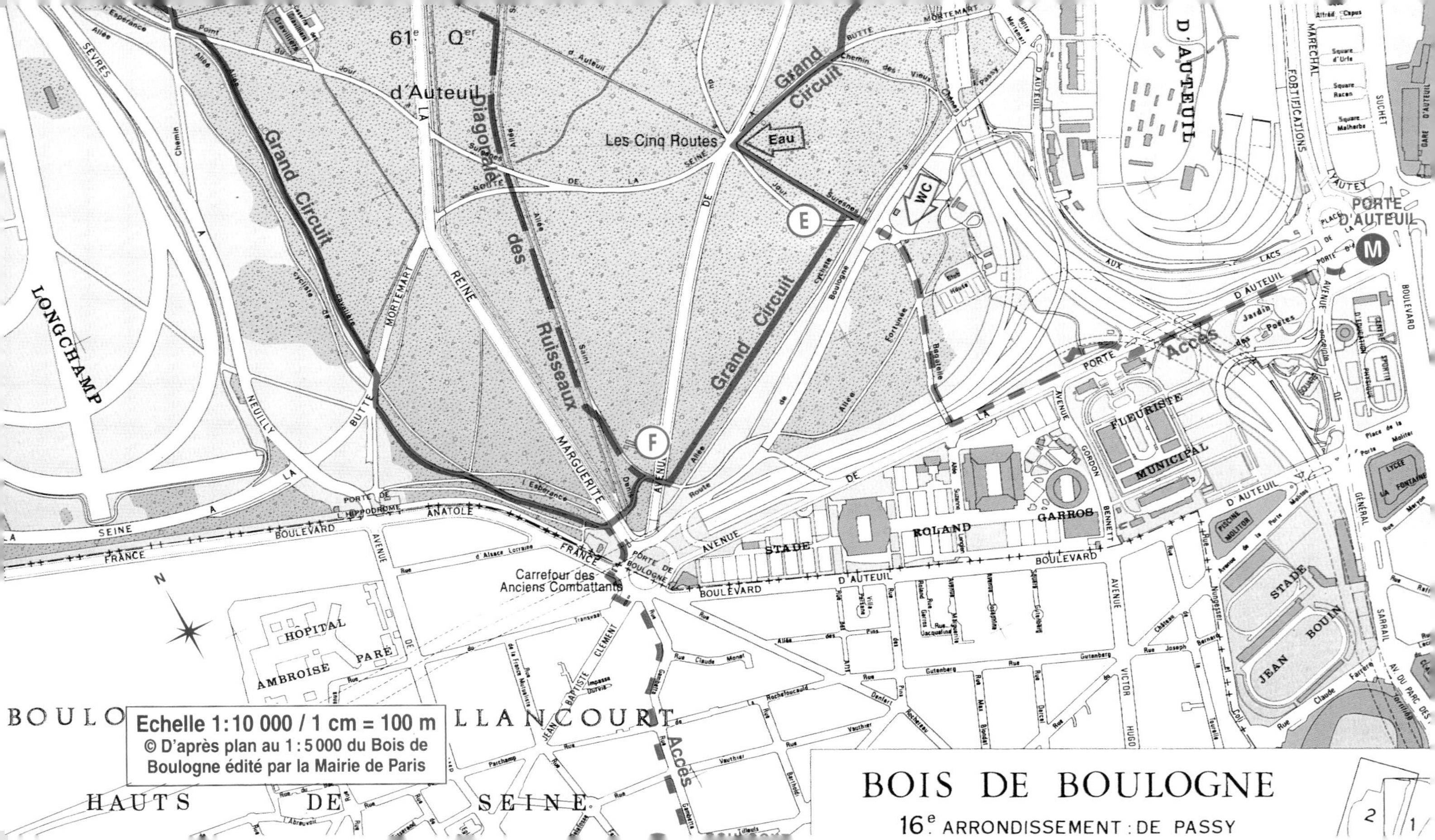
BOIS DE BOULOGNE
16e ARRONDISSEMENT : DE PASSY
Echelle 1:10 000 / 1 cm = 100 m
© D'après plan au 1:5 000 du Bois de Boulogne édité par la Mairie de Paris
Les Cinq Routes
Grand Circuit
Diagonale d'Auteuil
Allée des Ruisseaux
Eau
WC
Accès
PORTE D'AUTEUIL
PORTE DE BOULOGNE
Carrefour des Anciens Combattants
STADE ROLAND GARROS
FLEURISTE MUNICIPAL
STADE JEAN BOUIN
PISCINE MOLITOR
LONGCHAMP
D'AUTEUIL
61e Qer
HÔPITAL AMBROISE PARÉ
BOULOGNE BILLANCOURT
HAUTS DE SEINE
BOULEVARD D'AUTEUIL
BOULEVARD ANATOLE FRANCE
AVENUE DE LA PORTE D'AUTEUIL
AVENUE GORDON BENNETT
AVENUE VICTOR HUGO
ROUTE DE LA REINE MARGUERITE
ROUTE DE LA SEINE
BUTTE MORTEMART
FORTIFICATIONS
MARECHAL LYAUTEY
AV. DU PARC DES PRINCES
GÉNÉRAL SARRAIL
Jardin des Poètes

Gagner le **carrefour des Cinq-Routes** *(plan du bois et borne-fontaine)*. Là, tourner à gauche à angle droit sur un chemin de terre dénommé route d'Auteuil à Suresnes. Arriver, juste avant la lisière du massif boisé, au repère (E), situé avant la piste cyclable, *suivie elle-même du carrefour où stationnent les voitures (chalet à boissons, édicule charmant de 1889).*

▶ Point de départ de l'itinéraire *(balisé en rouge dans ce sens)* conduisant en **20 min** au métro **Porte-d'Auteuil**, *où l'on trouve également les arrêts d'autobus PC (circulaire intérieure) pour Porte Dauphine et Porte Maillot, 32 pour gare de l'Est et 52 pour l'Etoile et l'Opéra et permettant d'accéder au Jardin des serres d'Auteuil -»Fleuriste municipal» sur la carte-)*. Cet itinéraire est indiqué en tirets sur la carte et balisé en jaune du métro vers le bois.

(E) L'itinéraire du Grand circuit s'engage à droite dans le taillis sur un sentier qui coupe aussitôt la route asphaltée du Point-du-Jour à Bagatelle. Sur la fin, le chemin débouche en lisière et tourne à droite pour traverser l'avenue de Saint-Cloud. On atteint le repère (F) *(à 100 m à gauche, rond-point de la Porte de Boulogne).*

▶ En face, point d'aboutissement de la Diagonale des Ruisseaux *(balisage bleu sur jaune)*. Cet itinéraire peut servir de variante au Grand circuit et permet de raccourcir le trajet vers la Grande Cascade (repère (G)) et vers le point de départ (repère (A)).

(F) Prendre à gauche l'avenue de Saint-Cloud, puis à droite la piste cyclable qui va traverser l'allée de la Reine-Marguerite.

▶ On trouve à gauche sur l'autre trottoir le balisage rouge de l'itinéraire permettant de rejoindre en **20 min** le métro **Boulogne - Jean-Jaurès**. *Cet itinéraire est indiqué en tirets sur la carte (il est balisé en jaune en allant du métro vers le bois).*
Près du métro (dans la rue du Château), arrêt d'autobus 52 pour l'Etoile et l'Opéra par la Porte d'Auteuil.

L'itinéraire du Grand circuit *(balisage jaune sur rouge)*, après avoir traversé l'allée de la Reine-Marguerite, laisse sur la droite la piste cyclable, puis la piste cavalière pour prendre l'allée de gauche en lisière du bois ; plus loin, rejoindre et longer la piste cyclable voisine jusqu'à la clairière de la porte de l'Hippodrome. Prendre à droite la route de la Seine à la butte de Mortemart et aussitôt à gauche un sentier sous-bois entre la cavalière et le départ d'un circuit sportif. Plus loin, après avoir rejoint la route du Point du Jour, la longer à droite après le chemin des Réservoirs et longer la piste cyclable. On aperçoit les tribunes de **l'hippodrome de Longchamp.**

Fontaine à la porte d'Auteuil.
Photo Anne-Marie Minvielle.

Le Jardin des serres d'Auteuil

Le site occupé par l'actuel jardin semble, curieusement, avoir toujours été voué à l'horticulture. Louis XV, qui dès sa jeunesse, montra un goût prononcé pour la botanique, y fit aménager en 1761 un jardin décoré de nombreux parterres de fleurs et déjà pourvu de serres.
Un peu plus d'un siècle plus tard, l'administration municipale décide la création d'un Fleuriste, au lieu-dit du «Fonds-des-Princes», sur un emplacement extérieur aux fortifications de Paris. En effet l'établissement horticole que la Ville possédait porte de la Muette était devenu insuffisant.

La conception des serres et l'organisation générale des jardins sont confiées à Jean-Camille Formigé, constructeur des viaducs du métro aérien et restaurateur de nombreux monuments historiques. Les travaux débutent en 1895 et s'achèvent en 1898. Ces édifices de fer et de verre sont les dernières grandes serres à être

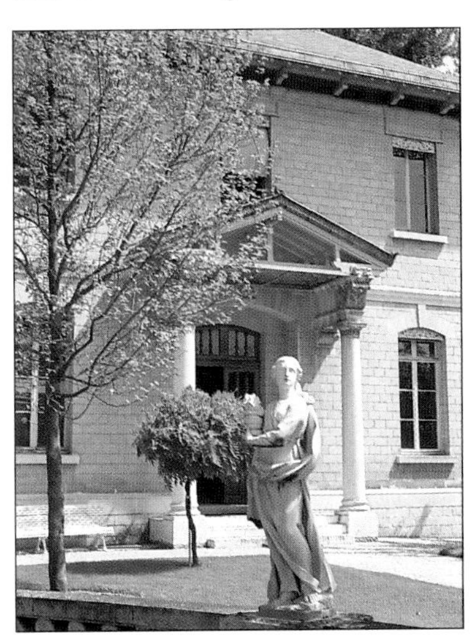

Pavillon d'époque au jardin des serres d'Auteuil.
Photo Anne-Marie Minvielle.

construites en France au 19e siècle, époque de la grande vogue des jardins d'hiver. Grâce à trois pépinières réparties dans le secteur, le Fleuriste municipal a permis de satisfaire pendant soixante-dix ans les besoins du Service des parcs, jardins et espaces verts de la Ville de Paris en plantes, arbustes et arbres.

En 1967, la transformation de la porte d'Auteuil par suite de la construction du boulevard périphérique conduit la Mairie de Paris à déménager son établissement horticole de production sur les communes de Rungis et de Fresnes. Là, sur 44 hectares complétés par un terrain de 20 hectares sur la commune d'Achères (Yvelines), sont produits près de 4 000 arbres, 200 000 arbustes, plantes vivaces et grimpantes et 3 millions de plantes à fleurs saisonnières et plantes vertes (production 92/93).

Le Jardin des serres d'Auteuil est désormais voué à la culture des plantes de collection, à la réalisation d'expositions, à la promenade et à l'accueil d'animations.

Remarquer la grande serre à dôme central, de 100 m de long, 15 m de large et 16 m de haut dans sa partie la plus élevée. Avec les autres groupes de serres, elle rassemble plus de 2 000 genres, espèces et variétés de plantes de collection.

Citons, par exemple les 900 taxons d'orchidées tropicales (5 500 plantes réparties en 40 genres).

Les pavillons d'entrée et divers bâtiments situés dans le jardin abritent les services de la Direction des Parcs, Jardins et Espaces verts de la mairie de Paris (tél. 40 71 74 00) qui gère 380 hectares d'espaces verts parisiens (près de 400 parcs et jardins publics), les bois de Vincennes et Boulogne, les cimetières parisiens, les talus du boulevard périphérique et le patrimoine arboricole des rues de Paris.

L'hippodrome de Longchamp

Ce lieu, autrefois long terrain étroit non boisé le long de la Seine, était prédestiné aux courses de chevaux, puisque, déjà, eut lieu le 15 mai 1651 une épreuve entre les «cracks» du comte d'Harcourt et ceux du duc de Joyeuse, partis de la Muette. Cette épreuve est tenue par beaucoup de spécialistes comme étant la première course hippique disputée en France. En fait, l'hippodrome de Longchamp, notre plus ancien champ de courses, fut aménagé sous l'instigation du duc de Morny au moment des grands travaux dirigés par Haussmann et fut inauguré en 1857 ; plus au nord, fut comblé un bras de la Seine afin d'y intégrer l'île de la Folie. Mais Longchamp fut encore beaucoup plus qu'un terrain de courses : le théâtre de prestigieuses manifestations mondaines ; jusque vers 1914, avait lieu tous les ans la célèbre revue des troupes, grande manifestation populaire immortalisée par la vieille chanson «En r'venant d'la r'vue», et en coïncidence avec la fête nationale du 14 juillet dès 1880.

Le moulin de Longchamp

Le moulin de Longchamp, bien que reconstruit au 19e siècle, est le seul vestige subsistant de l'abbaye fondée au lieu «longus campus» - terrain tout en longueur - en 1256 par sainte Isabelle, sœur de saint Louis. Une mode persistante fit de Longchamp un lieu de promenade très fréquenté où l'on faisait assaut d'élégance. Elle eut pour origine une chanteuse d'opéra ayant pris le voile, qui attirait beaucoup d'amateurs aux offices sous les règnes de Louis XV et Louis XVI. La promenade à Longchamp fut à nouveau en vogue au 19e siècle.

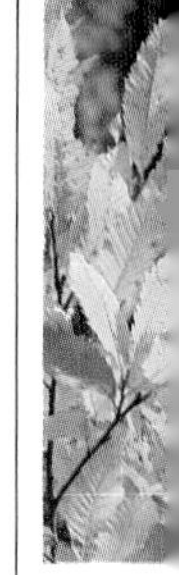

Le moulin de Longchamp. *Photo Anne-Marie Minvielle.*

Grand Circuit
BUS
R
(GR 1)
Variante Sud
Réservoir
Grande Cascade
CARREFOUR DE LONGCHAMP
H
Chalet de la Grande Cascade
TRIBUNES
GR 1
G
Eau
ALLÉE MARGUERITE
AVENUE DE L'HIPPODROME
Diagonale des Ruisseaux
61e Qer d'Auteuil
Les Cinq Routes
Grand Circuit
LONGCHAMP
ROUTE DE SÈVRES A NEUILLY
BUTTE MORTEMART
ALLÉE DE LA REINE MARGUERITE
F
PORTE DE L'HIPPODROME
BOULEVARD ANATOLE FRANCE
PORTE DE BOULOGNE
Carrefour des Anciens Combattants
Echelle 1:10 000 / 1 cm = 100 m
© D'après plan au 1:5000 du Bois de Boulogne édité par la Mairie de Paris
HOPITAL
BOULOGNE BILLANCOURT
HAUTS DE SEINE
Accès
N

On débouche sur l'avenue de L'Hippodrome ; c'est le repère (G)

▶ Jonction avec la Diagonale des Ruisseaux :
- à droite, à angle aigu *(balisage jaune sur bleu)*, elle se dirige vers la Porte de Boulogne (repère (F)) ;
- tout droit, son itinéraire *(balisage bleu sur jaune)* est commun avec le Grand circuit jusqu'au repère (H) ;
- à gauche, arrive le sentier GR 1 *(balisage blanc-rouge)*, venant de Saint-Cloud par Longchamp.

(G) Les deux itinéraires empruntent en face une allée longeant un enclos de reboisement (chênes et hêtres) jusqu'au **chalet de la Grande-Cascade** (édifice à marquise caractéristique de la Belle Epoque, très apprécié comme cadre de présentations de mode ou de modèles automobiles).

La Grande Cascade est une construction artificielle enchâssée dans une composition paysagère dont la rocaille est constituée d'authentiques rochers de grès de Fontainebleau, que les habitués de cette forêt reconnaîtront aisément. Rappelons qu'elle fonctionne grâce au réservoir situé derrière en contre-haut, et que son eau alimente ensuite en série trois étangs entre son site et la Seine. Il est plaisant de monter sur le tertre pour en redescendre par le chemin en escalier qui conduit à la grotte inférieure.

En face, avant la **Grande Cascade**, on remarque un grand cèdre du Liban, de 1863 et de 30 m de haut. A sa gauche, un double araucaria («désespoir des singes», ainsi surnommé pour la complexité de ses branches), et à sa droite un grand cyprès chauve. On est au repère (H).

▶ A droite du cèdre, puis passant sous la grotte, on trouve le balisage bleu sur jaune de la Diagonale des Ruisseaux qui permet de raccourcir le Grand circuit et de regagner son point de départ en passant par le Pré Catelan (voir description en sens inverse page 185).

(H) L'itinéraire du Grand circuit prend à gauche du cèdre pour aller traverser, aux feux, le carrefour de Longchamp.

Sur l'allée de Longchamp, à droite, bus 244 pour la Porte Maillot.

La Grande Cascade. *Photo Anne-Marie Minvielle.*

A 200 m, à droite, au bord de la route de Suresnes, réserve d'oiseaux avec observatoire.

Du carrefour, on aperçoit le **moulin de Longchamp.**

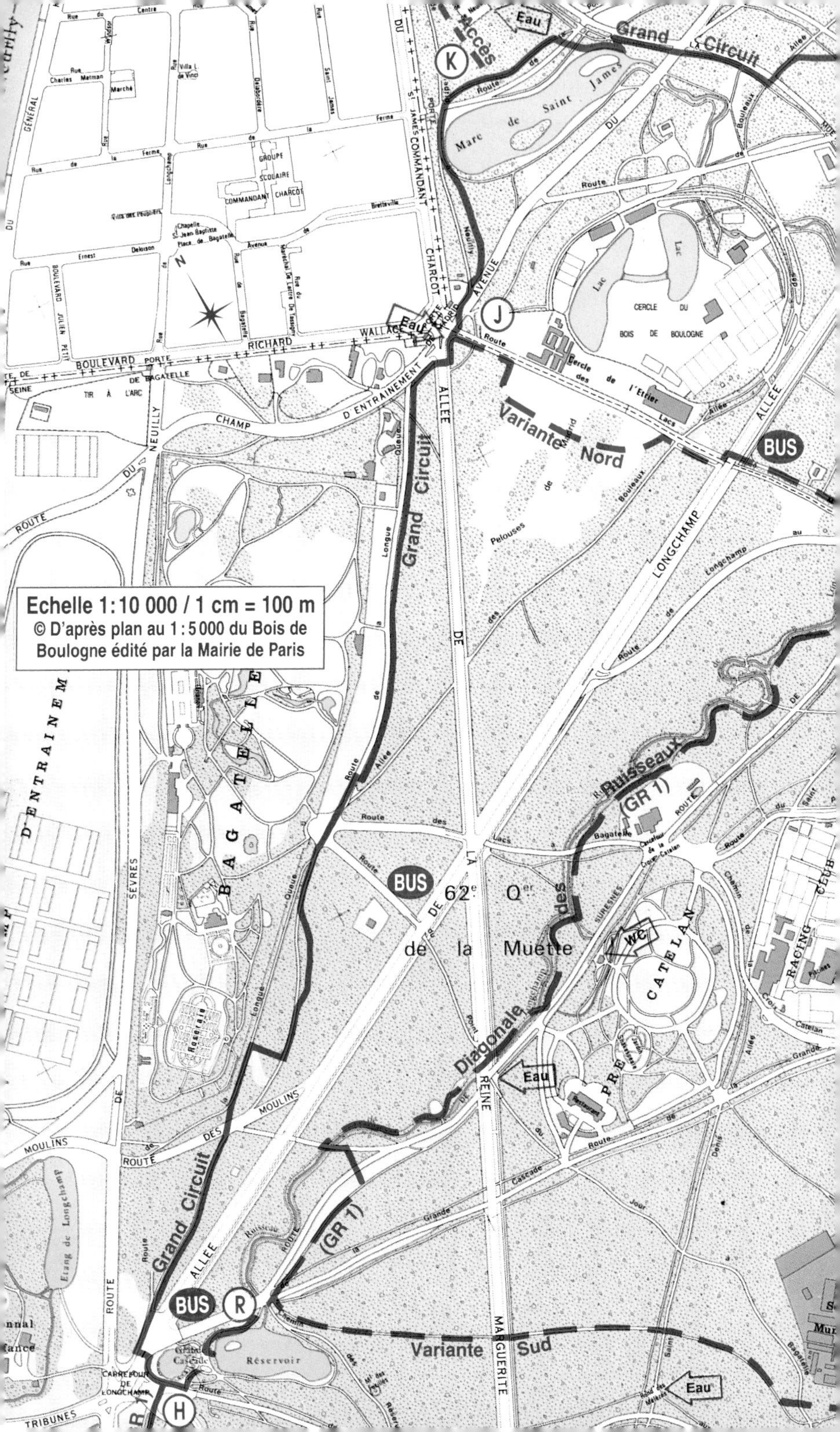

Echelle 1: 10 000 / 1 cm = 100 m
© D'après plan au 1: 5 000 du Bois de Boulogne édité par la Mairie de Paris
Grand Circuit
Variante Nord
Variante Sud
Diagonale
Ruisseaux (GR 1)
(GR 1)
Accès
Eau
BUS
WC
K
J
R
H
Mare de Saint James
CERCLE DU BOIS DE BOULOGNE
BAGATELLE
Roseraie
CATELAN
PRE
62e Qer de la Muette
Réservoir
Grande Cascade
Etang de Longchamp
CARREFOUR DE LONGCHAMP
TRIBUNES
RACING CLUB
GROUPE SCOLAIRE COMMANDANT CHARCOT
BOULEVARD RICHARD WALLACE
ALLEE DE LA REINE MARGUERITE
ALLEE DE LONGCHAMP
ROUTE DE SEVRES A NEUILLY
CHAMP D'ENTRAINEMENT
TIR À L'ARC
Pelouses de Bagatelle

Après les feux tricolores, remonter à droite l'allée de Longchamp et, 50 m plus loin, s'engager à gauche sur la piste cyclable pour longer une plantation. En croisant la route des Moulins, appuyer à gauche pour rejoindre l'allée cavalière longeant le mur d'enceinte de Bagatelle. Peu après, tourner à droite dans un sentier longeant une pinède. Emprunter ensuite la route de la Longue-Queue *(cyclable)* jusqu'à l'entrée du **Parc de Bagatelle** («grille d'honneur»), avec une brève incursion dans le taillis. Le monticule aperçu derrière le mur, récemment réaménagé, était le belvédère recouvrant un local voûté à usage de glacière.

A 200 m à droite de l'entrée du parc par la route du Point-du-Jour, autobus 244 pour la Porte Maillot.

Au-delà de l'entrée du parc, l'itinéraire du Pourtour continue sur la sente longeant à droite la route de la Longue-Queue *(piste cyclable)*, et enfin rejoint la route du Champ-d'Entraînement qui débouche, à l'angle de Neuilly-sur-Seine, sur le **carrefour de la Porte-de-Madrid.** C'est le repère .

A droite, le long de la route des Lacs à Madrid, départ de la variante *(balisée en jaune)*, vers le carrefour du Bout-des-Lacs (repère). Cet itinéraire est décrit en sens inverse page 175.

En ces lieux, fut construit en 1531 par François Ier le célèbre château de Madrid.

L'itinéraire du Grand circuit contourne le carrefour par la droite. Après la traversée de l'avenue du Mahatma-Gandhi, prendre plus à droite et à gauche d'un cèdre, une allée bitumée, puis une sente sur la droite conduisant à la mare Saint-James, que l'on frôle (remarquer deux grands platanes à feuilles d'érable dont un de 1873 et de 28 m de haut, puis trois séquoias géants de Californie dont un de 1816 et 30 m de haut).

Ici se trouve la Porte Saint-James.

L'itinéraire du Grand circuit traverse la route de la Porte Saint-James pour monter dans la pinède (pins Laricio de Corse) et prendre sur la droite une sente parallèle, où l'on trouve ensuite le repère .

Point de départ de l'itinéraire, balisé en rouge, permettant de rejoindre en **20 min** la station de métro **Pont-de-Neuilly**. Ce parcours est indiqué en tirets sur la carte et balisé en jaune du métro vers le bois.
Possibilité d'écourter ce trajet en prenant l'autobus 43 à la Porte de Neuilly (arrêt Maurice-Barrès).

On passe à proximité du **Jardin d'Acclimatation**. Lorsqu'il fut créé en 1860, il s'agissait du premier grand parc zoologique, qui permit aux Parisiens de voir vivants de nombreux animaux venus d'ailleurs. De nos jours, le zoo de Vincennes plus moderne est mieux adapté à cette fonction et l'ancien Jardin d'Acclimatation est avant tout un grand parc d'attractions qui s'adresse aux jeunes enfants.

Le parc de Bagatelle

Ce parc est accessible moyennant un droit d'entrée modique, et sa visite est recommandée.
Domaine acquis par la ville de Paris seulement en 1904, Bagatelle fut à l'origine un modeste pavillon de chasse. Il fut remplacé en 1777 par le comte d'Artois, frère de Louis XVI, par un petit palais édifié en deux mois et cinq jours, en raison d'un pari fait avec Marie-Antoinette ! L'architecte Bellanger, qui avait accepté cette gageure, en avait dressé les plans en vingt-quatre heures. C'est aujourd'hui un très beau parc jardiné connu notamment pour sa roseraie mais aussi pour ses floraisons saisonnières, particulièrement les bulbes au printemps, ainsi que les différentes expositions à thème qui s'y tiennent.

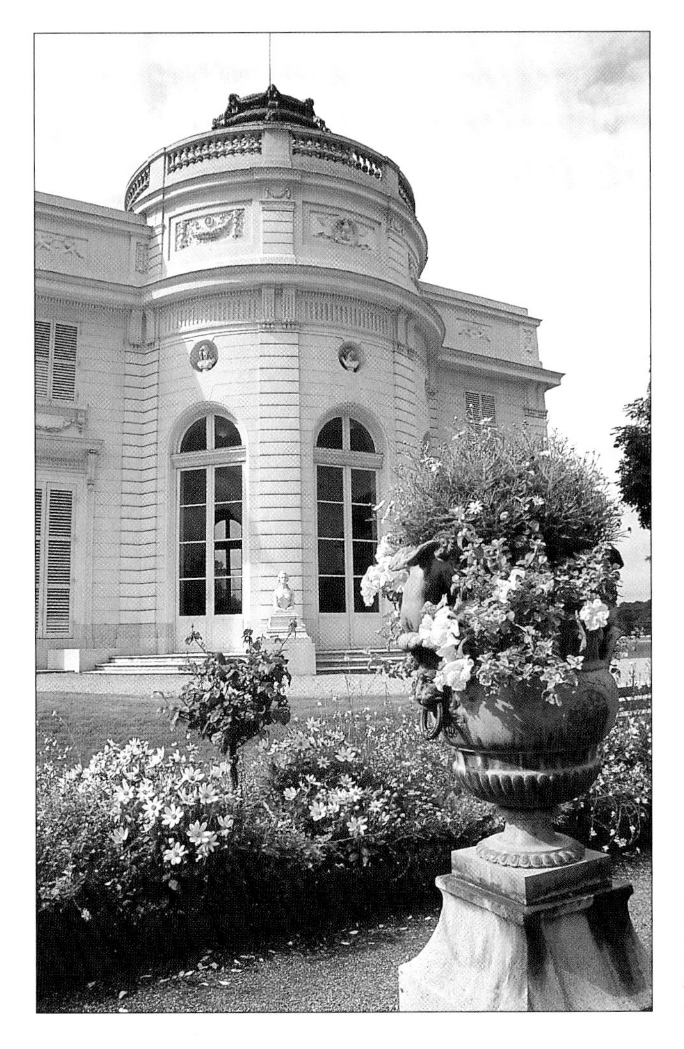

Palais de Bagatelle. *Photo Anne-Marie Minvielle.*

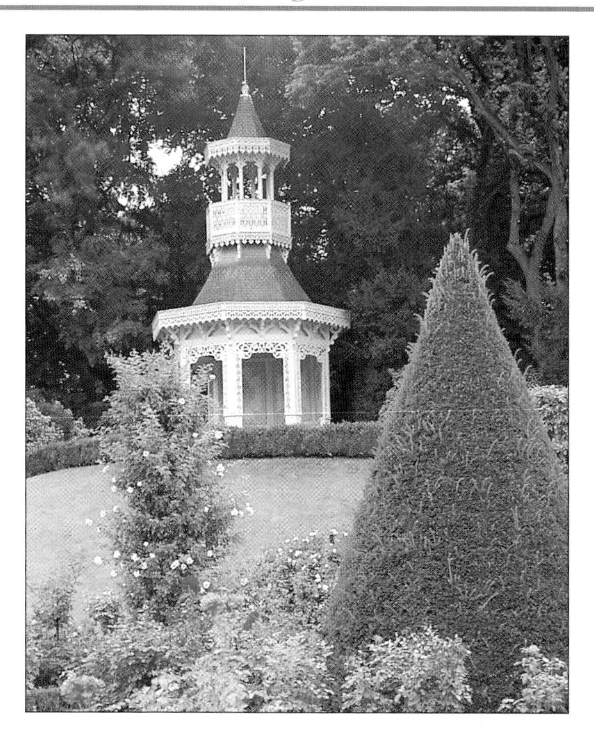

Kiosque de l'Impératrice au parc de Bagatelle. *Photo Anne-Marie Minvielle.*

Le château de Madrid

Beau spécimen de l'art de la Renaissance, il fut décoré en façade de faïence de Bernard Palissy. Le roi Henri III voulait bénéficier là du calme et de la solitude qu'il avait pu apprécier pendant son séjour en Espagne, d'où le nom inattendu donné à ce château au destin étrange. Il l'affecta en effet aux jeux du cirque, pour son propre divertissement : il y faisait combattre entre eux lions, ours, taureaux et autres animaux sauvages, jusqu'au jour où il se vit dévorer par eux dans un cauchemar et les fit abattre. Quant à Henri IV, il transforma l'édifice en magnanerie après avoir planté dans le bois quinze mille mûriers pour l'élevage des vers à soie.

Saint-James

Dans ce quartier avait été édifié en 1779, donc pour peu d'années puisque la Révolution était proche, le château du baron de Saint-James et son parc romantique aménagé en folie. Il en reste encore aujourd'hui, au 34 avenue de Madrid (cité scolaire), un temple d'amour et l'un des dix-sept petits ponts chinois, ainsi qu'un gros rocher de Fontainebleau. Le jardin public est ouvert le samedi après-midi et le dimanche.

En réalité M. de Baudart de Vandésir, cédant au caprice de l'anglomanie - ce n'est pas d'aujourd'hui ! - avait adopté le nom, intact phonétiquement, de son village de Sainte-Gemmes-sur-Loire...

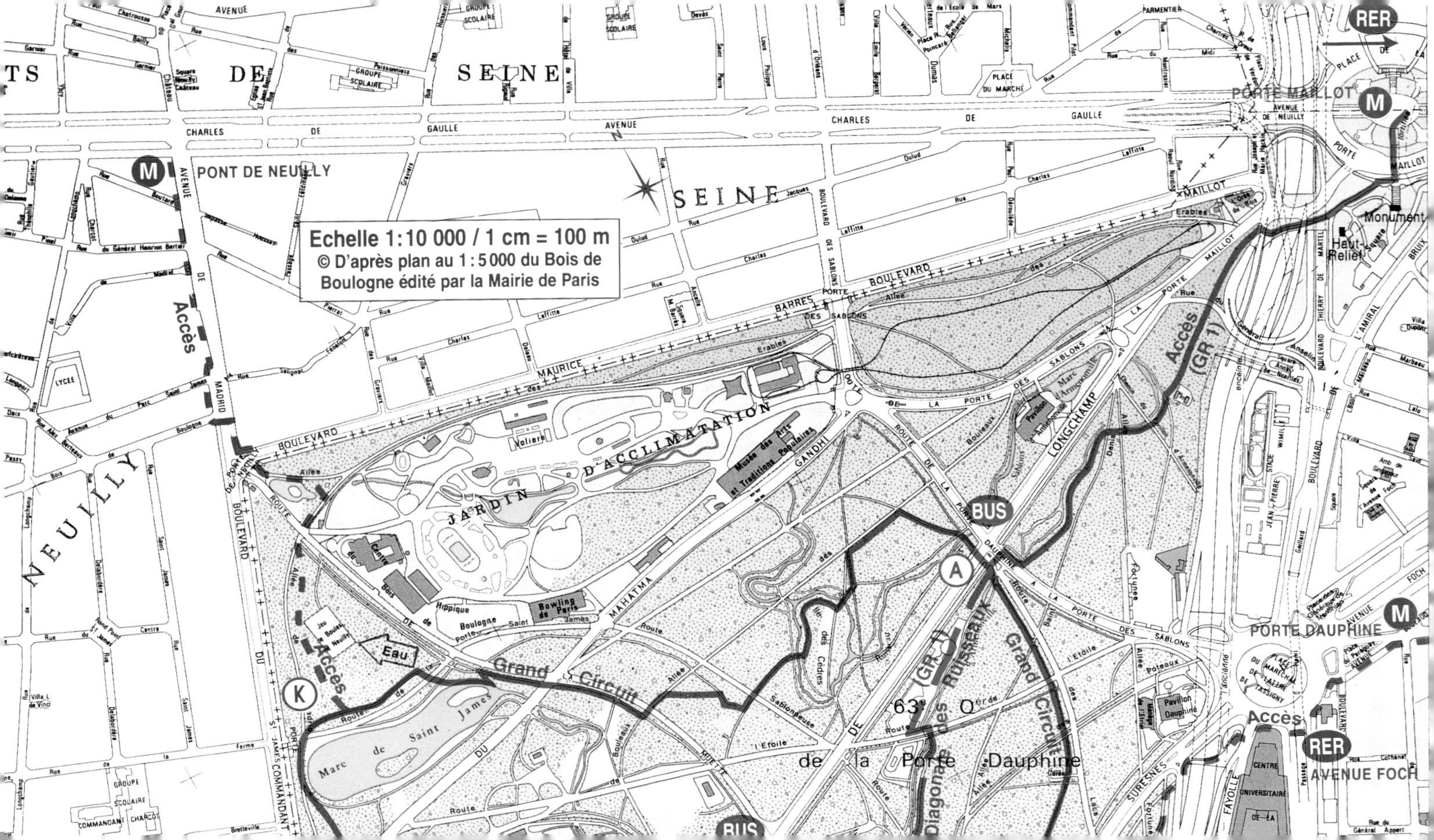
Echelle 1:10 000 / 1 cm = 100 m
© D'après plan au 1 : 5 000 du Bois de Boulogne édité par la Mairie de Paris
PORTE MAILLOT
PORTE DAUPHINE
PONT DE NEUILLY
AVENUE FOCH
RER
M
BUS
Accès
Accès (GR 1)
Grand Circuit
Diagonale des Ruisseaux
JARDIN D'ACCLIMATATION
Musée des Arts et Traditions Populaires
Bowling de Paris
Centre Hippique du Bois de Boulogne
Mare de Saint James
Eau
AVENUE CHARLES DE GAULLE
BOULEVARD MAURICE BARRES
NEUILLY
SEINE

(K) Le Grand circuit descend sur la fin rejoindre la rive Est de la mare de Saint-James mais s'en écarte à gauche pour traverser l'avenue du Mahatma-Gandhi aux feux et continuer sur la contre-allée de la route de la Muette. A l'intersection de l'allée cavalière des Bouleaux, tourner à gauche, traverser la route de la Muette, puis s'engager à droite sur un sentier qui passe dans une clairière garnie de hauts pins qu'on quitte à droite. Tourner aussitôt à gauche pour couper la route Sablonneuse (bétonnée). Franchir ensuite un ponceau en rocaille pour pénétrer dans l'île des Cèdres, isolée par deux branches du ruisseau des Sablons.

On peut remarquer en ce lieu calme, un bosquet de grands cèdres du Liban, dont les trois plus beaux sont de 1812, et font 35-36 m de haut et 3,80 m à 4,26 m de circonférence.

L'itinéraire du Grand circuit longe le ruisseau à gauche, puis le franchit sur une passerelle en bois. Tourner ensuite à droite pour longer l'allée cavalière des Bouleaux, puis obliquer à droite le long d'un bosquet serré et, après une passerelle sur le ruisseau, traverser l'allée de Longchamp *(autobus 244 pour la Porte Maillot).*

On retrouve alors le repère (A).

La boucle du Grand circuit est ainsi terminée.

Pour revenir au métro **Porte Maillot**, suivre le balisage *rouge* (commun avec le GR 1) de l'itinéraire d'accès décrit en sens inverse page 155.

Document fourni par Anne-Marie Minvielle.

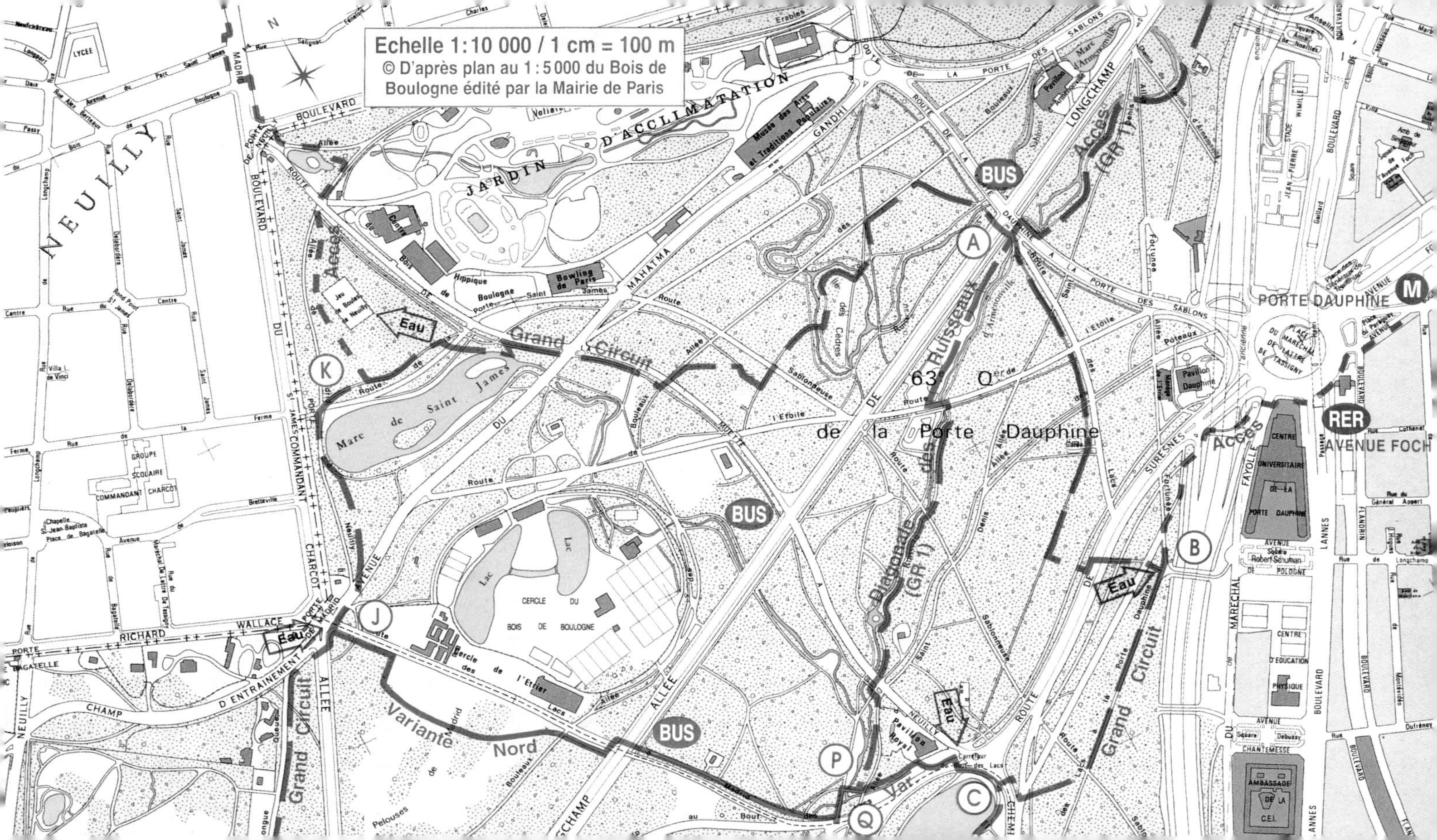
Echelle 1:10 000 / 1 cm = 100 m
© D'après plan au 1:5 000 du Bois de Boulogne édité par la Mairie de Paris
NEUILLY
JARDIN D'ACCLIMATATION
Musée des Arts et Traditions Populaires
Bowling de Paris
Marc de Saint James
CERCLE DU BOIS DE BOULOGNE
Lac
63e Oerde de la Porte Dauphine
Grand Circuit
Variante Nord
Diagonale (GR 1)
Accès (GR 1)
Accès
Ruisseaux
Eau
BUS
PORTE DAUPHINE
RER
AVENUE FOCH
PLACE DU MARÉCHAL DE LATTRE DE TASSIGNY
CENTRE UNIVERSITAIRE DE LA PORTE DAUPHINE
CENTRE D'ÉDUCATION PHYSIQUE
AMBASSADE DE LA C.E.I.
Pavillon Dauphine
Pavillon Royal
A
B
C
J
K
P
Q

La variante Nord

Départ : carrefour du Bout-des-Lacs
Arrivée : Porte de Madrid
Longueur : 1,150 km
Durée : 20 min
Balisage : jaune

Cet itinéraire permet de réaliser, étant combiné avec le Grand circuit ou la Diagonale des Ruisseaux, plusieurs mini-boucles.
Se reporter au plan page 146.

(C) Au **carrefour du Bout-des-Lacs**, prendre à droite le long du lac Inférieur et traverser au premier feu le chemin de Ceinture pour longer à gauche le pavillon Royal, après lequel on descend à droite rejoindre sous bois un ruisseau *(déversoir du lac)*. A la bifurcation entre le ruisseau de Longchamp et le ruisseau d'Armenonville, se détachant à droite, se trouve le repère (P).

▶ Ici passe la Diagonale des Ruisseaux ; à droite vers (A) *(balisage bleu sur jaune)* ; à gauche vers (R) *(balisage jaune sur bleu)*.

Après la passerelle, prendre à gauche jusqu'à la route de Longchamp au Bout-des-Lacs toute proche : c'est le repère (Q).

▶ On laisse en face le balisage jaune sur bleu de la Diagonale qui traverse cette route.

(Q) L'itinéraire balisé en jaune, lui, reste sur le trottoir Nord et longe à droite la route des Lacs à Madrid jusqu'à l'allée de Longchamp *(arrêt de l'autobus 244 pour la Porte Maillot)* que l'on traverse, ainsi que la route des Lacs, pour passer côté gauche, et suivre une allée parallèle à cette dernière jusqu'à l'allée cavalière des Bouleaux. Là, obliquer à gauche sur une sente peu apparente coupant la pelouse, pour aller traverser le bosquet suivant et une seconde pelouse, avant de rejoindre le **carrefour de la Porte-de-Madrid**, où se situe le repère (J).

▶ Jonction avec le Grand circuit :

- à droite : balisage *jaune sur rouge*, vers les repères (K) et (A) ;

- à gauche : balisage *rouge sur jaune*, vers les repères (H) et (F).

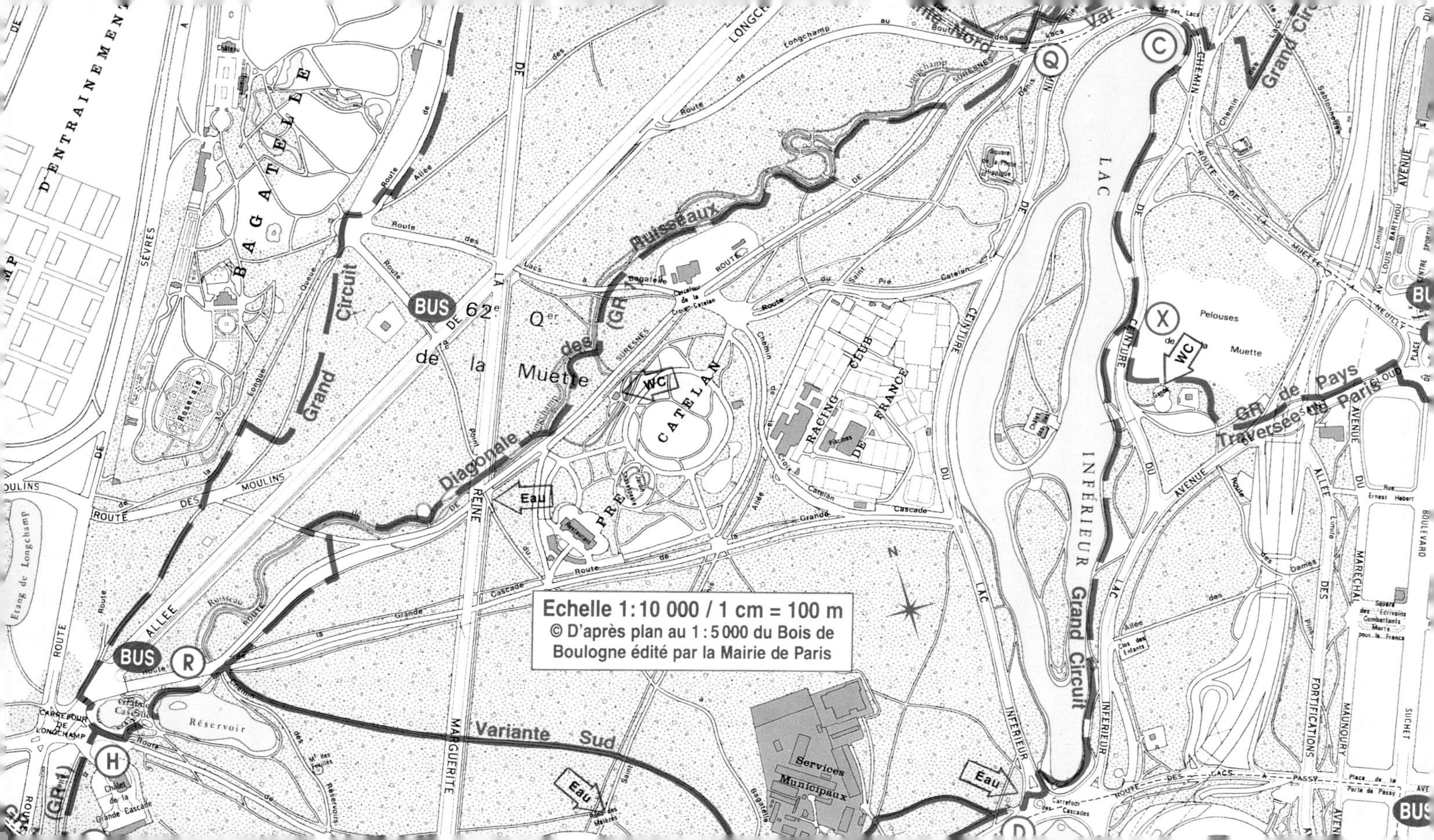

Echelle 1:10 000 / 1 cm = 100 m
© D'après plan au 1 : 5 000 du Bois de Boulogne édité par la Mairie de Paris
LAC INFÉRIEUR
Grand Circuit
GR de Pays
Traversée de Paris
Diagonale des 62e Qer de la Muette
Variante Sud
Ruisseaux (GR)
RACING CLUB DE FRANCE
PRE CATELAN
BAGATELLE
Roseraie
Services Municipaux
Réservoir
CARREFOUR DE LONGCHAMP
Etang de Longchamp
ROUTE DE SÈVRES
ALLÉE DE LA REINE MARGUERITE
BOULEVARD SUCHET
AVENUE DU MARÉCHAL MAUNOURY
ALLÉE DES FORTIFICATIONS
Pelouses de la Muette
CHEMIN DE CEINTURE DU LAC INFÉRIEUR
Jardin Shakespeare
Restaurant
Chalet de la Grande Cascade
WC
Eau
BUS

La variante Sud

Départ : carrefour des Cascades
Arrivée : Grande Cascade
Longueur : 1,5 km
Durée : 30 min
Balisage : jaune dans les deux sens de à ; puis jaune-bleu de à

Cet itinéraire permet de réaliser, étant combiné avec le Grand circuit ou la Diagonale des Ruisseaux, plusieurs mini-boucles.
Se reporter au plan page 146.

Du **carrefour des Cascades**, prendre en face, légèrement à droite, le sentier qui s'enfonce dans le sous-bois. Contourner ensuite les installations des services municipaux de la circonscription du Bois de Boulogne (à droite à la fourche).
Après la route du Point-du-Jour à Bagatelle *(piste cyclable)*, poursuivre dans un sous-bois agrémenté d'ifs variés. Croiser l'allée cavalière Saint-Denis, puis l'allée de la Reine-Marguerite pour aboutir enfin au carrefour de la route de la Grande-Cascade et de la route de Suresnes, devant le grand «réservoir», traité en lac paysagé. C'est ici le repère *(fin du balisage jaune).*

Jonction avec l'itinéraire de la Diagonale des Ruisseaux et du GR 1

- à droite (balisage bleu sur jaune) : vers le Nord (repère)

- à gauche (balisage jaune sur bleu) : vers le Sud (repère)

Longer le «réservoir» en suivant le *balisage jaune sur bleu,* pour aboutir à la **Grande Cascade**, et au repère situé en bas et après.

Jonction avec l'itinéraire du Grand circuit :

- à droite *(balisage jaune sur rouge)* vers le Nord (repères et).

- à gauche *(balisage rouge sur jaune)* vers le Sud (repères et).

Echelle 1:10 000 / 1 cm = 100 m
© D'après plan au 1:5000 du Bois de Boulogne édité par la Mairie de Paris
Grand Circuit
Variante Nord
Diagonale des Ruisseaux
(GR 1)
Accès
Eau
BUS
WC
63e Qer de la Porte Da
62e Qer de la Muette
Mare de Saint James
CERCLE DU BOIS DE BOULOGNE
Lac
LAC INFÉRIEUR
RACING CLUB DE FRANCE
CATELAN
JARDIN
Centre du Bois de Boulogne Hippique
Bowling de Paris
Jeu de Boules de Neuilly
Pavillon Royal
Carrefour du Bout des Lacs
Pelouses de Madrid
Square de la Photo
Restaurant
ALLÉE DE LONGCHAMP
ALLÉE DE LA REINE
AVENUE MAHATMA
BOULEVARD DU COMMANDANT CHARCOT
ROUTE DE LA MUETTE
CHEMIN DE CEINTURE DU LAC INFÉRIEUR
D'ENTRAINEMENT
WALLACE
A
C
J
K
P
Q
X

La Diagonale des Ruisseaux

Départ : carrefour de l'allée de Longchamp avec la route de la Porte Dauphine à la Porte des Sablons (repère A).
Arrivée : au Nord du carrefour de la Porte de Boulogne (repère F)
Longueur : 4,7 km
Durée : 1 h 15
Balisage : jaune sur bleu dans le sens de la description (bleu sur jaune en sens inverse)
Accès : métro Porte Maillot (ligne 1) ; RER C Neuilly - Porte-Maillot ; bus PC.
Autre accès : métro Boulogne Jean-Jaurès (ligne 10)

Attention ! les titinéraires d'accès sont balisés en *jaune* dans le sens du métro vers le Bois et en *rouge* du Bois vers le métro.

Accès au repère A à partir du métro Porte-Maillot
(balisage jaune dans ce sens).
C'est ici le point de départ du GR 1 Tour de l'Ile-de-France (balisé en blanc-rouge), qui est commun avec la Diagonale des ruisseaux jusqu'au repère G.
En venant de Paris, prendre la sortie «boulevard Gouvion-Saint-Cyr», continuer par l'escalator, puis, en haut, tourner deux fois à gauche pour emprunter l'escalier débouchant sur le terre-plein central de la place de la **Porte-Maillot.**

A Au Sud du carrefour de l'allée de Longchamp avec la route de la Porte Dauphine à la Porte des Sablons, suivre côté droit, c'est-à-dire en rive Ouest, le **ruisseau d'Armenonville** (chênes centenaires). Traverser la route de l'Etoile pour passer sur l'autre rive du ruisseau. *(On remarque deux platanes d'Orient dont un de 1884 et de 22 m de haut).*

Après la route Sablonneuse, puis la route de la Muette à Neuilly, passer derrière le **Pavillon Royal** (hêtre remarquable) pour arriver, au niveau d'une passerelle, devant un bosquet d'ifs et de séquoias, au repère P.

▶ A gauche (en remontant le ruisseau d'alimentation), jonction avec la variante Nord *(balisage jaune)* vers le carrefour du Bout-des-Lacs (repère C) : voir description page 175.

P La Diagonale franchit la passerelle sur le ruisseau d'Armenonville, pour prendre l'autre rive puis, tournant à gauche, traverse le ruisseau de Longchamp coulant en sens inverse. Arriver sur la route de Longchamp au Bout-des-Lacs, où se situe le repère Q.

▶ Jonction, à droite, avec la Variante Nord *(balisée en jaune)* vers la Porte de Madrid (repère J) : voir description page 175.

Echelle 1:10 000 / 1 cm = 100 m
© D'après plan au 1:5000 du Bois de Boulogne édité par la Mairie de Paris
Grand Circuit
Variante Nord
Diagonale des Ruisseaux (GR 1)
Accès
Eau
BUS
WC
Jardin d'Acclimatation
Bowling de Paris
Mare de Saint James
Cercle du Bois de Boulogne
Cercle de l'Etrier
Pelouses de Madrid
Allée de Longchamp
Allée de la Reine
Route de la Muette
Route des Lacs
Avenue du Mahatma
Boulevard du Commandant Charcot
Pavillon Royal
Carrefour du Bout des Lacs
Lac Inférieur
Chemin de Ceinture du Lac
Racing Club de France
Pré Catelan
Bagatelle
Square de la Piste Hippique
62e Qer de la Muette
63e Qer de la Porte Dauphine
Ile des Cèdres

La Diagonale traverse la route par le passage matérialisé. Emprunter l'allée Saint-Denis en vue du lac Inférieur, passer à gauche d'un grand cèdre et laisser peu après sur la gauche un curieux buste en bronze d'un cheval *(l'étalon Amiral, champion en 1963)*. Aussitôt après, obliquer à droite pour couper la route de Suresnes et rejoindre le ruisseau de Longchamp, puis le longer sur sa rive Est.

Au niveau d'une cascatelle sur rocaille et face à la pointe d'un îlot, on peut se diriger à gauche vers le Relais du Bois *(restaurant, boissons, attractions pour enfants)*.

Un peu plus loin, sur la gauche, le **carrefour de la Croix-Catelan** et sa croix commémorative.

La légende nous conte qu'ici fut assassiné Arnaud Catelan, jeune troubadour de la cour de Provence, émissaire de Béatrice de Savoie qui apportait à Philippe le Bel des herbes aromatiques et non pas de l'or comme l'avaient cru les soldats de l'escorte venue à sa rencontre. Mais le véritable Théophile Catelan connu de l'histoire était, lui, capitaine des chasses de Boulogne.

Poursuivant le long du ruisseau, on découvre, juste avant de traverser la route des Lacs à Bagatelle, six beaux platanes à feuille d'érable, dont le plus remarquable, daté de 1852, mesure 30 m de haut et 4,69 m de circonférence.

Plus loin, arriver à une bifurcation de ruisseaux.

Hors itinéraire : le pré Catelan

A la bifurcation, continuer tout droit en suivant la branche du ruisseau menant au parc du Pré-Catelan. Après la route de Suresnes, on trouve plus à gauche une entrée discrète du parc, d'où on voit un chalet.

Ce chalet est équipé de toilettes et comporte, affiché à l'extérieur, un texte historique sur les lieux.

Le pré Catelan - *dont l'entrée est gratuite* - est un beau jardin particulièrement soigné, et qui contient des arbres intéressants ; citons, entre autres, le hêtre pourpre de 1782, l'un des plus célèbres de France, 27 m de haut et 5,06 m de circonférence, dont la ramure couvre plus de 500 m² de gazon, un séquoia géant de Californie de 31 m de haut, et le curieux «arbre aux concombres» (magnolia acuminata des Etats-Unis). En 1953 a été aménagé le Jardin Shakespeare dont les plantations, groupées par thème, sont en relation directe avec les principales œuvres du dramaturge. (Pour le programme des représentations, s'adresser à la Direction des Parcs et Jardins).

A la bifurcation des ruisseaux, la Diagonale tourne à droite pour franchir la passerelle et continue à longer le ruisseau de Longchamp. A la passerelle suivante (face à l'entrée du restaurant *Le Pré Catelan*), passer sur l'autre rive pour longer la piste cyclable, traverser l'allée de la Reine-Marguerite *(borne-fontaine sous le bosquet d'ifs à gauche)*.

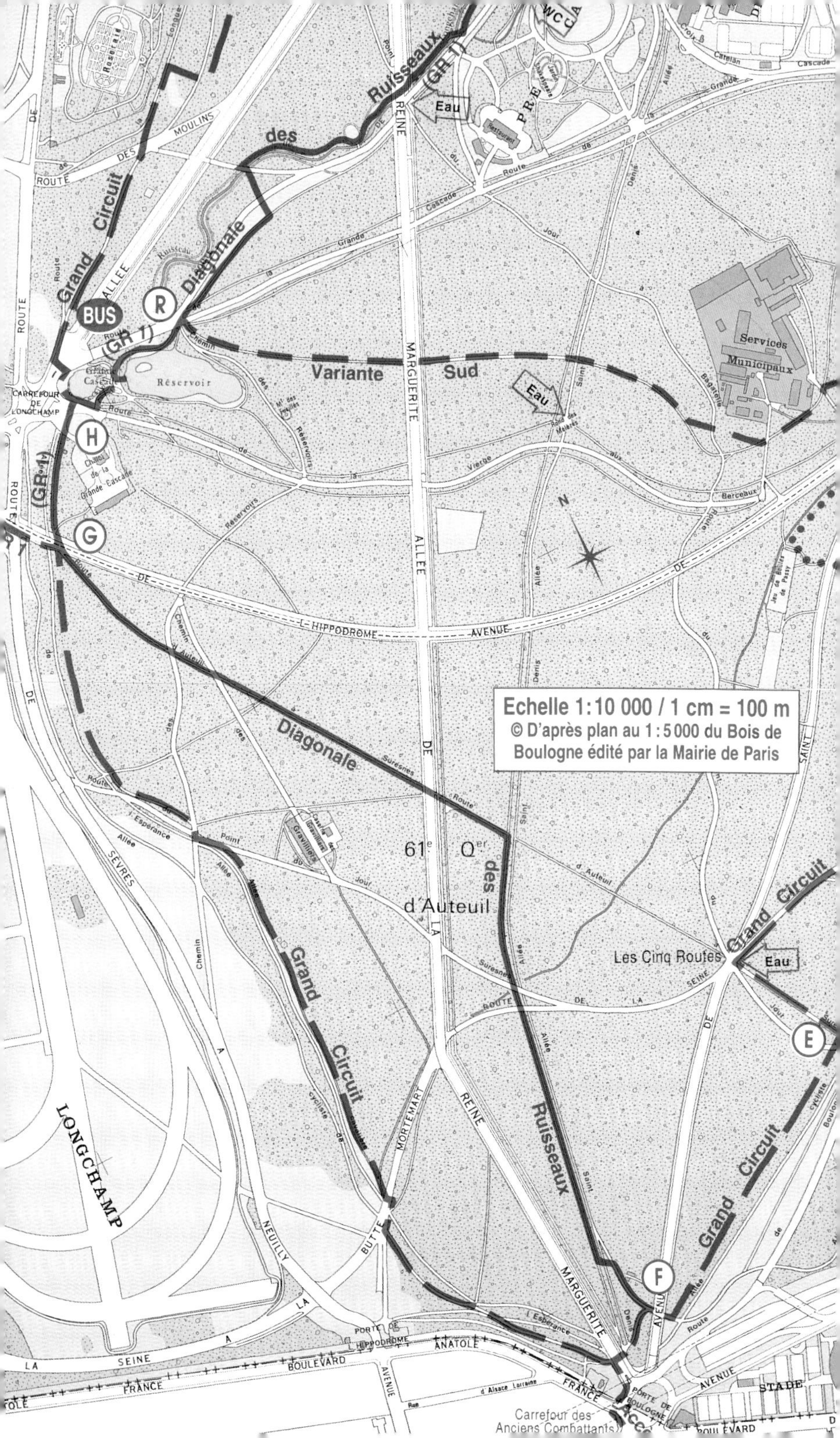

Echelle 1:10 000 / 1 cm = 100 m
© D'après plan au 1:5 000 du Bois de Boulogne édité par la Mairie de Paris
Ruisseaux
des
Diagonale
Grand Circuit
Variante Sud
Réservoir
Services Municipaux
Eau
BUS
R
H
G
F
E
(GR 1)
CARREFOUR DE LONGCHAMP
Les Cinq Routes
61e Qer d'Auteuil
LONGCHAMP
ROUTE DE L'HIPPODROME
AVENUE
ALLÉE DE LA REINE MARGUERITE
Carrefour des Anciens Combattants
PORTE DE BOULOGNE
PORTE DE L'HIPPODROME
BOULEVARD ANATOLE FRANCE
STADE

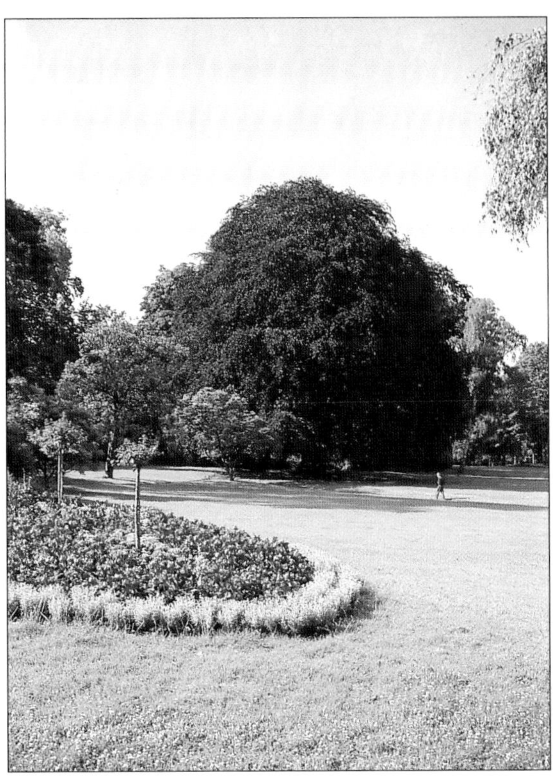

Le hêtre pourpre du Pré Catelan. *Photo Anne-Marie Minvielle.*

On descend en face en bas de la rocaille qui abrite une petite cascade.

En lieu se trouvait autrefois la mare aux Biches, seul point d'eau du bois avec la mare d'Auteuil. A signaler deux cyprès chauves au bord de l'eau.

L'itinéraire de la Diagonale continue encore à longer le ruisseau de Longchamp sur sa rive Ouest (remarquer un *séquoia*, suivi de cyprès chauves jumeaux avec leurs «pneumatophores», protubérances curieuses). Au troisième ponceau *(entre deux très grands peupliers)*, franchir le ruisseau à angle aigu, puis obliquer à droite pour aller traverser la route de Suresnes asphaltée. Emprunter alors sa contre-allée ; *à droite, réserve d'oiseaux avec poste d'observation (images, textes)*.
Continuer jusqu'au carrefour avec la route de la Grande-Cascade. (repère R).

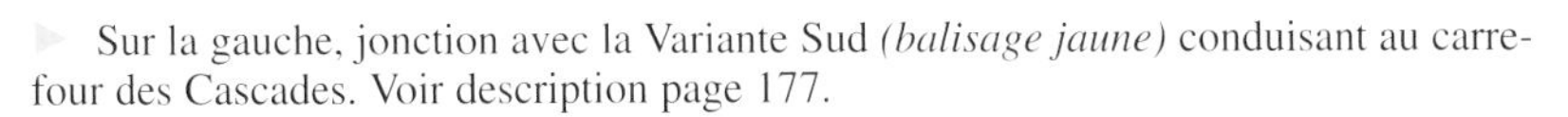

▶ Sur la gauche, jonction avec la Variante Sud *(balisage jaune)* conduisant au carrefour des Cascades. Voir description page 177.

R L'itinéraire de la Diagonale traverse la route de la Grande-Cascade et va longer la rive Nord du **Réservoir**, *petit lac ainsi appelé, car il sert de réservoir pour la Grande Cascade (le site est agrémenté de nombreux grands arbres, dont plusieurs sont centenaires)*.

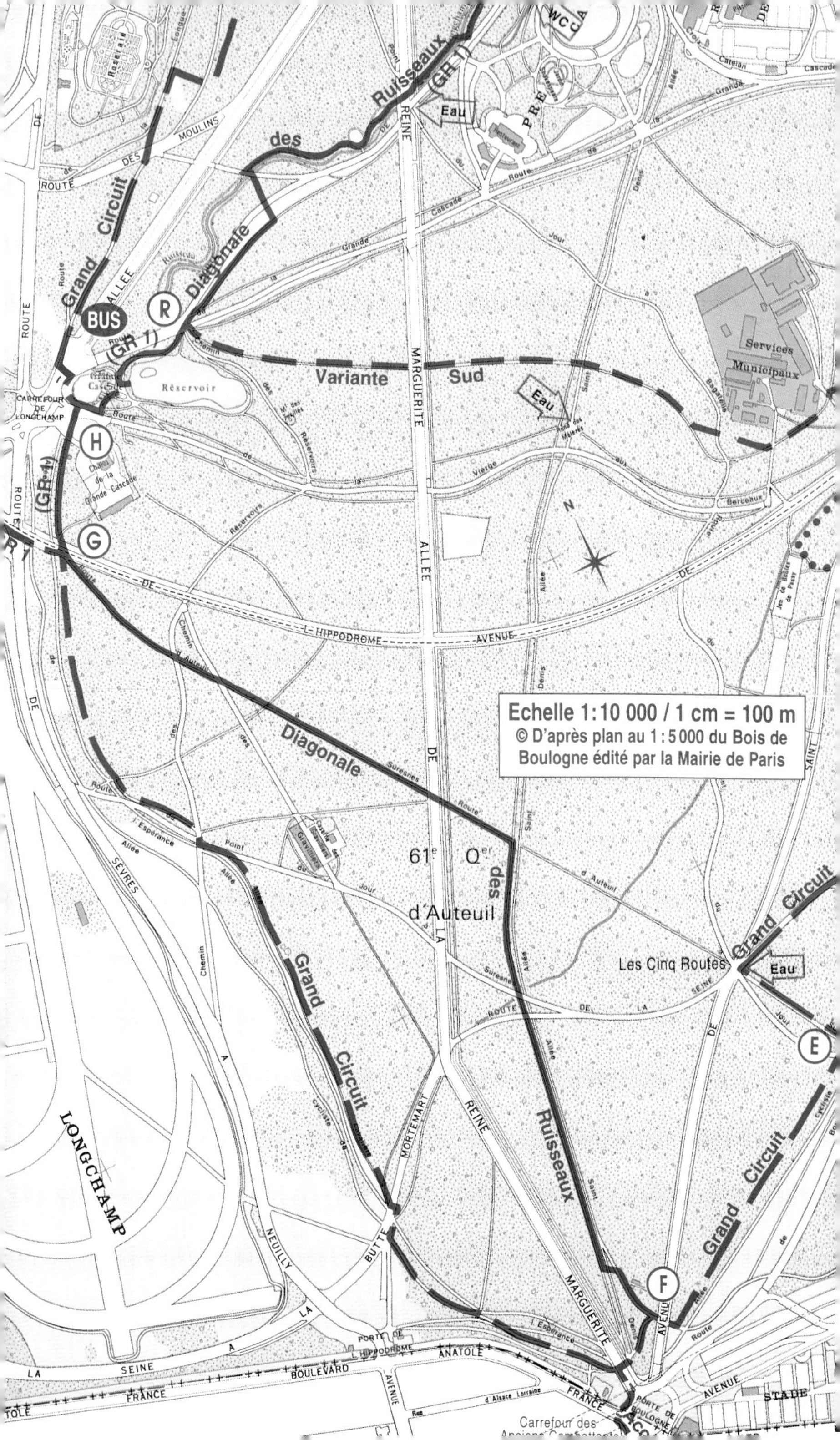
Echelle 1:10 000 / 1 cm = 100 m
© D'après plan au 1 : 5 000 du Bois de Boulogne édité par la Mairie de Paris
Ruisseaux des (GR 1)
Grand Circuit
Diagonale
Variante Sud
Réservoir
BUS
Eau
Services Municipaux
CARREFOUR DE LONGCHAMP
Chalet de la Grande Cascade
(GR 1)
ALLEE DE LA REINE MARGUERITE
ROUTE DE L'HIPPODROME
AVENUE
61e Qer d'Auteuil
Les Cinq Routes
LONGCHAMP
ROUTE DE SEVRES A NEUILLY
BOULEVARD ANATOLE FRANCE
PORTE DE BOULOGNE
STADE
Carrefour des Anciens Combattants

Par un itinéraire tortueux *(bien suivre le balisage)* permettant d'explorer les deux grottes artificielles de la **Grande Cascade** *(du 19e siècle)*, on débouche près d'un majestueux cèdre du Liban, de 1862, 30 m de haut, 4,25 m de circonférence. C'est le repère H **.**

En face, chalet de la «Grande Cascade» (restaurant-salon de thé).

A droite, en contournant le bassin, puis en traversant l'allée de Longchamp, on trouve le balisage jaune sur rouge du Grand circuit vers la Porte de Madrid (repère J).

Sur l'allée de Longchamp, arrêt du bus 244 pour la Porte Maillot.

De H à G, l'itinéraire de la Diagonale des Ruisseaux *(balisage jaune sur bleu)* est commun avec celui du Grand circuit *(rouge sur jaune)*.

H Tourner pour longer la pelouse et s'engager en sous-bois, à gauche de la route de l'Espérance (cavalière), dans un chemin qui débouche sur l'avenue de l'Hippodrome. Traverser cette dernière pour arriver au repère G **.**

On laisse en face le balisage rouge sur jaune du Grand circuit qui conduit vers le repère F *(variante possible du trajet de la Diagonale).*

Ici se sépare l'itinéraire du GR 1, qui part à droite vers le moulin de Longchamp, la Seine et Saint-Cloud (voir le topo-guide du *Tour de l'Ile-de-France*).

G L'itinéraire de la Diagonale prend légèrement à gauche un chemin dénommé route d'Auteuil à Suresnes qui croise successivement deux petites routes. Il traverse plus loin l'allée de la Reine-Marguerite et, peu après, tourne à droite sur l'allée piétonne parallèle à la route cavalière Saint-Denis. On sort enfin du sous-bois en débouchant sur une pelouse parsemée de jeunes cèdres, en vue du carrefour de la **Porte-de-Boulogne** alors que le balisage tourne à gauche vers F ; 50 m avant le rond-point, on coupe une piste cyclable empruntée par le Grand circuit.

A droite : le balisage *jaune sur rouge* du Grand circuit permet un retour vers la Grande Cascade (repère H)

De là, on peut rejoindre en **20 min** le métro **Boulogne - Jean-Jaurès**.
Du repère F, suivre tout droit le balisage *jaune-rouge* jusqu'au carrefour avec l'allée de la Reine-Marguerite, puis le balisage *rouge* qui contourne le carrefour des Anciens-Combattants et prend ensuite les rues Gambetta, puis Fessart et du Château jusqu'au métro *(tracé en tirets sur la carte).*

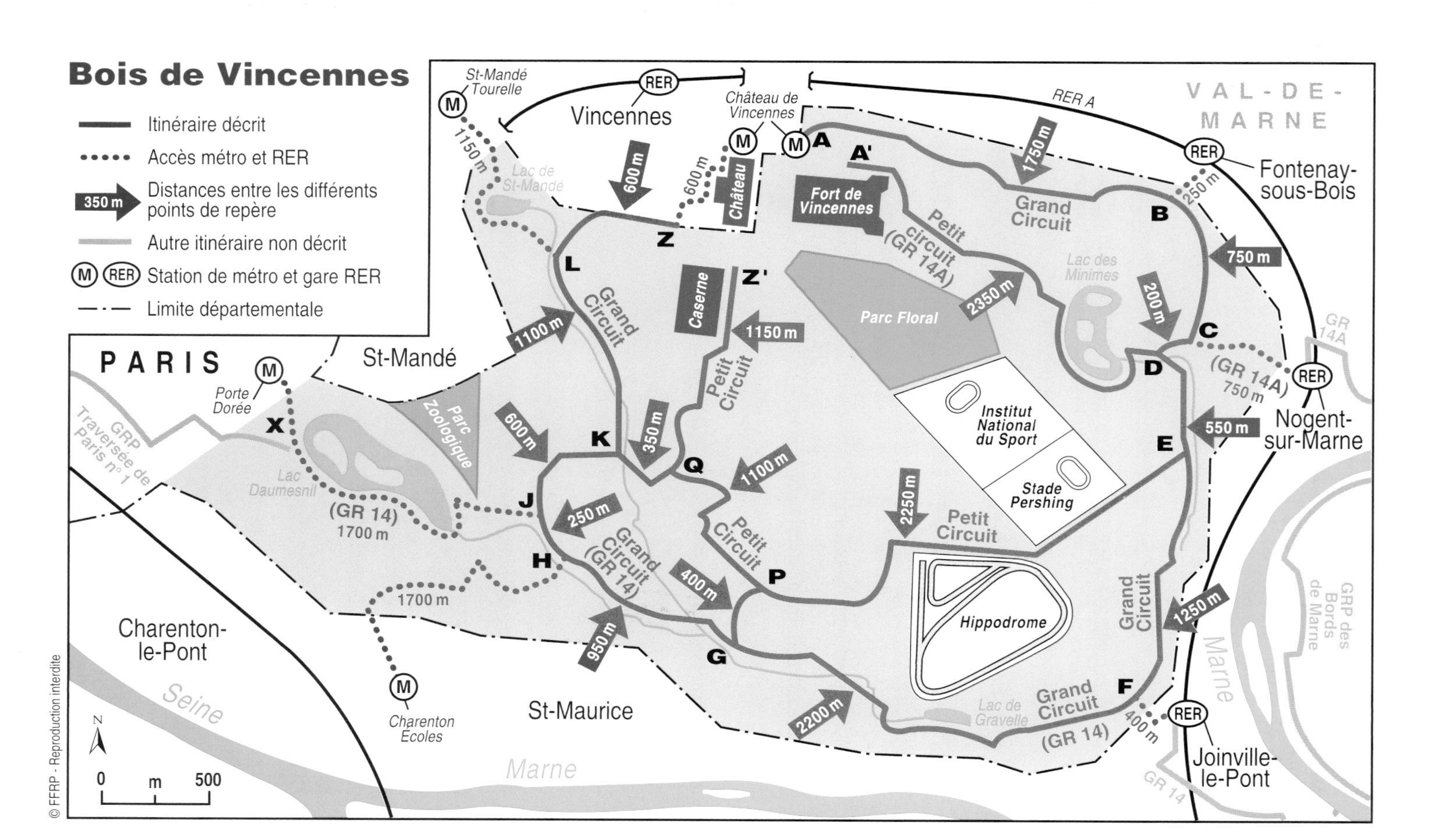
Bois de Vincennes
Itinéraire décrit
Accès métro et RER
350 m
Distances entre les différents points de repère
Autre itinéraire non décrit
M RER Station de métro et gare RER
Limite départementale
PARIS
St-Mandé
Vincennes
VAL-DE-MARNE
Fontenay-sous-Bois
Nogent-sur-Marne
Joinville-le-Pont
Charenton-le-Pont
St-Maurice
St-Mandé Tourelle
Château de Vincennes
Porte Dorée
Charenton Écoles
RER A
Fort de Vincennes
Château
Caserne
Parc Floral
Parc Zoologique
Institut National du Sport
Stade Pershing
Hippodrome
Lac de St-Mandé
Lac des Minimes
Lac Daumesnil
Lac de Gravelle
Grand Circuit
Petit circuit (GR 14A)
Petit Circuit
Grand Circuit (GR 14)
GRP des Bords de Marne
GRP Traversée de Paris n° 1
Marne
Seine
GR 14A
GR 14
1150 m
600 m
1750 m
750 m
250 m
2350 m
200 m
(GR 14A) 750 m
550 m
1100 m
1150 m
350 m
2250 m
250 m
400 m
950 m
2200 m
1250 m
400 m
(GR 14) 1700 m
1700 m
0 m 500
N

Le Bois de Vincennes

Une forêt royale qui existait déjà au 9e siècle («Vilcena») ; un projet grandiose conçu sous Louis XV, non réalisé mais repris et exécuté en 1980-85 : l'allée Royale et ses abords ...

Origine et évolution

Le nom même de «Vincennes» est, dès l'origine la plus lointaine connue, celui qui désignait le massif : c'était la forêt de *Vilcena* (paroisse de Fontenay), mentionnée au 9e siècle dans un titre de l'abbaye de Saint-Maur dont elle était une dépendance. Ce n'est que plus tard que ce nom deviendra celui du château, puis du village voisin, autrefois hameau de la Pissotte.

Devenue rapidement propriété royale, cette forêt connut des fortunes diverses, liées notamment au rôle important que joua longtemps dans l'histoire le château créé dès 1183 (simple manoir au départ) par Philippe-Auguste. Le modeste rendez-vous de chasse d'origine devint une véritable forteresse en 1370 avec l'achèvement du donjon et de l'enceinte balisée de hautes tours. Résidence royale de 1465 à 1668, l'imposant château vit la naissance d'un roi et la mort de quatre autres. Dès le milieu du 16e siècle, les souverains commencent à s'intéresser à Fontainebleau et au val de Loire. Un ambitieux projet d'aménagement du parc, dû à Mazarin, alors gouverneur de Vincennes, avorte avec la mort de ce dernier en 1661 : c'est désormais Versailles que choisit Louis XIV. Vincennes deviendra pour longtemps prison d'Etat et connaîtra certaines évasions célèbres (citons le grand Condé, Latude, Diderot, Mirabeau). Sous le Premier Empire, l'ensemble fut négligé, abandonné, défiguré par des aménagements utilitaires malheureux, et c'est seulement depuis 1925 que la réhabilitation et la remise en état d'origine de toutes les constructions ont été entreprises. Le château de Vincennes est désormais conforme à ce qu'il fut à son apogée.

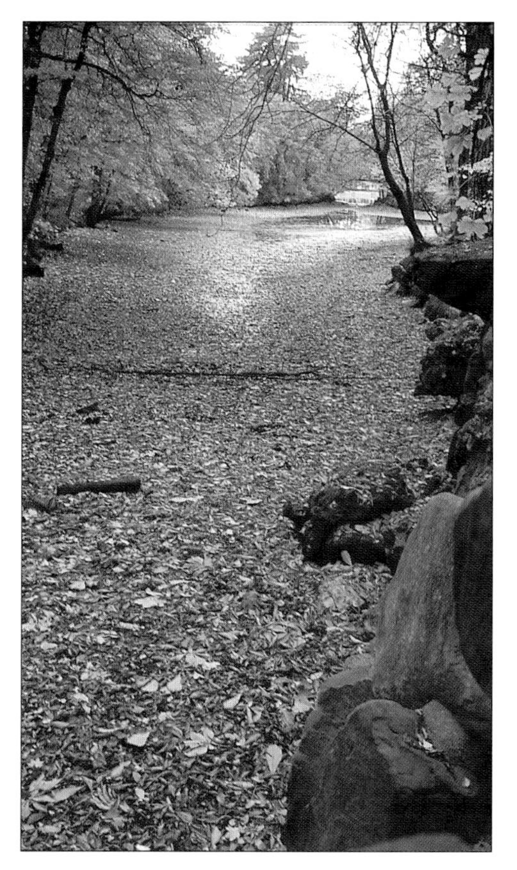

Le lac des Minimes en automne.
Photo Patrice Hémond.

Document fourni par Anne-Marie Minvielle.

La forêt fut naturellement une chasse royale soigneusement entretenue, qui, malgré la présence des épaisses murailles élevées par Philippe-Auguste, s'ouvrit au public sous Louis XV. Les heures sombres coïncidèrent avec les guerres et les famines, notamment sous la Révolution (pillage et destruction du gibier) et en 1871. Ce sont surtout les atteintes à son intégrité pour raisons d'ordre militaire que connut progressivement le malheureux Bois de Vincennes jusqu'à la fin du 19e siècle : dès 1794, création d'un polygone d'artillerie, puis sous Napoléon Ier, des champs de tir, en 1840 création du Fort Neuf et des redoutes de la Faisanderie (disparue) et de Gravelle (actuelle Ecole nationale de police), en 1843 défrichement de 166 hectares pour création d'un champ de manœuvres, soit au total plus de la moitié de la forêt ! Il faut y ajouter un nouveau champ de tir en 1855, la Cartoucherie en 1874, un établissement d'artillerie en 1881 et enfin le quartier de cavalerie Carnot (garde républicaine) en 1890.

Pour réparer de tels dégâts, furent entreprises de grandes campagnes de reboisement, telles celle de 1475 (trois mille chênes plantés par Olivier le Daim sur ordre de Louis XI), et le reboisement complet accompagné d'un réaménagement décidés par Louis XV et exécutés par le grand maître des eaux et forêts, Alexandre Lefebvre de la Faluère, avec avenues rectilignes se recoupant en des ronds-points. Mais la vocation définitive de grand parc aménagé à l'anglaise du Bois de Vincennes est décidée par Napoléon III, qui en confie l'exécution à Alphand, comme pour le bois de Boulogne. De cette époque datent les chemins sinueux si propices à la promenade, les belles pelouses, les lacs et rivières. C'est enfin en 1860 qu'un sénatus-consulte rend la Ville de Paris propriétaire du domaine, et c'est cette dernière qui achève les travaux avec la butte de Gravelle et le lac Dausmesnil.

Maintenant, l'autorité militaire a libéré la totalité des terrains qu'elle utilisait (ne subsistent que deux constructions : le Fort Neuf et le quartier Carnot). La superficie couverte est de 995 hectares et le boisement de 140 000 arbres (de taille forestière : au moins 55 cm de circonférence à 1 m du sol) et 230 000 arbustes. La Direction des Parcs, Jardins et Espaces verts mène à bien une grande campagne de réhabilitation, crée l'allée Royale (longueur 1 360 m, 36 700 arbres) et ses abords déjà envisagée sous Louis XV, et veille à doter le bois de tous les équipements sportifs et de plein-air que peut souhaiter le public, tel le nouveau réseau de cheminements pédestres.

Le système des ruisseaux, lacs et pièces d'eau

Comme le bois de Boulogne, le Bois de Vincennes ne comportait autrefois aucun point d'eau, hormis l'étang de Saint-Mandé situé en son lieu le plus bas. Cela explique que le projet d'y créer des cours d'eau artificiels ait été conçu dès Louis XIV. Le système actuel, réalisé en 1857-1860, repose sur un réservoir unique situé à la cote 60 m et alimenté par pompage des eaux de la Marne qui coule 40 m plus bas : on l'appelle le lac de Gravelle. Il s'en échappe un ruisseau qui part vers l'Ouest et se divise en deux branches : l'une va rejoindre le lac Daumesnil, l'autre se détache au niveau de l'allée Royale et s'infléchit vers le nord pour aller alimenter le lac de Saint-Mandé à la cote 44 m.

Un autre cours d'eau, au parcours souvent souterrain (par conduites), part vers le Nord-Est, réapparaît au carrefour de Beauté, d'où il va se jeter en cascade dans le lac des Minimes. De là, il alimente successivement le Parc Floral, puis la pièce d'eau du square Carnot, et continue en ruisseau Est-Ouest pour rejoindre celui qui se jette dans le lac de Saint-Mandé.

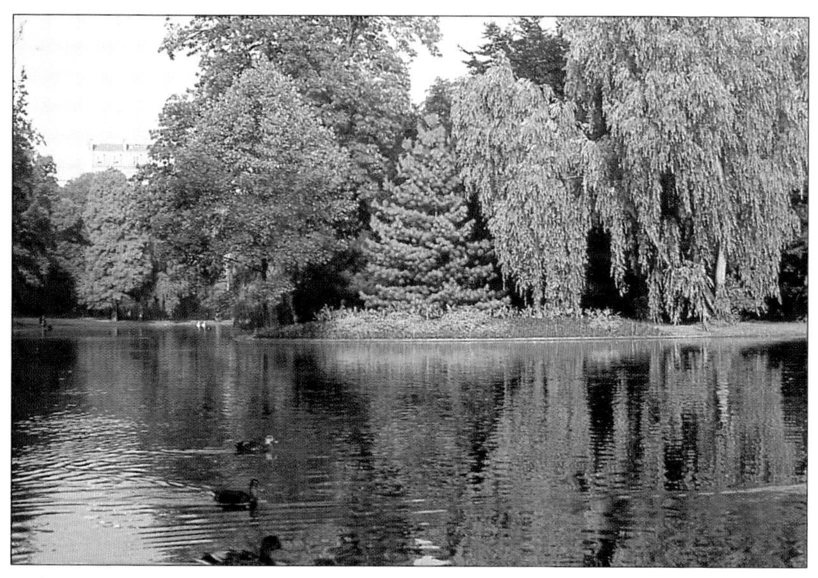

Le lac de Saint-Mandé et son île. *Photo DPJEV.*

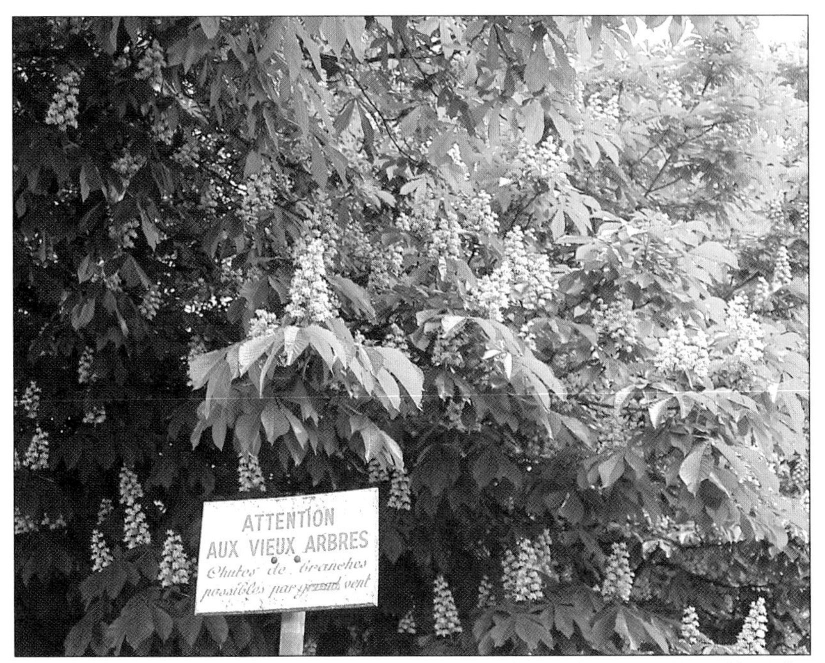

Marronnier d'Inde en fleurs. *Photo Anne-Marie Minvielle.*

Les essences forestières

Si, autrefois, le chêne rouvre était l'espèce la plus répandue, on trouvait aussi dans la forêt des essences telles que le charme et l'alisier et le massif s'enrichit progressivement de chênes verts, hêtres, ormes, noisetiers, merisiers, ifs... On y introduisit au 18e siècle des platanes et marronniers, notamment en alignement, et après 1860 des arbres champêtres ou ornementaux : bouleaux, sycomores, peupliers d'Italie et saules pleureurs...

A une époque plus récente qu'au bois de Boulogne (vers 1860) a été également expérimenté un établissement de sériciculture près de la redoute de la Faisanderie, qui resta sans lendemain. Mais les ailantes plantés sur le coteau de Gravelle pour nourrir les vers à soie, qui drageonnent volontiers, se sont depuis répandus dans le bois.

Actuellement, les proportions approximatives des diverses essences sont les suivantes : 29-30 % : chênes (rouvre, pédonculé, rouge d'Amérique, chêne vert à Gravelle) ; 10-11 % : hêtres ; 10-11 % : érables ; 9-10 % : robiniers faux acacias ; 8-10 % : pins (Laricio, pin noir d'Autriche, pin sylvestre) ; 9 % : marronniers ; divers : noyer noir d'Amérique, cèdre ; pour les oiseaux : alisier, sorbier, merisier. L'orme, comme partout, est en voie de disparition.

Les oiseaux

Rouge-queue à front blanc. *Photo Vincent Munier.*

Le Bois de Vincennes, plus étendu et peut-être plus «sauvage» que celui de Boulogne, en diffère surtout par sa grande plaine non boisée. Aux oiseaux habituels du bois proprement dit, on peut ajouter ceux qui préfèrent les plaines herbeuses parsemées de quelques arbres ou arbustes.

C'est là que se tiennent les alouettes des champs qui nichent régulièrement. C'est en marge du bois que s'observe le bruant-zizi. Le pic-vert qui va souvent au sol rechercher des insectes y est fréquent. Le faucon crécerelle qui niche au château de Vincennes y chasse les moineaux. En hiver, il y a des troupes de moineaux friquets, mélangés à des verdiers, pinsons et serins cini, de plusieurs centaines de becs.

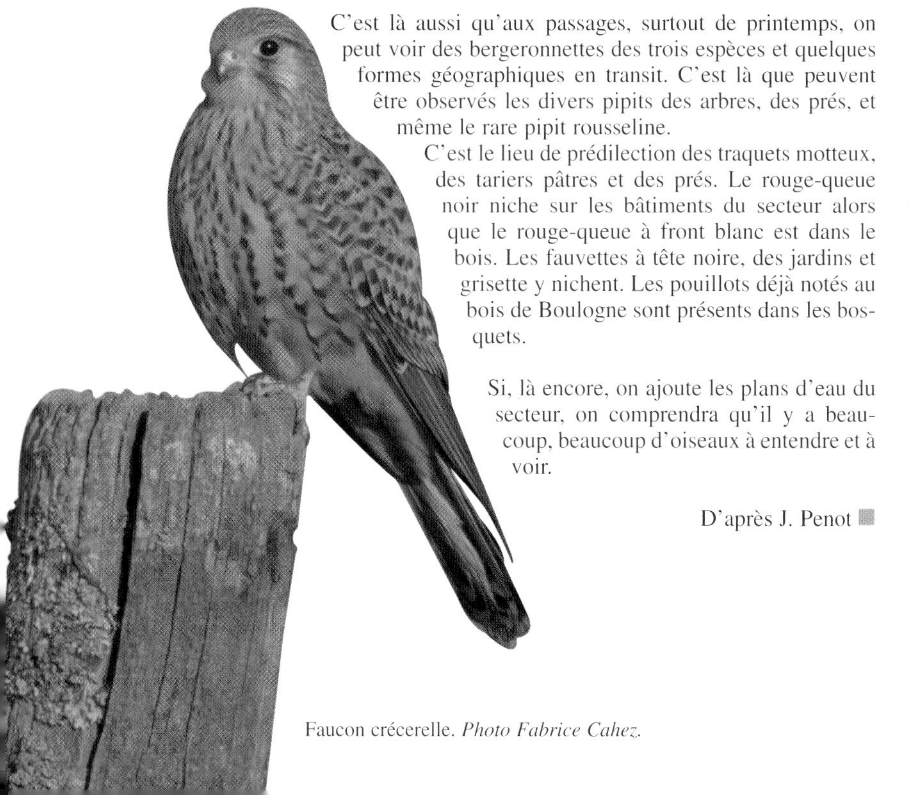

C'est là aussi qu'aux passages, surtout de printemps, on peut voir des bergeronnettes des trois espèces et quelques formes géographiques en transit. C'est là que peuvent être observés les divers pipits des arbres, des prés, et même le rare pipit rousseline.

C'est le lieu de prédilection des traquets motteux, des tariers pâtres et des prés. Le rouge-queue noir niche sur les bâtiments du secteur alors que le rouge-queue à front blanc est dans le bois. Les fauvettes à tête noire, des jardins et grisette y nichent. Les pouillots déjà notés au bois de Boulogne sont présents dans les bosquets.

Si, là encore, on ajoute les plans d'eau du secteur, on comprendra qu'il y a beaucoup, beaucoup d'oiseaux à entendre et à voir.

D'après J. Penot

Faucon crécerelle. *Photo Fabrice Cahez.*

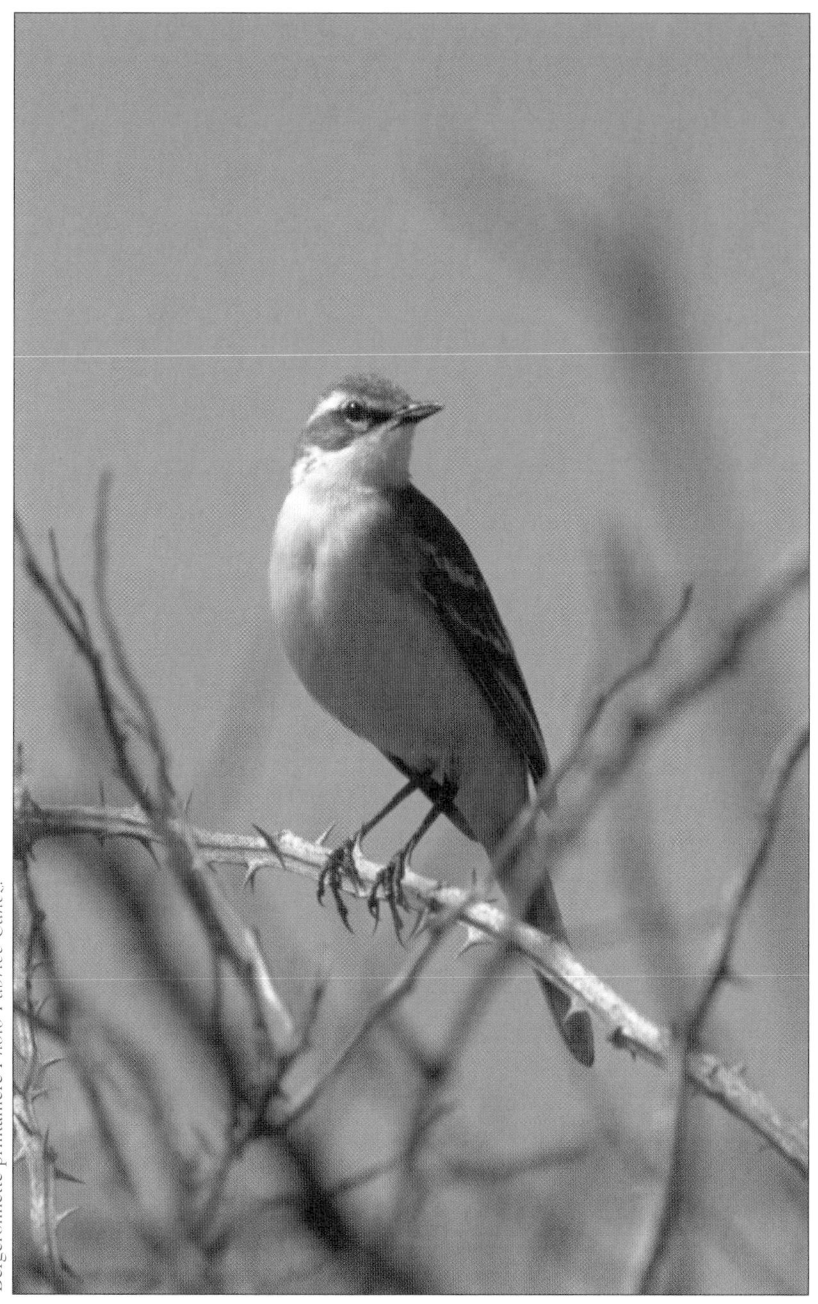

Bergeronnette printanière *Photo Fabrice Cahez.*

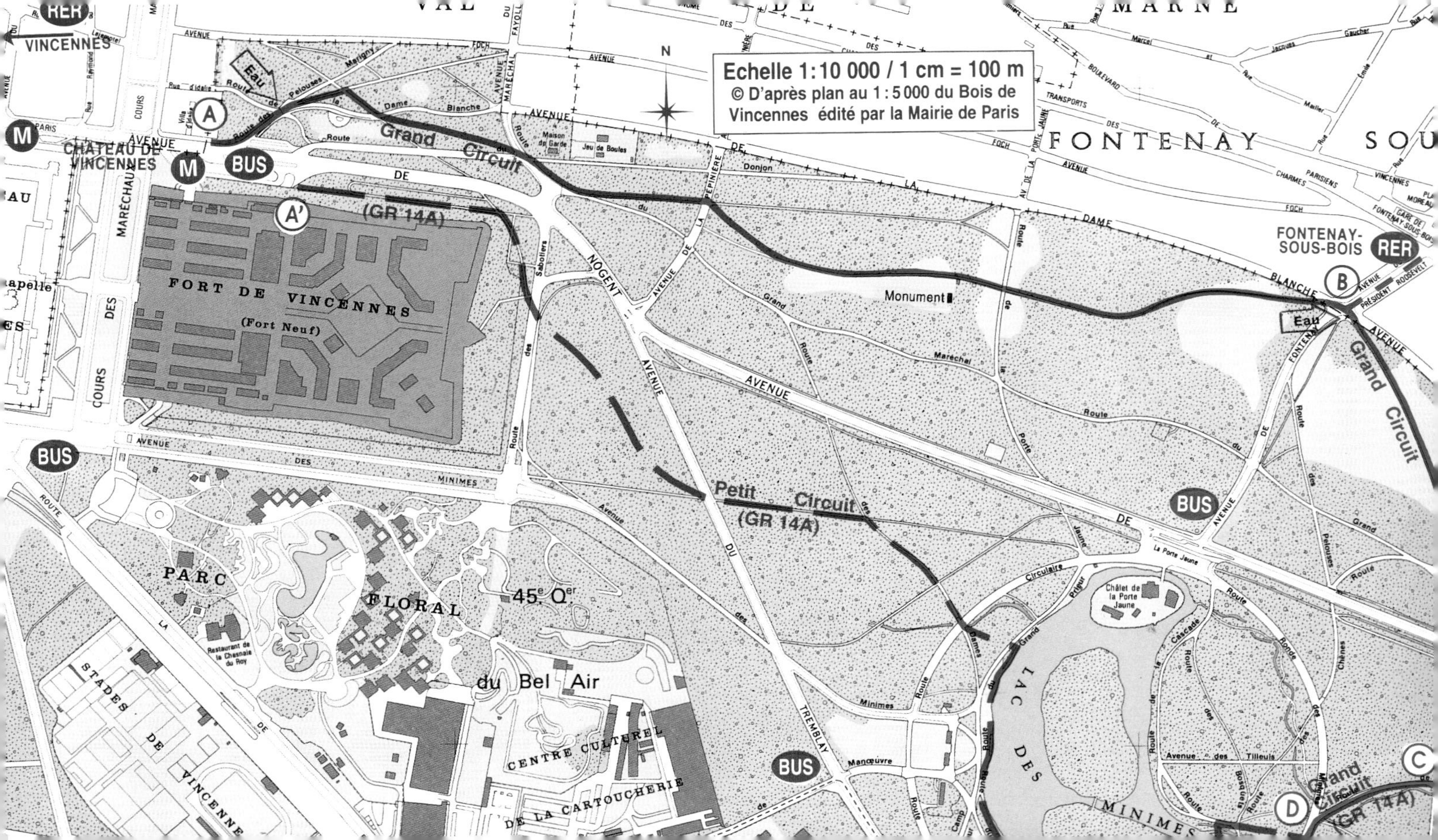

Echelle 1:10 000 / 1 cm = 100 m
© D'après plan au 1 : 5000 du Bois de Vincennes édité par la Mairie de Paris
N
FONTENAY
VINCENNES
CHATEAU DE VINCENNES
FONTENAY-SOUS-BOIS
RER
BUS
Grand Circuit
Petit Circuit (GR 14A)
(GR 14A)
FORT DE VINCENNES (Fort Neuf)
Monument
PARC FLORAL
45e Qer
du Bel Air
CENTRE CULTUREL DE LA CARTOUCHERIE
STADES DE VINCENNE
LAC DES MINIMES
Châlet de la Porte Jaune
Restaurant de la Chesnaie du Roy
Jeu de Boules
Maison du Garde
Eau
AVENUE DE NOGENT
AVENUE DU TREMBLAY
AVENUE DES MINIMES
COURS DES MARÉCHAUX
AVENUE DE LA DAME BLANCHE
AVENUE FOCH
AVENUE DE FONTENAY
AVENUE DU PRÉSIDENT ROOSEVELT
ROUTE DE LA PÉPINIÈRE
La Porte Jaune
Route Circulaire
Avenue des Tilleuls
A
A'
B
C
D

Le Grand circuit

Départ et arrivée : métro Château de Vincennes
Longueur : 11 km
Durée : 3 h
Balisage : jaune-rouge dans le sens de la description ; rouge-jaune dans le sens inverse.

Accès : métro Château de Vincennes (ligne 1) ;
RER A Vincennes

Autres accès possibles :
- RER A Fontenay-sous-Bois : sortir sur la place ;
- RER A Nogent : sortir du côté «Avenue des Marronniers» ;
- RER A Joinville-le-Pont : sortir du côté «Avenue des Canadiens» ;
- métro Charenton-Ecoles (ligne 8): prendre, en tête, la sortie «Rue de la République» ;
- métro Porte Dorée (ligne 8) : prendre, en queue, la sortie «Porte Dorée», puis à droite «Parc zoologique» ;
- métro Saint-Mandé-Tourelle (ligne 1) : prendre, en queue, la sortie «Place du Général-Leclerc», puis «rue de la République».

Attention ! Les itinéraires d'accès sont balisés en *jaune* dans le sens du métro (ou RER) vers le Bois et en *rouge* dans le sens du Bois vers le métro ou le RER.

Itinéraire d'accès au circuit à partir du RER Vincennes (850 m - 20 min) *(non balisé) :*
En sortant du RER, tourner à droite sur la place Sémard, puis continuer tout droit dans la rue du Midi jusqu'à la place Maréchal-Leclerc. Emprunter à droite le cours Marigny qu'on traverse pour tourner dans la dernière rue à gauche : la rue d'Idalie, puis, en prenant à droite le long de la clôture, on rejoint le repère (A).

Itinéraire d'accès au circuit à partir du métro Château de Vincennes
Au métro **Château-de-Vincennes,** sortir en tête et prendre le couloir à droite pour «Bois de Vincennes», puis s'engager à gauche dans la sortie «avenue de Nogent, numéros impairs», enfin à droite en suivant l'indication «Bois de Vincennes» («sortie 6»). On débouche sur le repère (A), départ du Grand circuit.

(A) Obliquer à gauche route des Pelouses-Marigny (*au carrefour suivant, borne-fontaine*) et continuer par un chemin bitumé à gauche de la route de la Dame-Blanche (*à gauche, kiosque d'époque à tuiles de bois*) ; la quitter à 100 m pour emprunter à droite une allée de marronniers qui recoupe la route de la Dame-Blanche, obliquer ensuite à gauche (*manège*).

FONTENAY-SOUS-BOIS
RER
Accès
Eau
Monument
Grand Circuit
B
C
D
E
BUS
La Porte Jaune
Châlet de la Porte Jaune
LAC DES MINIMES
Cascade
Chêne
(GR 14A)
Petit Circuit
Avenue des Tilleuls
INSTITUT NATIONAL D'AGRONOMIE TROPICALE
Collège de France
Jeu de Boules de Nogent
NOGENT-SUR-MARNE
NOGENT SUR MARNE
STADE PERSHING
Pépinière Municipale
Plaine de Jeux de Mortemart
Carrefour de Beauté
Route du Bosquet Mortemart
AVENUE DES MERISIERS
AVENUE DE LA BELLE GABRIELLE
AVENUE DE NOGENT
Echelle 1:10 000 / 1 cm = 100 m
© D'après plan au 1 : 5000 du Bois de Vincennes édité par la Mairie de Paris

Arrivé au carrefour des routes du Donjon et du Grand-Maréchal, longer cette dernière à droite sur 100 m, puis s'engager à gauche (Est) sur un chemin parallèle à la route du Donjon.

Juste après l'avenue de la Pépinière, s'engager sur le sentier de droite. Laisser sur la droite une série de pelouses et dépasser un monument massif dédié à Beethoven. Croiser la route de la Porte-Jaune ; plus loin, le chemin oblique progressivement à gauche en vue des maisons de Fontenay-sous-Bois. Atteindre, en lisière du bois, le carrefour marquant le repère (B) **.**

▶ On peut, en suivant à gauche un balisage *rouge*, gagner en **5 min** la station **RER de Fontenay-sous-Bois** *(voir tracé en tirets sur la carte).* Balisage jaune du RER vers le bois.

(B) L'itinéraire du Grand circuit traverse l'avenue de Fontenay *(borne-fontaine)*, puis s'engage à droite, en s'écartant de l'avenue de la Belle-Gabrielle, sur une sente bordée de vieux platanes pour retrouver le sous-bois. Plus loin, traverser l'avenue de Nogent ou N 34. ***(Attention ! circulation intense).*** Poursuivre en face sous les frondaisons jusqu'à la route de la Ménagerie, où se trouve le repère (C) **.**

▶ Sur la gauche, on peut rejoindre, en suivant un balisage *rouge*, le RER **Nogent-sur-Marne**. *Balisage jaune du RER vers le bois.*

▶ Point de jonction avec le sentier GR 14 A, Sentier de la Marne, *balisé en blanc et rouge* : voir topo-guide PR *Le Val-de-Marne.*

Ruisseau dans le Bois de Vincennes. *Photo Anne-Marie Minvielle.*

FONTENAY-SOUS-BOIS
RER
Accès
Eau
Monument
Grand Circuit
BUS
La Porte Jaune
Châlet de la Porte Jaune
LAC DES MINIMES
Cascade
Chêne
Avenue des Tilleuls
(GR 14A)
Petit Circuit
INSTITUT NATIONAL D'AGRONOMIE TROPICALE
Collège de France
NOGENT-SUR-MARNE
NOGENT SUR MARNE
STADE PERSHING
Pépinière Municipale
Plaine de Jeux de Mortemart
Carrefour de Beauté
Echelle 1:10 000 / 1 cm = 100 m
© D'après plan au 1 : 5000 du Bois de Vincennes édité par la Mairie de Paris

(C) L'itinéraire du Grand circuit et le GR 14 A suivent à droite le ruisseau jusqu'à la route Circulaire (héritage de l'ancienne abbaye des Minimes) qu'ils empruntent à gauche jusqu'au second ruisseau à 50 m. C'est le repère (D).

Hors itinéraire : par la route Circulaire à droite, on peut gagner la Porte Jaune (arrêt du bus 313 pour le Château de Vincennes).

▶ A droite, *balisage bleu sur jaune* du Petit Circuit vers (A') (Château de Vincennes), et GR 14 A.

▶ Entre les repères (D) et (E), les itinéraires du Grand circuit *(balisage jaune sur rouge)* et du Petit Circuit *(balisage jaune sur bleu)* sont communs.

(D) Les deux itinéraires suivent à gauche le second ruisseau sur sa rive Sud (ce cours d'eau artificiel, qui se jette dans le lac des Minimes, est alimenté par le lac de Gravelle, réservoir commun aux deux ruisseaux Sud-Nord et Est-Ouest).

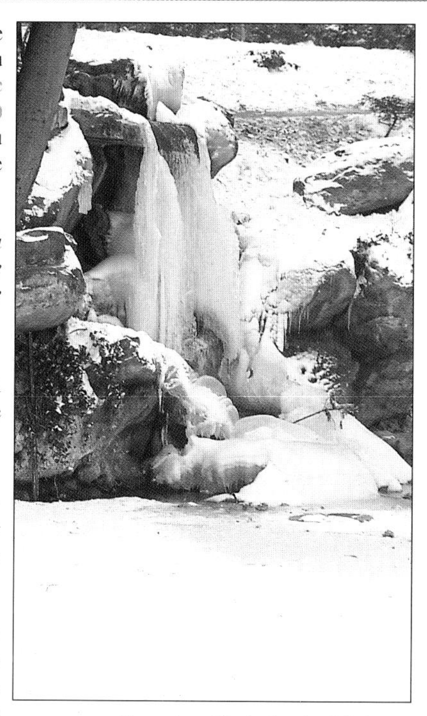

Cascade gelée du lac des Minimes.
Photo Patrice Hémond.

Longer l'enceinte de l'ex-IRAT (Institut de recherches agronomiques tropicales). Croiser successivement la route des Merisiers et la route de la Cascade et arriver au repère (E).

▶ A droite, le Petit circuit *balisé en jaune sur bleu* part en direction du repère (P) et de l'allée Royale.

Sur ce Petit circuit, à 250 m de (E), autobus 112 pour le Château de Vincennes (services peu fréquents).

(E) L'itinéraire du Grand circuit *(jaune sur rouge)* continue à longer le ruisseau jusqu'à l'avenue du Tremblay ou N 4 A *(bus 112 pour le Château de Vincennes peu fréquent)*, à proximité du **carrefour de Beauté.**

Le nom de ce carrefour fait allusion au château de Beauté, bâti par Charles V au 14e siècle au bord du plateau et où il mourut en 1380, château que fréquenta Agnès Sorel, favorite de Charles VII, d'où son surnom de dame de Beauté. Ce nom se retrouve à l'île de Beauté, située dans la Marne, mais aujourd'hui rattachée à la rive droite.

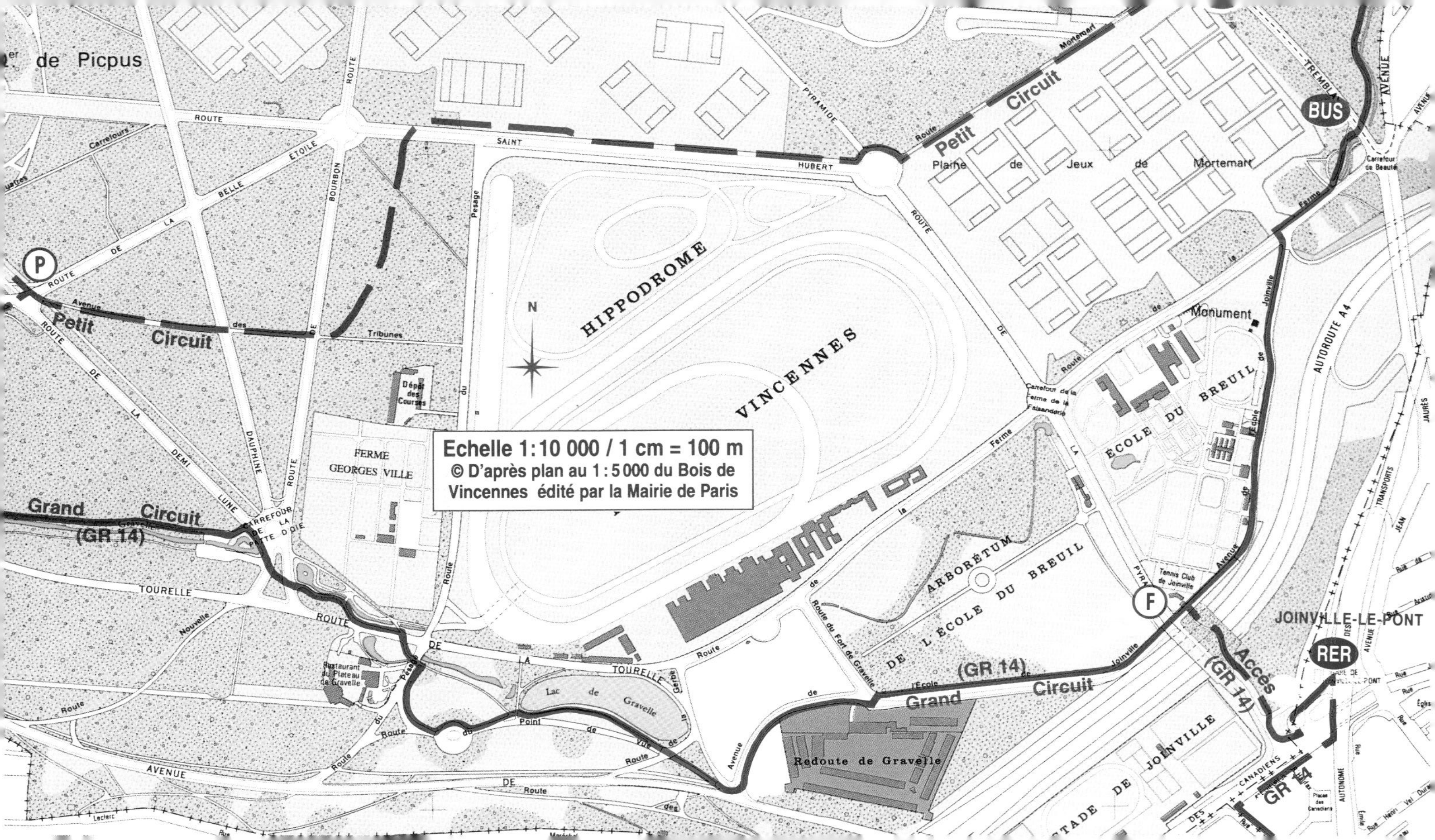
Echelle 1:10 000 / 1 cm = 100 m
© D'après plan au 1:5000 du Bois de Vincennes édité par la Mairie de Paris
HIPPODROME
VINCENNES
Petit Circuit
Grand Circuit (GR 14)
Accès (GR 14)
GR 14
BUS
RER
JOINVILLE-LE-PONT
Plaine de Jeux de Mortemart
de Picpus
FERME GEORGES VILLE
Dépôt des Courses
ÉCOLE DU BREUIL
ARBORÉTUM DE L'ÉCOLE DU BREUIL
Tennis Club de Joinville
Redoute de Gravelle
Lac de Gravelle
Restaurant du Plateau de Gravelle
STADE DE JOINVILLE
Monument
Carrefour de la Ferme de la Faisanderie
CARREFOUR DE LA PATTE D'OIE
Carrefour de Beauté
AUTOROUTE A4
ROUTE SAINT HUBERT
ROUTE DE LA PYRAMIDE
ROUTE DE LA TOURELLE
ROUTE DE BOURBON
ROUTE DE LA BELLE ETOILE
ROUTE DE LA DEMI LUNE
ROUTE DAUPHINE
Avenue des Tribunes
Route du Pesage
Route de la Ferme
Avenue de Joinville
Route du Fort de Gravelle
Route du Point de Vue
Avenue de Gravelle
AVENUE DES CANADIENS
AVENUE JEAN JAURÈS
TRANSPORTS
AUTONOME
Place des Canadiens

L'itinéraire du Grand Circuit traverse l'avenue du Tremblay et poursuit le long du ruisseau *(borne-fontaine)* garni de nénuphars, jusqu'à la route de la Ferme ; longer sur 100 m la piste cavalière, puis traverser pour prendre en face une ancienne route carrossable déclassée, nommée avenue de l'Ecole-de-Joinville. On longe alors la clôture de l'école **Du Breuil.**

Sur vingt-cinq hectares, soit la plus importante superficie en France consacrée à l'enseignement des techniques du paysage, s'étend ce jardin-école d'arboriculture de la Ville de Paris créé en 1867 par le baron Haussmann, et installé alors à la Porte Daumesnil. Il en fut chassé par l'Exposition coloniale de 1931. Ici était auparavant la ferme impériale de la Faisanderie, dont les bâtiments actuels datent ainsi de l'impératrice Eugénie.

A l'emplacement de la pelouse à gauche, s'élevait la **redoute de la Faisanderie,** qui fut occupée de 1852 à 1957, par la célèbre école de Joinville, de 1956 à 1957 «bataillon de Joinville» (corps d'élite de l'armée qui forma des générations de moniteurs qualifiés d'éducation physique et sportive, installé à Antibes pendant la guerre). Une stèle derrière la clôture en rappelle le souvenir.

A la fin du domaine de l'école, juste avant le carrefour avec la route de la Pyramide, se situe le repère (F).

▶ A gauche, on peut, en suivant un balisage rouge, rejoindre en **10 min** la **station RER de Joinville-le-Pont**. *Balisage jaune du RER vers le bois.*

▶ Jonction avec le sentier GR 14 Ile-de-France - Champagne *balisé en blanc et rouge* : voir topo-guide PR *Le Val-de-Marne.*

(F) L'itinéraire du Grand circuit et le GR 14 traversent la route de la Pyramide, et continuent à suivre l'avenue de l'Ecole-de-Joinville qui longe alors l'arboretum de l'école Du Breuil.

Ce dernier (accessible au public) contient, sur 13 ha, plus de 1 200 arbres, feuillus et conifères, entretenus grâce à deux ruisseaux artificiels.

Sur la fin du parcours, on laisse à gauche l'ancienne redoute de Gravelle, qui abrite l'Ecole nationale de police de Paris, puis on aperçoit, après la route du Fort, les tribunes modernes de l'**hippodrome de Vincennes.**

Datant de 1863, c'est, en réalité, un de nos plus anciens champs de courses, spécialisé d'ailleurs dans le trot attelé, avec une piste de 2 000 m et doté d'un éclairage puissant pour les réunions nocturnes.

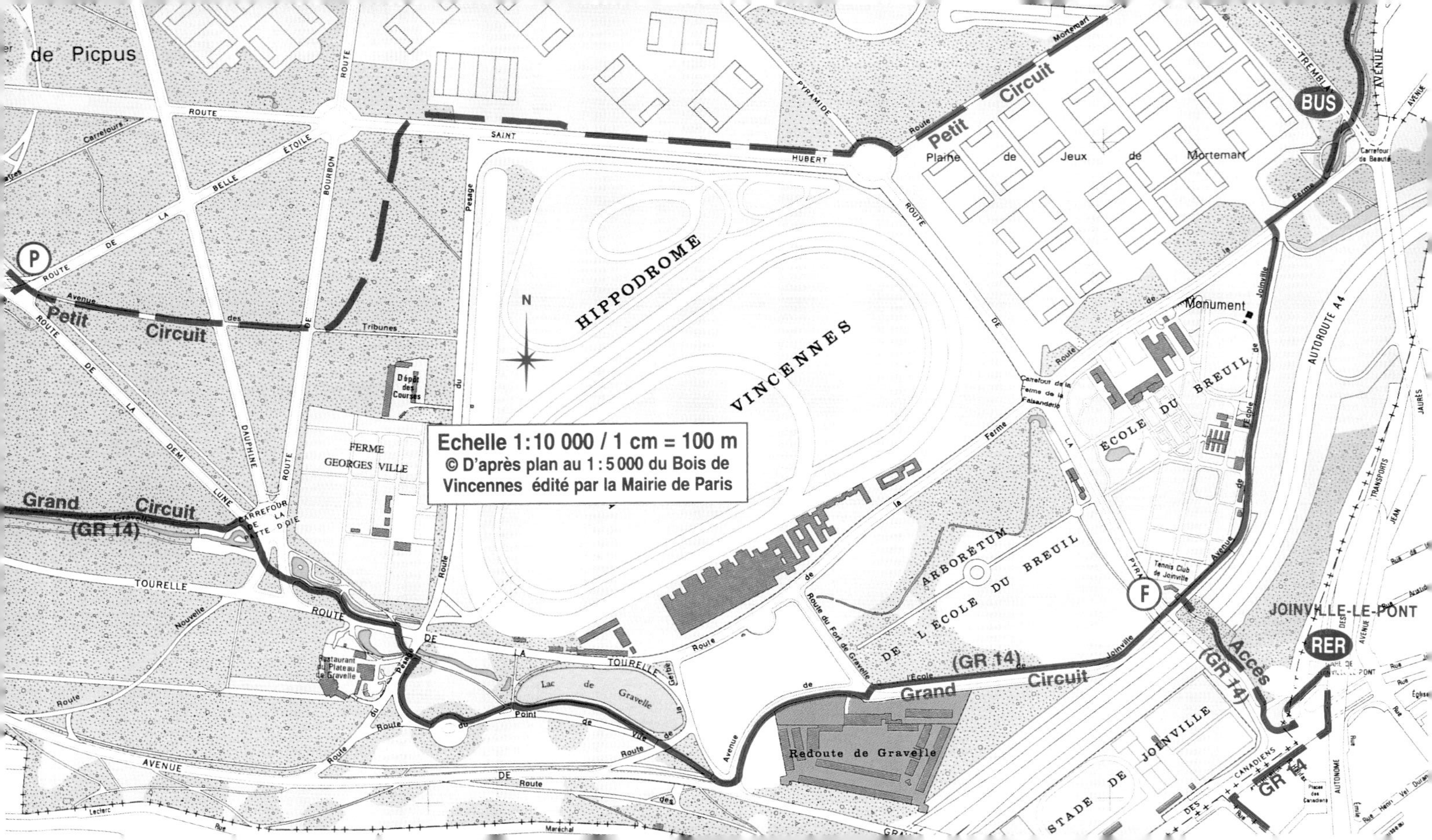
Echelle 1:10 000 / 1 cm = 100 m
© D'après plan au 1 : 5 000 du Bois de Vincennes édité par la Mairie de Paris
HIPPODROME
VINCENNES
N
de Picpus
Petit Circuit
Grand Circuit (GR 14)
Accès (GR 14)
GR 14
BUS
RER
P
F
JOINVILLE-LE-PONT
Plaine de Jeux de Mortemart
ÉCOLE DU BREUIL
ARBORÉTUM DE L'ÉCOLE DU BREUIL
Monument
Tennis Club de Joinville
FERME GEORGES VILLE
Dépôt des Courses
Restaurant du Plateau de Gravelle
Lac de Gravelle
Redoute de Gravelle
STADE DE JOINVILLE
AUTOROUTE A4
Carrefour de la Ferme de la Faisanderie
CARREFOUR DE LA PATTE D'OIE
Carrefour de Beauté
ROUTE SAINT HUBERT
ROUTE DE LA PYRAMIDE
ROUTE DE LA BELLE ÉTOILE
ROUTE DE BOURBON
ROUTE DAUPHINE
ROUTE DE LA DEMI LUNE
ROUTE DE LA TOURELLE
Route du Pesage
Avenue des Tribunes
Route de la Ferme
Route du Fort de Gravelle
AVENUE JEAN JAURÈS
TRANSPORTS
AUTODROME
CANADIENS
Place des Canadiens

L'avenue débouche enfin sur l'avenue de Gravelle, établie sur le rebord même du plateau de Gravelle qui domine la Marne et Maisons-Alfort *(vue sur Créteil, et, au-delà, jusque sur la forêt de Sénart).*

Sur les pentes du coteau, étaient entretenues des vignes à l'époque de Louis XIV.

S'engager à droite sur la route du Point-de-Vue, interdite aux voitures. Rejoindre le **lac de Gravelle** à son extrémité Est, où arrive l'adduction d'eau qui l'alimente.

Ce petit lac, de 1,40 ha et couvert de nénuphars, est, comme les autres, artificiel ; situé à la cote 60 m, il domine la Marne de 40 m et en reçoit l'eau par refoulement, ce qui lui permet de la redistribuer par les ruisseaux aux trois autres lacs : des Minimes, de Daumesnil et de Saint-Mandé.

Ruisseau de Gravelle. *Photo Anne-Marie Minvielle.*

Longer la rive du lac, puis gagner le tertre pourvu d'un kiosque (*cote 72*) marquant *le point le plus haut du Bois de Vincennes.* De là, redescendre vers un bosquet de grands cèdres du Liban, dont le premier de 22 m de haut, est de 1829. Couper la route du Pesage, passer devant l'entrée du restaurant-salon de thé du Plateau de Gravelle (beaux cyprès chauves au bord du ruisseau), puis traverser la route de la Tourelle. A 200 m, entrée de la ferme Georges-Ville, authentique ferme vivante pratiquant cultures diverses et élevage pour l'information de ses visiteurs.

Juste après, traverser à gauche puis longer le ruisseau. Franchir le carrefour de la Patte-d'Oie et aller reprendre, à gauche de la route de la Demi-Lune, et après une pièce d'eau, le chemin le long du ruisseau.

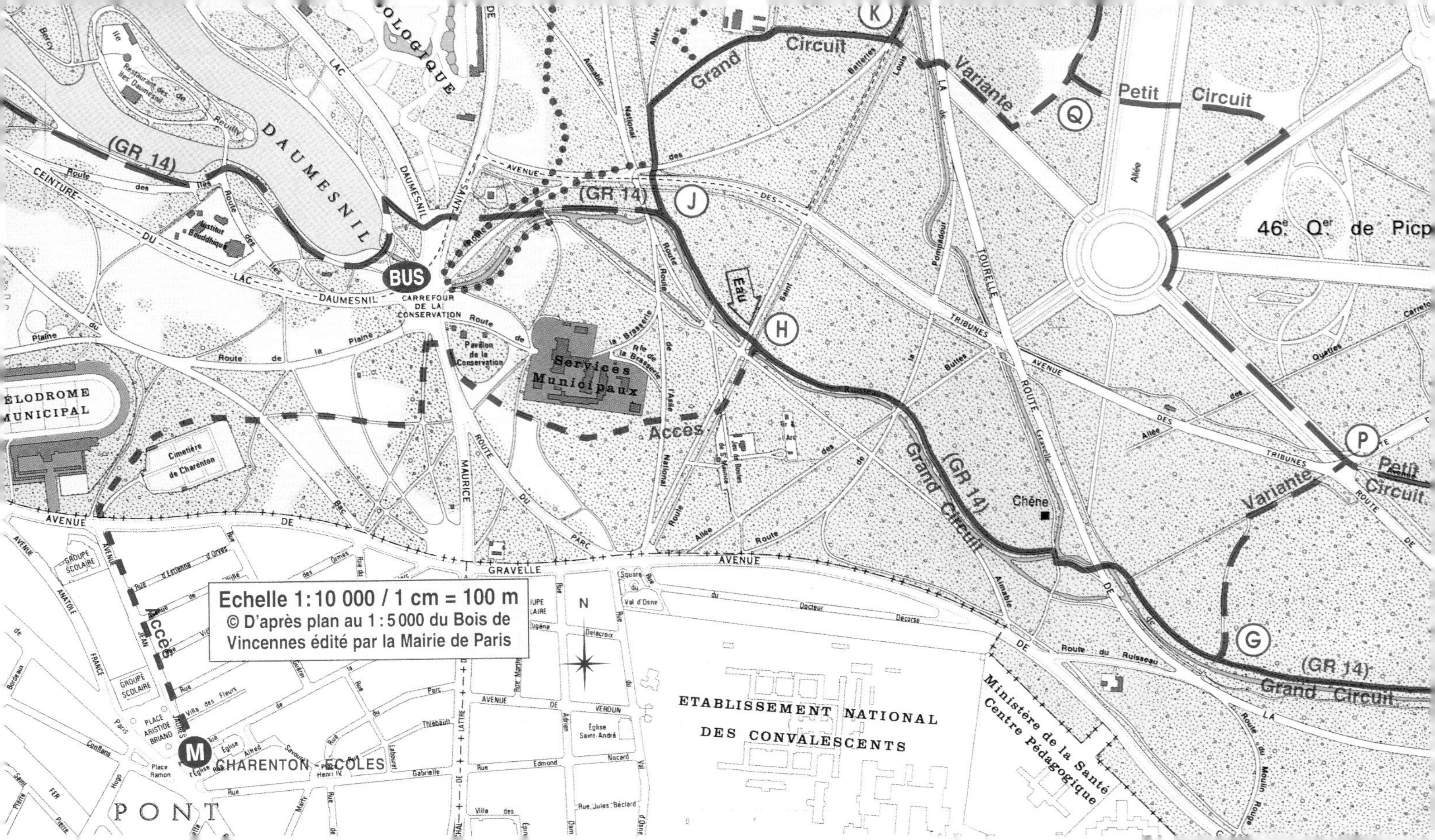
Echelle 1:10 000 / 1 cm = 100 m
© D'après plan au 1:5000 du Bois de Vincennes édité par la Mairie de Paris
DAUMESNIL
Grand Circuit
(GR 14)
Petit Circuit
Variante
Accès
BUS
CARREFOUR DE LA CONSERVATION
Services Municipaux
Pavillon de la Conservation
Cimetière de Charenton
ÉLODROME MUNICIPAL
Institut Bouddhique
Restaurant des Iles Daumesnil
Eau
Chêne
46e Qer de Picp
ETABLISSEMENT NATIONAL DES CONVALESCENTS
Ministère de la Santé Centre Pédagogique
CHARENTON - ÉCOLES
PONT
AVENUE DE GRAVELLE
ROUTE DE LA TOURELLE
AVENUE DES TRIBUNES
ROUTE DU PARC
SAINT MAURICE
GROUPE SCOLAIRE
PLACE ARISTIDE BRIAND
N

Aller jusqu'au premier pont : on atteint le repère (G) **.**

▶ A droite, un itinéraire de liaison *(balisé en jaune)* rejoint le Petit circuit au repère (P).
Cet itinéraire permet, par exemple, de réaliser une boucle de 6 km à partir du carrefour de Beauté.

(G) Le Grand circuit continue à suivre le ruisseau, traverse la route de la Tourelle ; on se trouve alors dans l'axe de l'allée Royale. *A droite, tables de pique-nique.* Franchir une passerelle, laisser partir à droite une branche du ruisseau vers le lac de Saint-Mandé, (à 30 m, chêne rouvre de 1786 et de 27 m de hauteur) et prendre à gauche (Ouest) pour poursuivre le long de l'autre branche du ruisseau. Arriver à la route Saint-Louis, au repère (H) *(borne-fontaine).*

▶ A gauche, on peut, en suivant un balisage *rouge*, rejoindre en **30 min** le métro **Charenton-Ecoles** *(cet itinéraire est indiqué en tirets sur la carte).* Balisage jaune du métro vers le bois.

En allant vers Charenton-Ecoles. *Photo Patrice Hémond.*

(H) Le Grand circuit continue le long du ruisseau, puis l'abandonne avant une courbe à gauche. Un marronnier centenaire marque ici le repère (J) **.**

▶ Sur la gauche, on peut, en suivant un balisage *rouge (commun avec le GR 14)*, rejoindre en **30 min** le métro **Porte-Dorée**. *Cet itinéraire est indiqué en tirets sur la carte et balisé en jaune du métro vers le bois.*

Hors itinéraire : le tour du lac Daumesnil

En supplément au Grand circuit, le tour complet du lac Daumesnil représente un parcours agréable, non balisé dans sa partie Nord, de 2,5 km aller-retour à partir du repère (J).

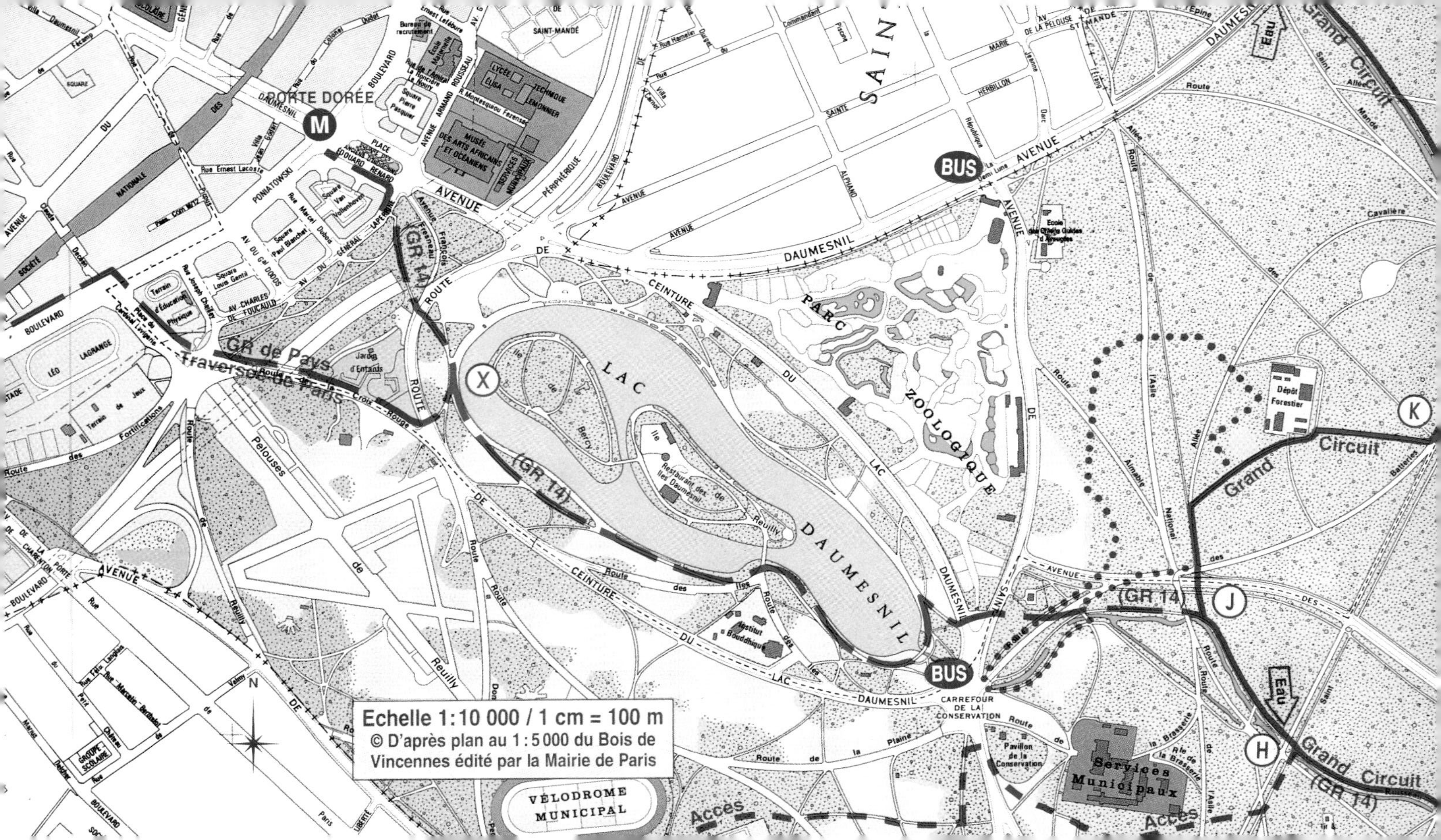

Echelle 1:10 000 / 1 cm = 100 m
© D'après plan au 1:5000 du Bois de Vincennes édité par la Mairie de Paris
LAC DAUMESNIL
PARC ZOOLOGIQUE
PORTE DORÉE
MUSÉE DES ARTS AFRICAINS ET OCÉANIENS
Grand Circuit
GR de Pays Traversée de Paris
(GR 14)
Services Municipaux
VÉLODROME MUNICIPAL
Institut Bouddhique
Restaurant des Iles Daumesnil
Ile de Bercy
Ile de Reuilly
CARREFOUR DE LA CONSERVATION
Pavillon de la Conservation
Dépôt Forestier
Jardin d'Enfants
Accès
Eau
BUS
AVENUE DAUMESNIL
ROUTE DE CEINTURE DU LAC DAUMESNIL
AVENUE DE SAINT-MAURICE
Route de la Croix-Rouge
Route des Iles
Route de la Plaine
Route de l'Asile National
Route de Reuilly
SAINT-MANDÉ
BOULEVARD PÉRIPHÉRIQUE
AVENUE DE LA PORTE DE CHARENTON
BOULEVARD PONIATOWSKI
AVENUE ARMAND ROUSSEAU
PLACE ÉDOUARD RENARD
Square Van Vollenhoven
STADE LÉO LAGRANGE
GROUPE SCOLAIRE
N

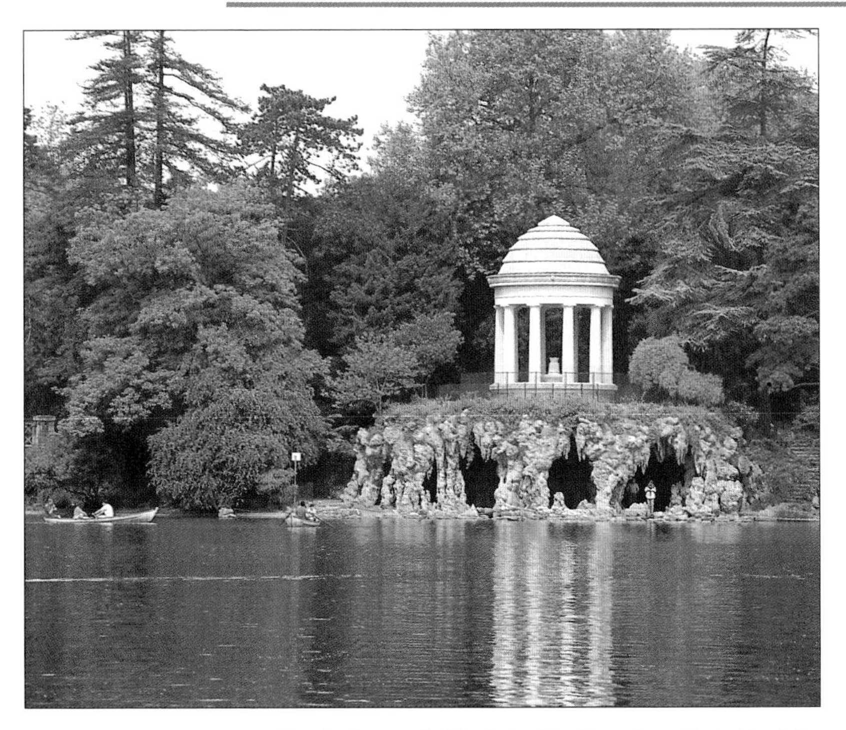

Temple d'amour de l'île de Reuilly. *Photo Anne-Marie Minvielle.*

Le lac Daumesnil, le plus vaste des quatre avec ses 10 hectares, est lui aussi entièrement artificiel. Créé postérieurement aux trois autres qui venaient d'être aménagés par Alphand sur ordre de Napoléon III, il fut décidé et creusé par la Ville de Paris en 1860, et les deux îles de Bercy et Reuilly furent garnies d'arbres précieux aussi bien à feuilles caduques que d'essence résineuse. Ses rives abritèrent en 1931 l'Exposition coloniale, dont il subsiste aujourd'hui deux pavillons. Son niveau est maintenu constant grâce à l'apport de la rivière qui vient du lac de Gravelle.

Au sud du lac Daumesnil, on peut voir l'Institut international Bouddhique : aménagé en 1976 dans l'un des deux pavillons (Togo et Cameroun) hérités de l'Exposition coloniale de 1931 (toiture refaite avec 180 000 petites tuiles taillées à la hache dans du châtaignier ; à l'intérieur, statue de Bouddha dorée à la feuille, de 9 m de hauteur), le deuxième pavillon abritant un temple tibétain.

A l'extrémité Est du lac, au Nord du carrefour de la Conservation, se trouve l'entrée «Charenton» du **Parc zoologique**.
Le zoo de Vincennes, créé après l'Exposition coloniale de 1931, présente sur ses 17 ha, une des plus riches collections d'Europe : six cents mammifères et sept cents oiseaux ; le rocher artificiel de 65 m vient d'être restauré.

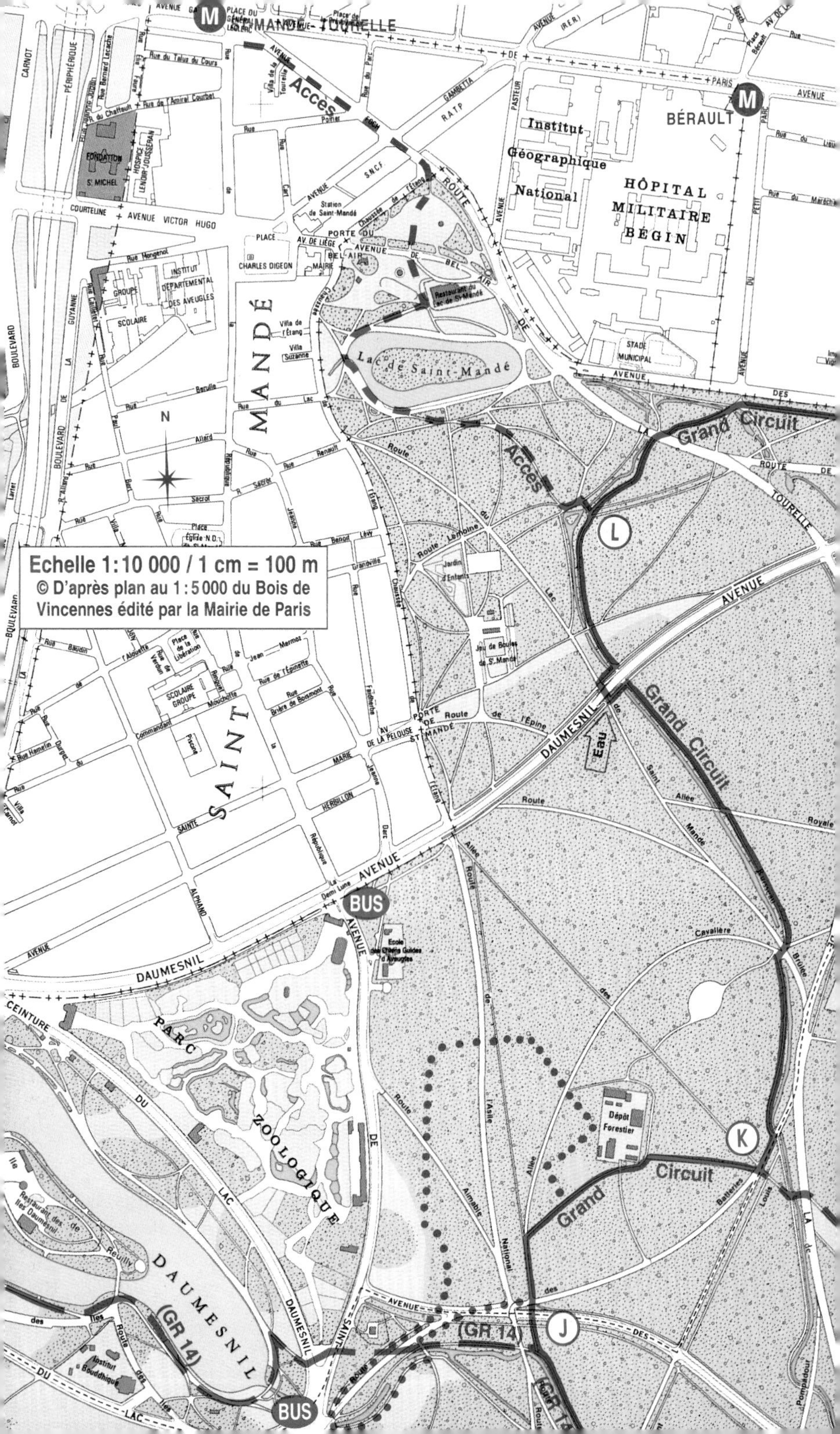

Echelle 1:10 000 / 1 cm = 100 m
© D'après plan au 1:5 000 du Bois de Vincennes édité par la Mairie de Paris
SAINT MANDÉ
Lac de Saint-Mandé
Accès
Grand Circuit
Institut Géographique National
HÔPITAL MILITAIRE BÉGIN
BÉRAULT
SAINT-MANDÉ - TOURELLE
AVENUE VICTOR HUGO
FONDATION St MICHEL
HOSPICE LENOIR-JOUSSERAN
INSTITUT DÉPARTEMENTAL DES AVEUGLES
GROUPE SCOLAIRE
PLACE CHARLES DIGEON
PORTE DU BEL-AIR
AVENUE DE BEL AIR
Restaurant du lac de St-Mandé
Station de Saint-Mandé
STADE MUNICIPAL
Jardin d'Enfants
Jeu de Boules de St-Mandé
Place de la Libération
Piscine
PORTE DE St MANDÉ
AVENUE DAUMESNIL
Eau
Ecole des Chiens Guides d'Aveugles
PARC ZOOLOGIQUE
Dépôt Forestier
Restaurant des Iles Daumesnil
Institut Bouddhique
DAUMESNIL
(GR 14)
BUS
L
K
J
M
N

(J) L'itinéraire du Grand circuit continue tout droit, traverse l'avenue des Tribunes, ainsi que la route des Batteries (*borne-fontaine*). Continuer en face le long d'une allée cavalière.

Le parcours est commun, sur un court tronçon, avec le Sentier Nature du Bois de Vincennes (étapes 3, 4 et 5).

A 100 m , quitter l'allée cavalière pour couper à droite en sous-bois. Passer près d'un «dépôt forestier», puis obliquer à gauche pour arriver devant l'angle de la route des Batteries et de la route Saint-Louis : on est au repère (K).

▶ A droite, itinéraire de liaison *(balisé en jaune)* avec le Petit circuit (repère (Q) : *voir tracé sur la carte en tirets).*
Cet itinéraire permet de réaliser, par exemple, une mini-boucle de 3,6 km : repères (G), (H), (J), (K), (Q), (P).

(K) L'itinéraire du Grand Circuit restant en lisière, traverse l'allée des Lapins, puis oblique à gauche pour longer le ruisseau (branche Saint-Mandé) sur 1,2 km.

Passer sur l'autre rive au croisement de la route Brûlée.

Après l'allée Royale, on aborde l'**avenue Daumesnil**, importante artère reliant la Bastille à l'esplanade du Château de Vincennes sur 6 km. Borne-fontaine.

Le général Daumesnil, qui fut plus de trente ans gouverneur de la place de Vincennes, était amputé d'une jambe depuis Wagram ; il refusa de se livrer à trois reprises : en 1814 aux alliés («rendez-moi ma jambe et je vous rendrai Vincennes»), à Blücher à la fin des Cent-Jours et enfin aux insurgés de 1830 : «je me fais sauter avec le château et nous nous rencontrerons en l'air».

Traverser l'avenue Daumesnil par le passage pour piétons *(Attention : circulation intense)* et poursuivre en face jusqu'à une petite île précédant le repère (L).

▶ Sur la gauche, on peut, en suivant un balisage *rouge*, rejoindre en **25 min** le métro **Saint-Mandé-Tourelle** *(cet itinéraire est indiqué en tirets sur la carte). Balisage jaune du métro vers le bois.*

Sur l'itinéraire d'accès au métro Saint-Mandé-Tourelle, se situe le **lac de Saint-Mandé**. C'est le seul à n'être pas totalement artificiel, puisque aménagé par Alphand en 1857 sur l'emplacement d'un étang existant (l'artère limitrophe dans Saint-Mandé s'appelle toujours «chaussée de l'Etang»). Il occupe le point le plus bas de tout le bois à la cote d'altitude 44 m ; en ce lieu autrefois marécageux se déversait le ru Orgueilleux qui recevait les eaux des deux rus de Montreuil et de Bagnolet.

(L) L'itinéraire du Grand circuit continue encore à longer le ruisseau, qu'il quitte après la route de la Tourelle, pour prendre une allée en face à droite et traverser un autre ruisseau affluent en vue des maisons de Saint-Mandé.

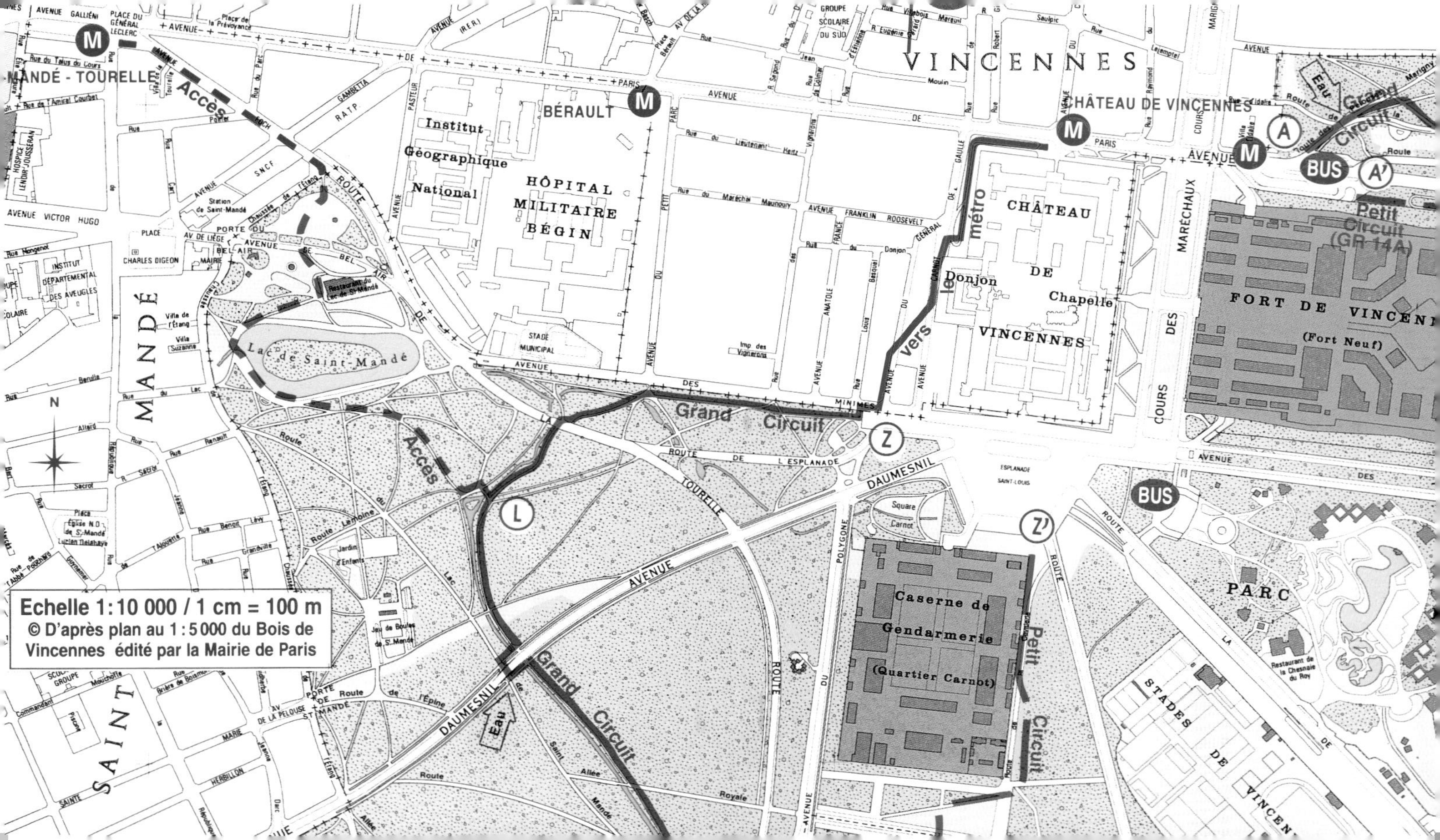

Echelle 1:10 000 / 1 cm = 100 m
© D'après plan au 1 : 5 000 du Bois de Vincennes édité par la Mairie de Paris
VINCENNES
SAINT MANDÉ
CHÂTEAU DE VINCENNES
CHÂTEAU DE VINCENNES
Donjon
Chapelle
FORT DE VINCENNES
(Fort Neuf)
HÔPITAL MILITAIRE BÉGIN
Institut Géographique National
BÉRAULT
SAINT-MANDÉ - TOURELLE
Caserne de Gendarmerie
(Quartier Carnot)
STADES DE VINCENNES
PARC
Lac de Saint-Mandé
Restaurant du Lac de St-Mandé
Grand Circuit
Petit Circuit
Petit Circuit (GR 14A)
vers le métro
Accès
Eau
BUS
A
A'
Z
Z'
L
M
N
AVENUE DAUMESNIL
COURS DES MARÉCHAUX
AVENUE DE PARIS
AVENUE DES MINIMES
ROUTE DE LA TOURELLE
ROUTE DE L'ESPLANADE
ESPLANADE SAINT-LOUIS
ROUTE DU POLYGONE
Route Royale
Square Carnot
Jardin d'Enfants
Jeu de Boules de St-Mandé
Route de l'Épine
PORTE DE SAINT-MANDÉ
PORTE DU BEL-AIR
AVENUE VICTOR HUGO
PLACE CHARLES DIGEON
INSTITUT DÉPARTEMENTAL DES AVEUGLES
STADE MUNICIPAL
Restaurant de la Chesnaie du Roy

▶ On peut gagner la station de métro **Bérault** : emprunter à gauche l'avenue du Petit-Parc (*parcours non balisé : 10 min).*

Le Grand circuit suit à droite une allée parallèle à l'avenue des Minimes, qui se termine esplanade Saint-Louis, où se trouve le repère (Z).

▶ Ici se termine le parcours *balisé en jaune et rouge* de l'itinéraire du Grand circuit.

Pour rejoindre le métro Château-de-Vincennes, deux itinéraires sont possibles :

1. Itinéraire balisé en rouge (600 m • 10 min)

Ce trajet longe au plus près les fossés de la forteresse.

Traverser au feu l'avenue des Minimes et, à son extrémité, prendre à gauche l'avenue du Général-de-Gaulle, puis en coupant le mail, l'avenue Carnot.

Après la façade du pavillon du Roi, on peut remarquer l'ensemble intéressant formé par le vieux donjon de Charles V (1370) et sa «chemise», c'est-à-dire son enceinte propre avec échauguettes d'angle et son propre fossé. La tour de 52 m constitue, avec l'enceinte, un specimen de l'art de la fortification au 14e siècle. C'est aujourd'hui le plus haut donjon subsistant en Europe.

Tournant à droite dans l'avenue de Paris, on trouve une entrée du métro **Château-de-Vincennes** juste après l'entrée du château (tour du Village).

▶ On peut aussi, après la traversée de l'avenue de Paris, prendre la rue de Montreuil, qui fait suite à l'avenue du Général-de-Gaulle. On atteint ainsi la place Pierre-Sémard, où se trouve la station **RER de Vincennes** (*itinéraire non balisé*).

2. Itinéraire non balisé (750 m • 15 min)

Continuer tout droit pour longer le côté Sud, puis contourner l'enceinte du **château de Vincennes** en tournant à gauche sur le **Cours des Maréchaux** (ce dernier a été réalisé en 1931 après destruction des ouvrages de raccordement du Fort Neuf voisin - de 1848 - au vieux château).

Sur ce trajet, on bénéficie d'une vue d'ensemble plus intéressante que du côté Nord, où seule la tour du Village (entrée principale du château) témoigne avec ses 42 m, de la hauteur primitive de toutes les autres, que Napoléon Ier fit rabattre à la hauteur du chemin de ronde. On peut détailler en effet de gauche à droite :

- la tour du Roi, précédant le pavillon du Roi ; Mazarin, qui venait de faire construire celui-ci par Le Vau, y mourut en 1661 (après quoi Louis XIV cessa de s'intéresser à Vincennes pour se tourner vers Versailles), un an après que Louis XIV, jeune marié, l'eut étrenné en y passant sa lune de miel ;
- le portique classique dû aussi à Le Vau, et, en son centre, l'ancienne tour du Bois, abaissée comme toutes les autres, mais par Le Vau pour être intégrée à la façade ;

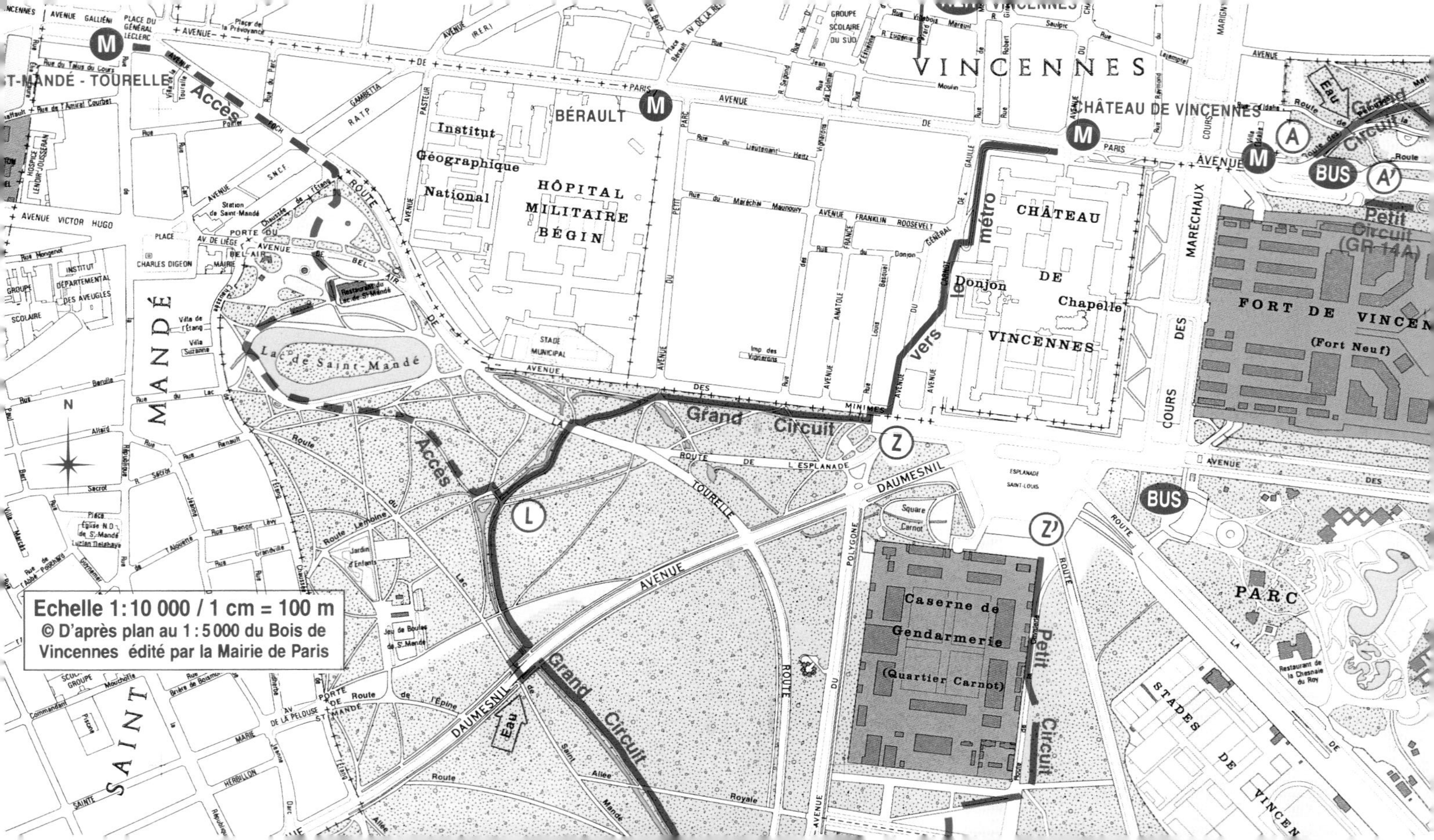

VINCENNES
CHÂTEAU DE VINCENNES
BÉRAULT
ST-MANDÉ - TOURELLE
Institut Géographique National
HÔPITAL MILITAIRE BÉGIN
CHÂTEAU DE VINCENNES
Donjon
Chapelle
vers le métro
FORT DE VINCENNES (Fort Neuf)
Petit Circuit (GR 14A)
Caserne de Gendarmerie (Quartier Carnot)
Petit Circuit
Grand Circuit
Accès
Eau
BUS
Lac de Saint-Mandé
MANDÉ
SAINT
PARC
STADES DE VINCENNES
ESPLANADE SAINT-LOUIS
AVENUE DAUMESNIL
ROUTE DE LA TOURELLE
ROUTE DE L'ESPLANADE
COURS DES MARÉCHAUX
AVENUE DES MINIMES
Square Carnot
Stade Municipal
Jardin d'Enfants
Jeu de Boules de S. Mandé
Echelle 1:10 000 / 1 cm = 100 m
© D'après plan au 1:5000 du Bois de Vincennes édité par la Mairie de Paris

- la tour de la Reine, précédant le pavillon de la Reine où vécurent Anne d'Autriche et Monsieur, frère de Louis XIV, et où Daumesnil mourut du choléra. Au pied de la tour, une simple colonne marque l'endroit où fut exécuté en 1804 le duc d'Enghien accusé de complot.

On aperçoit aussi, en retrait :

- le donjon de 1370, où mourut en 1422 d'une dysenterie, Henri V d'Angleterre, dont le corps fut ensuite bouilli dans une grande marmite ;
- l'actuelle Sainte-Chapelle, bel édifice gothique élevé, sur le plan de la chapelle haute du palais de justice de Paris, en remplacement de celle de Saint-Louis.

Après avoir contourné la tour de la Reine, on rencontre ensuite successivement les tours de la Surintendance, du Gouverneur ou des Salves, du Diable et du Réservoir des Fontaines.

On trouve le repère (A) après le **Cours des Maréchaux**, à l'orée du bois trottoir de gauche de l'avenue de Nogent (sortie du métro Château-de-Vincennes).

Donjon du château de Vincennes. *Photo Patrice Hémond.*

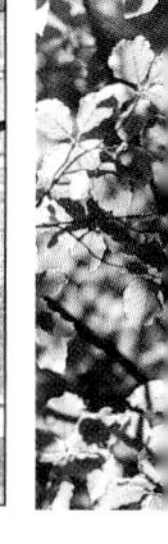

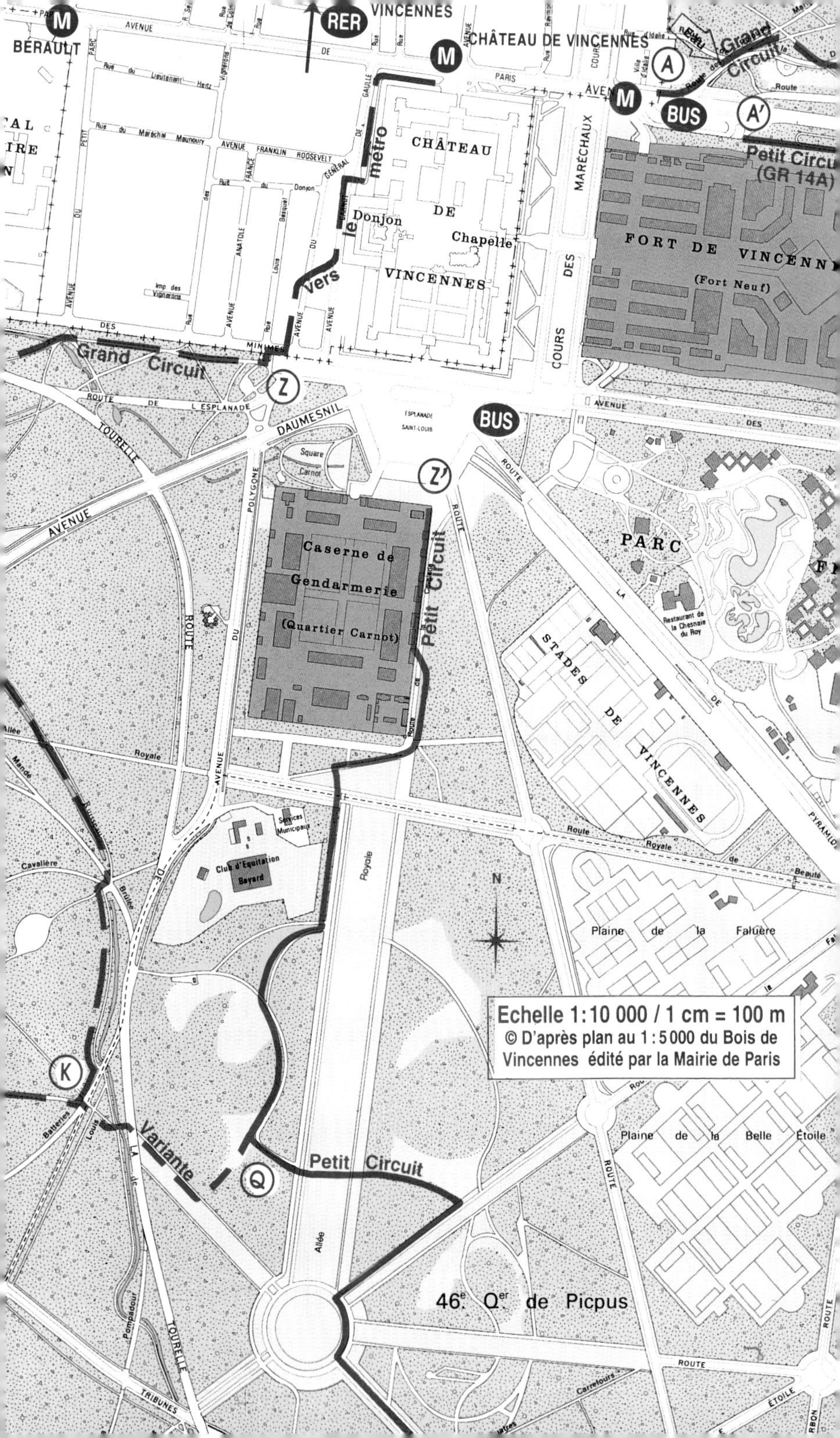

BÉRAULT
RER
VINCENNES
CHÂTEAU DE VINCENNES
AVENUE DE PARIS
COURS DES MARÉCHAUX
CHÂTEAU DE VINCENNES
Donjon
Chapelle
vers le métro
Grand Circuit
Petit Circuit (GR 14A)
FORT DE VINCENNES (Fort Neuf)
BUS
ROUTE DE L'ESPLANADE
AVENUE DAUMESNIL
ESPLANADE SAINT-LOUIS
Square Carnot
Caserne de Gendarmerie (Quartier Carnot)
Petit Circuit
PARC FLORAL
Restaurant de la Chesnaie du Roy
STADES DE VINCENNES
Services Municipaux
Club d'Equitation Bayard
Plaine de la Faluère
Plaine de la Belle Étoile
Echelle 1:10 000 / 1 cm = 100 m
© D'après plan au 1:5000 du Bois de Vincennes édité par la Mairie de Paris
Variante
Petit Circuit
46e Qer de Picpus
Allée Royale
Route Royale
Route de la Tourelle

Le Petit circuit

Départ : métro Château de Vincennes
Longueur : 7 km
Durée : 2 h
Balisage : bleu sur jaune dans le sens de la description *(jaune sur bleu dans l'autre sens)*
La description de cet itinéraire est faite dans le sens contraire de celle du grand circuit (c'est-à-dire le sens inverse des aiguilles d'une montre), car il permet d'effectuer plusieurs combinaisons de mini-boucles avec le Grand circuit.
Accès : métro Château de Vincennes (ligne 1)

Accès au départ du circuit en venant du métro Château-de-Vincennes (800 m non balisés)

Prendre en tête la première sortie, c'est-à-dire en face de l'escalier, «Fort Neuf», tourner le dos à la station des autobus et emprunter le Cours des Maréchaux entre le Fort Neuf et le château puis traverser l'avenue des Minimes. A gauche en retrait : l'entrée du **Parc floral.**

Traverser la route de la Pyramide et la route Dauphine. A l'angle de la clôture du Quartier Carnot, se trouve le repère (Z') .

► Départ du Petit circuit *(balisage bleu sur jaune).*

(Z') Le Petit circuit suit le mur de clôture de la caserne Carnot, puis emprunte une sente dans le bosquet à gauche, enfin coupe à droite, le long de la piste cavalière, et tourne à gauche pour traverser la route Royale-de-Beauté Est-Ouest. Alors, s'ouvre la perspective de la grande **allée Royale**.

Cette allée a été percée dans les années 1980, sur 100 m de largeur et 900 m de longueur, afin de réaliser un projet déjà conçu sous Louis XV en vue des grandes chasses royales de l'époque. Cet aménagement permet de réunir à nouveau les parties Ouest et Est du bois naguère séparées par l'université expérimentale créée en 1968 et supprimée depuis et par une série de terrains militaires.

Le Parc floral de Paris

Un grand parc botanique et horticole. Devant le succès remporté par les deux premières floralies internationales de 1959 et 1964, organisées à la Défense, il fallait trouver un emplacement mieux adapté pour accueillir la troisième manifestation de ce genre à Paris, en 1969.

Ainsi est né le Parc floral de Paris, dans le Bois de Vincennes.
D'une superficie de trente-cinq hectares, ce parc occupe presque en totalité l'emplacement des anciens établissements militaires de la Pyramide et de la Cartoucherie.

Il y a un peu plus de vingt ans, le terrain sur lequel a pris forme le Parc floral était traversé par la route des Sabotiers, bordée de locaux vétustes. Il était peuplé d'une végétation dépérissante, à l'exception d'une pinède de pins laricio de trois hectares qui ont été conservés. En outre, de nombreux fourrés et ronciers rendaient les lieux peu engageants. A l'origine, les concepteurs ont redessiné l'espace en fonction de deux objectifs bien précis :
- présenter une série de jardins thématiques ;
- permettre au public d'apprécier dans un lieu de détente et de repos quelques aspects de la statuaire moderne.

Dix ans plus tard, en vue des quatrièmes floralies, le parc fait l'objet de nouveaux réaménagements. Ainsi, tout en développant ses objectifs premiers, il s'est largement ouvert aux enfants, leur offrant une importante gamme de jeux dispersés sur une surface de près de quatre hectares, ainsi que des activités à caractère pédagogique. Lieu de nombreuses animations et de prestigieuses expositions horticole et culturelles, le Parc floral a quadruplé le nombre des entrées depuis 1981. Aujourd'hui, plus d'un million de personnes viennent ici chaque année. C'est désormais l'un des sites parisiens les plus visités.

Le Parc floral est, avant tout, un paradis pour les horticulteurs. Une quarantaine de jardiniers, dépendant de la Direction des Parcs, Jardins et Espaces verts de la mairie de Paris, en assure l'entretien.

Le Parc floral.
Photo Anne-Marie Minvielle.

La mare aux canards.
Photo Anne-Marie Minvielle.

Pas moins de sept jardins thématiques s'offrent, ici, à la curiosité du visiteur :
- **La vallée des fleurs**, vers laquelle convergent toutes les allées. Elle constitue l'âme, le cœur du parc floral. Formant une promenade vallonnée de 30 000 m² où fleurissent 100 000 plantes à chaque saison.
- **Le jardin de plantes aquatiques**, formé d'une série de bassins alimentés par le Miroir d'eau. On y trouve des lotus, des nymphéas, des plantes de marais, des iris d'eau... des poissons et des canards.
- **Le jardin sculpté** (à l'entrée Nymphéas) qui déploie, sous forme de vagues, des pelouses inclinées soutenues par des murs pavés.
- **Le jardin campagnard** (à l'entrée château) avec sa mare aux canards, son allée pavée et son noisetier tortueux, donne une vraie touche rustique au parc.
- **Le jardin d'iris**. Huit cents variétés, essentiellement des iris de jardin, y fleurissent en avril et mai.
- **Le jardin des quatre-saisons**, où l'on peut admirer 1 200 variétés de vivaces.
- **Le jardin du dahlia** en bordure de la pinède. De juillet à novembre, plus de deux cents variétés de dahlias aux couleurs franches s'y épanouissent. En attendant, dès mars, 45 000 bulbes de deux cents variétés de tulipes occupent le terrain. C'est là que, depuis 1989, se tient à l'automne le **Concours international de dahlias.**

Les pavillons et patios numérotés de 1 à 6 sont occupés par la maison Paris Nature. Ce service, dépendant de la Direction des Parcs, Jardins et Espaces verts de la mairie de Paris, a pour mission de sensibiliser les Parisiens, petits et grands, aux richesses naturelles de la capitale.

La maison Paris-Nature, où l'on peut se procurer toutes documentations et notamment les dépliants «Nature» d'arrondissement, occupe le premier pavillon sur l'allée des Pins, à 150 m de l'entrée.

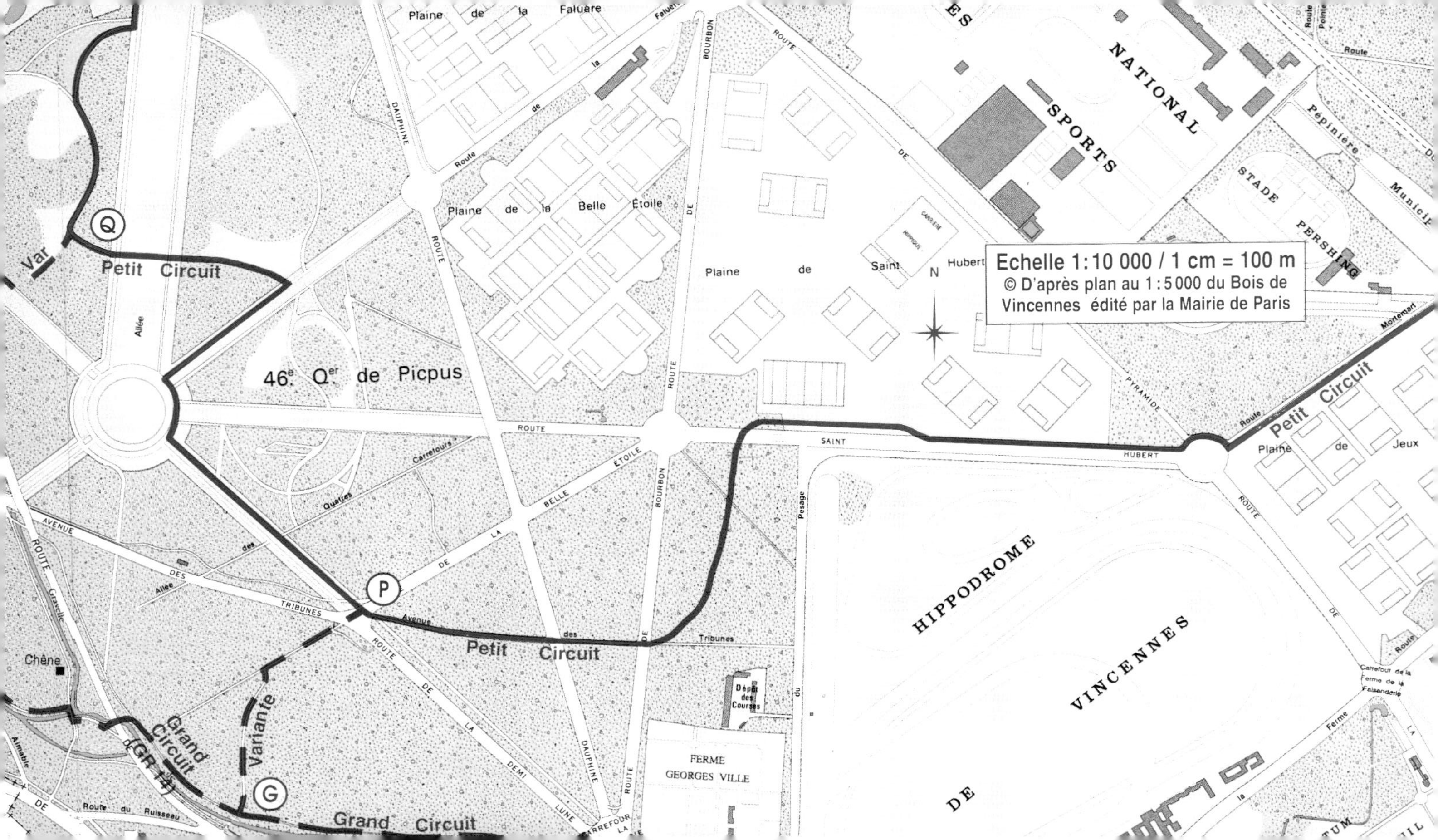
Echelle 1:10 000 / 1 cm = 100 m
© D'après plan au 1:5000 du Bois de Vincennes édité par la Mairie de Paris
N
Petit Circuit
Petit Circuit
Petit Circuit
Grand Circuit
Grand Circuit (GR 14)
Variante
Var
Q
P
G
46e Qer de Picpus
Plaine de la Faluère
Plaine de la Belle Étoile
Plaine de Saint Hubert
Plaine de Jeux
HIPPODROME DE VINCENNES
STADE PERSHING
SPORTS
NATIONAL
FERME GEORGES VILLE
Dépôt des Courses
Chêne
Carrefour de la Ferme de la Faisanderie
Route Dauphine
Route de Bourbon
Route Saint Hubert
Route de la Pyramide
Route de la Belle Étoile
Route de la Demi Lune
Avenue des Tribunes
Allée des Tribunes
Route du Pesage
Route Gravelle
Route du Ruisseau
Route de la Pépinière
Carrefours
Quatres
Allée

Longer la clôture de droite jusqu'à la fin des bâtiments visibles et tourner à droite dans une large allée. Contourner un enclos de reboisement en passant entre deux clôtures, puis rejoindre une piste cyclable pour arriver au premier carrefour, au repère (Q).

▶ En face, *le balisage jaune d'un itinéraire de liaison avec le repère* (K) (situé sur le Grand circuit, à 350 m) : voir tracé sur carte.

(Q) Tourner à gauche avec la piste cyclable, puis traverser l'allée Royale. *Juste avant à droite, près du grillage, quelques oliviers de Bohême ou chalefs (vue dégagée à gauche sur le donjon, la Sainte-Chapelle et Montreuil, au loin).* Longer à nouveau, sur la droite, un enclos de reboisement jusqu'à une large percée qui fait partie de l'aménagement de ce secteur ; il s'agit du prolongement de la **route de la Faluère**.

Alexandre Lefebvre de la Faluère, grand maître des Eaux et Forêts, dirigea sur ordre de Louis XV un complet reboisement du Bois de Vincennes conçu notamment pour la chasse, avec un réseau de routes rectilignes se recoupant en des ronds-points. Le projet de l'allée Royale date de cette époque, mais n'avait jamais été réalisé avant d'être repris en 1982.

On aperçoit, au bout à gauche, l'obélisque dit «Pyramide» qui commémore l'aménagement effectué par De la Faluère en 1731.

Prendre à droite pour revenir sur le rond-point Sud cerclé de rosiers, qui termine l'allée Royale, où l'on tourne à gauche. Plus au Sud, tables de pique-nique. A la seconde allée, obliquer à gauche ; au carrefour suivant (routes asphaltées) se trouve le repère (P).

▶ Sur la droite, le balisage *jaune* de l'itinéraire de liaison avec le repère (G) (situé sur le Grand circuit à 400 m de là).

(P) Le Petit Circuit coupe la route de la Belle-Etoile pour s'engager dans un sous-bois épais sur un chemin autrefois asphalté (*balisage espacé et non évident, faute de supports*) qui croise la route Dauphine. Après la route de Bourbon, obliquer à gauche entre deux rangées de marronniers puis longer, en décalage à gauche, la clôture d'un enclos conçu pour la conservation de la végétation spontanée en vue de favoriser la nidification des oiseaux. Traverser la route de Saint-Hubert et son trottoir, et, sur la droite, longer le terrain.

La plaine Saint-Hubert, vaste espace reconquis, fait l'objet d'aménagements à base de terrains de jeux.

Avant la partie boisée se remarquent neuf grands platanes qui, adultes, ont été transplantés ici à titre expérimental à la suite de travaux de voirie dans Paris.

En arrivant au croisement avec la route de la Pyramide, contourner le rond-point, puis continuer par la route Mortemart sur le trottoir opposé, pour longer le terrain de jeux.

Tous ces grands terrains, consacrés aux sports d'équipe et aux jeux, sont la réutilisation récente d'un espace de 166 hectares.

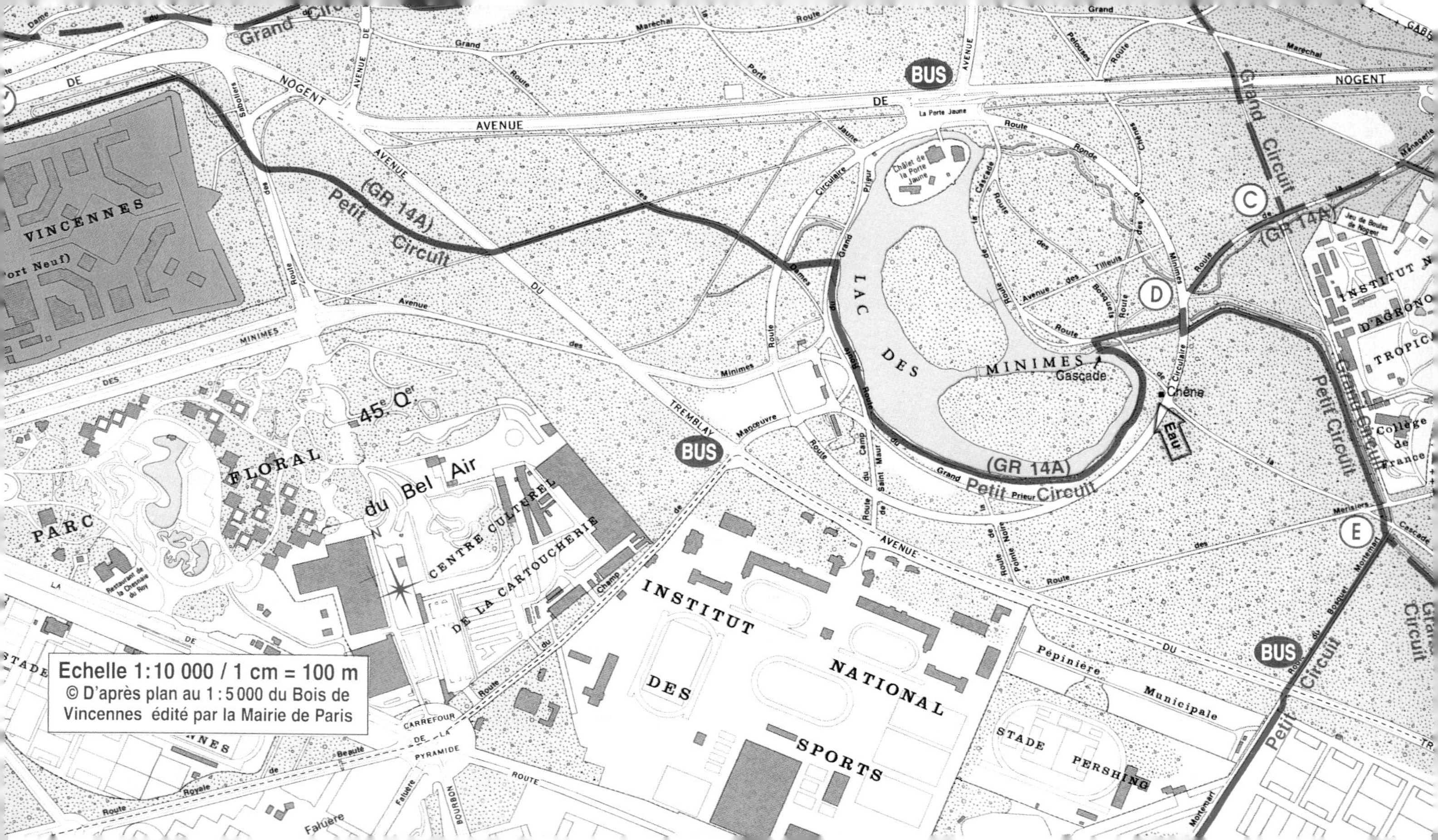

Echelle 1:10 000 / 1 cm = 100 m
© D'après plan au 1 : 5 000 du Bois de Vincennes édité par la Mairie de Paris
LAC DES MINIMES
Gascade
Chalet de la Porte Jaune
La Porte Jaune
Petit Circuit
(GR 14A)
Grand Circuit
BUS
Eau
Chêne
AVENUE DE NOGENT
AVENUE DU TREMBLAY
VINCENNES
PARC FLORAL
du Bel Air
45e Q.er
CENTRE CULTUREL DE LA CARTOUCHERIE
INSTITUT NATIONAL DES SPORTS
STADE PERSHING
Pépinière Municipale
CARREFOUR DE LA PYRAMIDE
Restaurant de la Chesnaie du Roy
Jeu de Boules de Nogent
INSTITUT N D'AGRONO TROPIC
Collège de France

Traverser l'avenue du Tremblay ou N 4 A *(autobus 112, peu fréquent, pour le Château de Vincennes).* Continuer sous bois tout droit (route du Bosquet-Mortemart) jusqu'au ruisseau qui coule de Gravelle vers le lac des Minimes. On est au repère E **.**

▶ A droite, le balisage *jaune sur rouge* du Grand circuit mène vers F et le RER Joinville.
A gauche, entre les repères E et D , l'itinéraire du Petit circuit *(balisage bleu sur jaune)* est commun avec l'itinéraire du Grand circuit *(balisage rouge sur jaune).*

E Les deux itinéraires communs coupent les routes de la Cascade et des Merisiers et empruntent un sentier qui suit le ruisseau jusqu'à la route Circulaire, où se situe le repère D **.**

▶ Laisser à droite, le balisage *rouge sur jaune* du grand circuit vers C *(RER Nogent),* B *(RER Fontenay)* et A *(Château de Vincennes).*

En conservant la route Circulaire, à 350 m, arrêt Porte-Jaune du bus 313 pour le Château de Vincennes.

D Le Petit circuit *(balisage bleu sur jaune) (désormais commun avec le GR 14 A, balisé blanc-rouge)* continue à longer le ruisseau en face, mais sur la rive droite, jusqu'à sa chute en cascade dans le **lac des Minimes** *parmi la rocaille artificielle.* Tourner à gauche et longer sur 800 m la rive du lac.

En ces lieux s'étendait, jusqu'à la Révolution, le domaine du grand couvent des Minimes. Ce dernier avait été fondé vers 1155 par Louis VII, qui avait fait venir du Limousin des religieux Bonshommes, remplacés en 1585 par des religieux Minimes. Une fois le domaine vendu comme bien national et les religieux dispersés, puis les bâtiments tombés en ruine, il fallut attendre 1857 pour que fût aménagé par Alphand le lac actuel, de forme annulaire, car il enserre trois îles contenant quelques vestiges ; d'ailleurs, la route Circulaire actuelle n'est autre que l'allée des moines. Les 200 000 m³ de déblais extraits se retrouvèrent opportunément comme remblai du chemin de fer (RER actuel) entre Nogent et Joinville.

On laisse à gauche à 100 m, un chêne rouvre de 3,96 m de circonférence et 27 m de hauteur, de 1786 *(borne-fontaine à proximité).* Plus loin, au niveau de la deuxième île, on aperçoit deux pavillons de chasse Napoléon III ; la pelouse qui les précède contient un *pterocaria fraxinifolia* du Caucase, de 1885, et la pelouse suivante un hêtre pourpre d'Europe de 1885 également, de 23 m de hauteur et 4,30 m de circonférence.

100 m après le deuxième pavillon, juste avant un grand tilleul, quitter la rive du lac en tournant franchement à gauche dans le sous-bois en direction d'une ligne de bornes, pour traverser la route Circulaire et emprunter en face la route des Dames. A la fin de l'enclos, prendre à gauche. Traverser l'avenue du Tremblay, obliquer à droite en sous-bois pour un itinéraire sinueux, puis couper la route des Sabotiers. Le Petit circuit contourne alors l'enceinte du Fort Neuf, jusqu'à la gare d'autobus.
A l'autre extrémité, on trouve un accès au **métro Château-de-Vincennes**. En ce lieu se situe le repère A **.**

Index

Métros / RER

Monuments et espaces verts

Voies empruntées

Coordination générale : Dominique Gengembre. **Secrétariat de rédaction :** Philippe Lambert. **Cartographie et fabrication :** Olivier Cariot, Christiane Fantola, Gilles Noirot, Jérôme Bazin, Fabien Phelippot et Nicolas Vincent.

1re édition : décembre 1995 - Mise à jour en décembre 1996
Auteur : FFRP-CNSGR
© FFRP-CNSGR 1995 - ISBN 2 85 699 631 0 © Mairie de Paris © Michelin 1995
Dépôt légal : mai 2000
Compogravure APS Tours
Impression : Aubin Imprimeur, Ligugé